本书获得湖北省教育厅科学研究计划项目（B201817
目（2017ADC057）；教育部人文社科基金项目（17YJC63(

科技兴则民族兴
——新形势下科技保险与科技型企业发展研究

蔡青青 ◎ 著

辽宁大学出版社
Liaoning University Press

图书在版编目（CIP）数据

科技兴则民族兴：新形势下科技保险与科技型企业发展研究/蔡青青著. —沈阳：辽宁大学出版社，2018.11

ISBN 978-7-5610-9446-4

Ⅰ.①科… Ⅱ.①蔡… Ⅲ.①高技术企业—科学技术—保险管理—研究—中国 Ⅳ.①F842.6

中国版本图书馆 CIP 数据核字（2018）第 205474 号

科技兴则民族兴：新形势下科技保险与科技型企业发展研究
KEJI XING ZE MINZU XING: XIN XINGSHI XIA KEJI BAOXIAN YU KEJI XING QIYE FAZHAN YANJIU

出 版 者：	辽宁大学出版社有限责任公司
	（地址：沈阳市皇姑区崇山中路66号　邮政编码：110036）
印 刷 者：	沈阳海世达印务有限公司
发 行 者：	辽宁大学出版社有限责任公司
幅面尺寸：	170mm×240mm
印　　张：	15.25
字　　数：	277千字
出版时间：	2019年1月第1版
印刷时间：	2019年1月第1次印刷
策划编辑：	张　蕊
责任编辑：	于盈盈
封面设计：	河北优盛文化传播有限公司
责任校对：	齐　悦

书　号：ISBN 978-7-5610-9446-4
定　价：54.00 元

联系电话：024-86864613
邮购热线：024-86830665
网　　址：http://press.lnu.edu.cn
电子邮件：lnupress@vip.163.com

前言

科技保险是保险公司为防范和化解科技企业在技术研发、成果转化、市场应用中可能出现的各类风险而设计开发的险种及其他支持方式的统称。它是科技部与保监会联合推出的一项以保险服务于高新技术企业的创新举措，旨在支持高新技术企业发展，促进国家自主创新战略的实施。科技保险能有效分散企业研发项目的科技风险，提高科技研发各方主体对于科技研发的积极性，同时降低科技项目因科技风险而失败的可能性，提升科技项目研发的效率，从根本上推动社会科学技术的发展。但是，在试点过程中，也显露了不少棘手的问题。

基于此，本书系统地阐述了科技保险和科技型企业的基础理论以及在我国新形势下科技保险与科技型企业发展的研究，以期为完善我国科技金融理论体系、推进科技保险运作实施、培养科技金融管理创新人才做出贡献。

在撰写过程中，笔者注重吸收国内外科技风险及保险的新思想、新工具以及新成果，提出了一些见解。但是，由于时间仓促，专业水平有限，书中存在的不妥之处和纰漏，敬请读者和同道批评指正。

目录

导论 ·· 1
第一节 "科技兴则民族兴"的提出 ·· 1
第二节 新时代发展科技型企业的重要性 ································· 3

理论基础篇

第一章 科技风险概述 ·· 11
第一节 科技风险的概念及内涵 ·· 11
第二节 科技风险的管理方式 ··· 16
第三节 科技风险的危害与可保性 ··· 18

第二章 科技保险概述 ·· 25
第一节 科技保险的内涵与属性 ·· 25
第二节 科技保险的基本原理 ··· 38
第三节 科技保险的一般功能 ··· 51
第四节 科技保险的运行原则 ··· 53
第五节 科技保险运行中的风险 ·· 57
第六节 国外对科技保险业务的探索 ······································ 69

参与主体篇

第三章 科技型企业：科技保险的受益者 82
第一节 企业保险需求的多元视角 82
第二节 科技型企业对科技保险需求的理论基础 95
第三节 科技保险在科技型企业发展中的作用 101
第四节 科技型企业适用的科技保险险种 103

第四章 政府：科技保险的主导力量 119
第一节 科技保险发展初期的政策探索 119
第二节 政府在科技保险发展中的角色 124
第三节 科技保险的制度设计 128

第五章 保险公司：科技保险的重要参与者 134
第一节 以多元化方式提高保险公司经营业绩 134
第二节 科技保险产品创新 137
第三节 科技风险评估机制创新 142

现实分析篇

第六章 我国科技保险的发展现状 148
第一节 我国科技保险发展的整体状况 148
第二节 我国发展科技保险的政策支持 150

第七章 我国首批科技保险试点的发展分析 152
第一节 重庆市科技保险发展状况分析 152
第二节 天津市科技保险发展状况分析 154
第三节 北京市科技保险发展状况分析 155

第四节　武汉市科技保险发展状况分析 ················· 157
第五节　深圳市科技保险发展状况分析 ················· 159
第六节　苏州国家高新区科技保险发展状况分析 ··········· 160

第八章　科技保险对科技型企业发展产生的影响研究 ············ 162
第一节　科技型企业对科技保险的需求研究 ············· 162
第二节　科技保险对科技企业创新盈利能力影响研究 ········ 167
第三节　科技型企业参保意愿的影响因素分析 ············ 171

第九章　我国科技保险发展面临的问题及未来的发展趋势 ········· 174
第一节　我国科技保险可持续发展中遇到的问题 ··········· 174
第二节　我国科技保险发展的未来趋势 ················ 182

对策措施篇

第十章　促进科技保险发展的企业做法 ··················· 194
第一节　创新融资方式降低企业科技风险 ··············· 194
第二节　加强科技风险监管体系建设 ················· 203

第十一章　促进科技保险发展的政府机制 ·················· 213
第一节　构建科技保险法制体系与协调机制 ············· 213
第二节　优化科技保险补贴机制 ··················· 219

第十二章　促进科技保险发展的保险公司对策 ··············· 227
第一节　提高保险公司承保能力 ··················· 227
第二节　丰富科技保险产品种类 ··················· 229

参考文献 ···································· 231

导论

第一节 "科技兴则民族兴"的提出

2016年5月30日,在全国科技创新大会的第九次全国代表大会上,习近平强调,科技兴则民族兴,科技强则国家强,要结合实际坚持运用我国科技事业发展经验,积极回应经济社会发展对科技发展提出的新要求,深化科技体制改革,增强科技创新活力,集中力量推进科技创新,真正把创新驱动发展战略落到实处。

我国科技事业发展的目标是,到2020年时使我国进入创新型国家行列,到2030年时使我国进入创新型国家前列,到新中国成立100年时使我国成为世界科技强国。两院院士和广大科技工作者是国家的财富、人民的骄傲、民族的光荣,大家责任重大、使命重大,应该努力为建成创新型国家、建成世界科技强国做出新的更大的贡献。

历史经验表明,科技革命总是能够深刻改变世界发展格局。在绵延5 000多年的文明发展进程中,中华民族创造了闻名于世的科技成果。经过新中国成立以来特别是改革开放以来的不懈努力,我国科技发展取得了举世瞩目的伟大成就,科技整体能力持续提升,一些重要领域跻身世界先进行列,正处于从量的积累向质的飞跃、点的突破向系统能力提升的重要时期。

纵观人类发展历史,创新始终是一个国家、一个民族发展的重要力量,始终是推动人类社会进步的重要力量。不创新不行,创新慢了也不行。如果我们不识变、不应变、不求变,就可能陷入战略被动,错失发展机遇,甚至错过整整一个时代。实施创新驱动发展战略,是应对发展环境变化、把握发展自主权、提高核心竞争力的必然选择,是加快转变经济发展方式、破解经济发展深层次矛盾和问题的必然选择,是更好地引领我国经济发展新常态、保持我国经济持续健康发展的必然选择。我们要深入贯彻新发展理念,深入实施科教兴国战略和人才强国战略,深入实施创新驱动发展战略,统筹谋划,加强组织,优化我国科技事业发展总体布局。

根据科技发展提出五项要求，具体如下：

一是夯实科技基础，在重要科技领域跻身世界领先行列。推动科技发展，必须准确判断科技突破方向。判断准了就能抓住先机。科学技术是世界性、时代性的，发展科学技术必须具有全球视野，把握时代脉搏，及时确立发展战略，坚定创新自信，提出更多原创理论，做出更多原创发现，力争在重要科技领域实现跨越式发展。

二是强化战略导向，破解创新发展科技难题。当前，国家对战略科技支撑的需求比以往任何时期都更加迫切。党中央已经确定了我国科技面向2030年的长远战略，决定实施一批重大科技项目和工程，要围绕国家重大战略需求，着力攻破关键核心技术，抢占事关长远和全局的科技战略制高点。成为世界科技强国，成为世界主要科学中心和创新高地，必须拥有一批世界一流科研机构、研究型大学、创新型企业，能够持续涌现一批重大原创性科学成果。

三是加强科技供给，服务经济社会发展主战场。科学研究既要追求知识和真理，也要服务经济社会发展和广大人民群众。推动我国经济社会持续健康发展，推进供给侧结构性改革，落实好"三去一降一补"任务，必须在推动发展的内生动力和活力上来一个根本性转变，塑造更多依靠创新驱动、更多发挥先发优势的引领性发展，大幅增加公共科技供给，让人民享有更宜居的生活环境、更好的医疗卫生服务、更放心的食品药品。

四是深化改革创新，形成充满活力的科技管理和运行机制。科技创新、制度创新要协同发挥作用，两个轮子一起转。我们最大的优势是我国社会主义制度能够集中力量办大事，要形成社会主义市场经济条件下集中力量办大事的新机制；要以推动科技创新为核心，引领科技体制及其相关体制深刻变革；要制定和落实鼓励企业技术创新各项政策，加强对中小企业技术创新支持力度；要优化科研院所和研究型大学科研布局，厚实学科基础，培育新兴交叉学科生长点；要尊重科技创新的区域集聚规律，建设若干具有强大带动力的创新型城市和区域创新中心。

五是弘扬创新精神，培育符合创新发展要求的人才队伍。科学技术是人类的伟大创造性活动。一切科技创新活动都是人做出来的。我国要建设世界科技强国，关键是要建设一支规模宏大、结构合理、素质优良的创新人才队伍。要大兴识才爱才敬才用才之风，在创新实践中发现人才，在创新活动中培育人才，在创新事业中凝聚人才，聚天下英才而用之，让更多千里马竞相奔腾，努力造就一大批能够把握世界科技大势、研判科技发展方向的战略科技人才，培养一大批善于凝聚力量、统筹协调的科技领军人才，培养一大批勇于创新、善于创新的企业家和高技能人才。要尊重科学研究灵感瞬间性、方式随意性、路径不确定性的特点，允许科学家自由畅想、大胆假设、认真求证。要让领衔科技专家有职有权，有更大的技术路线决策权、经费支配权、资源调动权。政府科技管理部门要抓战略、抓规划、抓政策、抓服务，发挥国家战略科技力量建制化优势。

科技创新、科学普及是实现科技创新的两翼，要把科学普及放在与科技创新同等重要的位置，普及科学知识，弘扬科学精神，传播科学思想，倡导科学方法，在全社会推动形成讲科学、爱科学、学科学、用科学的良好氛围，使蕴藏在亿万人民中间的创新智慧充分释放、创新力量充分涌流。

中国科学院、中国工程院是我国科技大师荟萃之地，要发挥好国家高端科技智库功能，组织广大院士围绕事关科技创新发展全局和长远问题，为国家科技决策提供准确、前瞻、及时的建议。要发挥好最高学术机构学术引领作用，把握好世界科技发展大势，敏锐地抓住科技革命新方向。广大院士要发挥好科技领军作用，团结带领全国科技界特别是广大青年科技人才为建设世界科技强国建功立业。

中国科协各级组织要坚持为科技工作者服务、为创新驱动发展服务、为提高全民科学素质服务、为党和政府科学决策服务的职责定位，团结引领广大科技工作者积极进军科技创新，组织开展创新争先行动，促进科技繁荣发展，促进科学普及和推广。

第二节　新时代发展科技型企业的重要性

一、科技创新的重要意义

随着网络、信息技术的兴起，科技创新对经济、社会发展的作用日益凸显，进而影响整个国家和民族的长远发展，主要表现在以下几点。

第一，科技创新是企业生存的根本。企业作为社会生产的基本单元，在市场体制下要承受各方的竞争压力。产品同质化最终导致恶性的价格竞争，这不仅会影响市场经济竞争促发展的活力，还有可能导致相关行业的消沉，使产业、经济整体发展徘徊不前。开拓新领域，开发适合市场需求的创新性产品；研发新型的技术装备、创新管理流程，提高生产效率和产品质量，才是提高企业核心竞争力的根本出路。而且，基本共识是，只有通过技术创新，开发新产品和服务，占据整个产业链和价值链的高端，才能获得高额回报。创新性工作的利润率是整个开发、生产、销售、服务链条中公认的最高环节。创造始终高于制造一个层次，这也是所有企业追求的目标，只有朝着这个目标不懈努力，才能形成持久的发展动力，才能在市场竞争中占据一席之地。长期以来，困扰我国企业发展的瓶颈就是创新能力不足，从而使我国大多数企业被锁定在价值链的底端，为本来已被压缩得可怜的利润空间而拼杀，而对高端的广阔的"创造利润"空间却显得力不从心，望"利"兴叹。因此，只有通过不断创新、不断推出新的产品和服务，才能获得生存和发展，才能成长为世界知名的企业，才能在不断激烈的竞争中获得理想的利润回报。

第二，科技创新事关民族振兴。任何一个民族的繁衍、发展与壮大，都离不开创新，特别是科技的创新。创新精神，是中华民族精神内涵的重要组成部分，也是其历经 5 000 年，仍雄踞世界的重要力量源泉之一。在过去的 60 年内，我国一直在寻求改变积弱积贫现状的道路，也一直在追赶世界文明的脚步，虽然取得了一定的成绩，但仍与发达国家有较大的差距。要想重新回到世界各民族的前列，没有持续、有效的科技创新是很难实现的。当前，我国正处在全面建设小康社会的关键阶段，特定的国情和需求决定了我们的出路，必须要把科技进步和自主创新作为经济、社会发展的首要推动力量，必须把提高自主创新能力作为调整经济结构、转变经济增长方式、提高国家竞争力的工作重心。因此，党中央和国务院高度重视国家科技创新能力的提升，把建设创新型国家作为面向未来的国家战略目标提出，并领导、组织制定了国家中长期科技发展规划。站在新的起点上，我们只有大力弘扬创新精神，全方位鼓励科技创新活动，提升民族的创新能力，才能为国家后续发展打下坚实的基础。

第三，科技创新是国家可持续发展的保障。科技创新为可持续发展提供了不竭的动力。我国在过去的 30 多年里走的基本上是依赖人力、资源、土地等要素的发展模式，显然，这种模式是不可延续的。首先，土地和资源有限，也不仅仅属于我们这一代人，它们还属于子孙后代，属于国家的未来；其次，如果只顾当前的发展利益，肆意攫取资源、破坏环境，一旦环境全面恶化，发展便走进了死胡同。另外，我国是一个资源消耗大国，也是碳排放量大国，当整个人类和地球面临环境、气候等问题所带来的史无前例的压力时，我国有责任也有义务坚持走科学发展的道路，为地球这个共同的家园承担应有的责任。

因此，只有通过不断的科技创新，开拓新的发展领域，培育新的经济增长点，才能实现可持续发展，才能为未来的更高目标发展铺平道路。

二、发展科技型中小企业的重要性

(一) 中小企业存在的原因

古典经济学的开山鼻祖亚当·斯密曾提出著名的"斯密定理"。斯密定理隐含着这样一个推论：随着市场容量的增加，企业规模有无限扩大之趋势。

马克思也于1867年指出，由于产业革命的兴起，机器大工业取代家庭手工业和工场手工业是一种历史必然。特别是从19世纪末20世纪初至第二次世界大战间的半个世纪，垄断资本主义空前发展，企业兼并浪潮风起云涌，于是许多西方学者一度认为，随着生产和资本的集中与垄断，大规模化、现代化是企业发展的方向，中小企业将会由于逐渐被大企业吞并排挤而呈日渐消亡之势。然而，二战之后的经济现实却并没有完全按斯密、马克思和其他一些学者的预言发展。在大企业发展的同时，众多的中小企业也在蓬勃兴起，少数大企业和大量中小企业共存是多数国家企业规模结构的共同特征。并且，中小企业在各国国民经济中的地位和作用也更加突出，尤其是随着知识经济时代的到来，出现了个人创业的"大爆炸"，大力发展中小企业已成为各国发展经济的共识。

中小企业的蓬勃发展引起了很多学者的兴趣。很多学者从不同的角度出发深入研究了这一现象，揭示了中小企业发展的理论依据。其研究结果大概可以归为以下几个部分。

1. 企业的最优规模取决于交易费用和组织费用

新制度经济学的创始人罗纳德·科斯（R.H·Coase）在《企业的性质》（1937）和《交易成本问题》（1960）两篇文章中指出，交换经济条件下企业之所以产生是为了节约交易费用，企业与市场是替代性制度安排。企业边界决定于企业和市场的均衡，即企业内的边际组织费用与市场边际交易费用相等之处。换言之，企业最佳规模为交易费用与组织费用二者之和最小处。一般而言，随着企业规模的扩大，交易费用递减，组织费用递增，故此两种费用之和最小处的企业规模不一定很大，中小企业同样可以达到最佳规模。这样，科斯就用交易费用理论从最佳规模角度解释了中小企业的存在。

另外，奥斯汀·罗宾逊（Austin Robinson）和乔治·施蒂格勒（George J. Stigler）从规模经济的角度研究了企业的最优规模。奥斯汀·罗宾逊在《竞争的产业结构》中用规模经济理论解释了中小企业的存在。他认为，企业规模收益递增有一限度，超过此限度，将会出现规模收益递减。因为规模越大，分工越细密，但由于技术的非无限可分性，分工超过一定限度反而意味着复杂程度的提高、操作成本的增加和效率的损失。另外，企业规模越大，管理层次越多，决策时间延长，灵活性降低，会使机会成本增加。这些原因使企业在现有技术条件下达到单位平均成本最低点的最佳规模未必很大，中小企业同样可以达到相应的最佳规模。只要达到最佳规模的企业就有较强竞争力，就能生存和发展，所以许多中小企业得以生存。施蒂格勒进一步拓展了规模经济理论，增强了其对中小企业存在的解释能力。他认为，在任一特定行业中，若某种规模的企业在市场竞争中生存下来，则意味着它是有效率的；若某种规模的企业数量（或产出量）在该行业中比重上升最快，则说明此规模为最佳规模。施蒂格勒运用这种生存技术法，通过大量实证分析，得出结论：某一行业的最佳企业规模通常是一个区间而非一个点，因而企业长期平均成本曲线是"碟型"而非"U型"，此即许多中小企业同样达到最佳规模，得以生存和发展的经济学解释。

2. 市场的不完全导致了大企业和中小企业并存的局面

罗宾逊夫人（Joan Robinson）和张伯伦（A. Chamberlain）认为，现实中的市场既非完全竞争亦非完全垄断，而是二者的混合，即不完全竞争（或垄断竞争），正是这种不完全的市场形态使大量中小企业得以存在和成长。张伯伦着重强调"产品差别"对中小企业存在的重要性，认为产品差别使中小企业也具有一定的垄断因素，得以与大企业共存。此外，中小企业因其规模小和固有的灵活性，可以适应市场需求的变化，及时调整生产经营策略，增强其竞争能力。罗宾逊夫人认为，不同企业由于参与竞争的具体条件（如拥有要素的种类、数量和质量、销售时间与技巧、地理条件等）各不相同，最终都会对市场价格产生一定的影响力，因而能对价格产生影响的不仅是大企业，中小企业只要能发挥自身优势，同样可以对价格产生影响，拥有竞争优势，这就是不完全竞争市场条件下中小企业与大企业共存的真正原因。

还有一些学者从企业竞争方式的转变出发，运用不完全市场理论解释了中小企业的大量存在和发展。自19世纪末20世纪初到第二次世界大战前，垄断大企业对中小企业一般采取吞并排挤的直接竞争方式。在这种竞争方式下，中小企业由于规模小、实力弱而处于劣势。比如，19世纪末20世纪初先后进入垄断资本主义的英、美、法、德、日等国家中，迅速膨胀的大企业通过直接竞争方式对中小企业残酷打击，大量中小企业倒闭或破产，处于衰退之势，一直延续到二战前。二战后，随着经济、技术的发展和其他客观经济环境的变化，垄断大企业弊端渐显，经营艰难。于是，许多大企业通过反思，认识到与中小企业合作对他们的益处：可充分利用中小企业"精、专、特"的优势获取质优价廉的零部件和配件，或将一些琐碎的工艺分包出去，分享分工协作的经济成果。在这样的前提下，大企业与中小企业之间的竞争方式由直接竞争转为合作竞争，中小企业生产经营环境大为改善，得以蓬勃发展。

3. 中小企业的发展体现了某种进化的思想

马歇尔在其《经济学原理》第二版中借鉴了达尔文进化论主义来解释中小企业为什么能够存在、发展。他认为，企业的发展有其"生成—发展—衰亡"的生命周期，大企业衰退后被中小企业取代是自然法则，垄断不会无限蔓延下去，规模经济和竞争可以获得某种均衡。马歇尔还指出中小企业的最大特点就在于管理费用低、决策灵活，同样可以获得必要的信息（企业规模愈小，必要信息量愈少）。马歇尔从进化论角度，在中小企业个体层面上考察了其存在的原因，即"个体经济进化论"。此外，约翰·穆勒（John Stuart Mill）、舒马赫（E.F. Schumacher）等都从中小企业的适应能力角度出发探讨了中小企业存在和发展的原因。

4. 一些行业、部门只适合中小企业而不适合大企业

施太莱（Staley）和莫斯（Morse）于1965年对美国产业组织结构进行了实证分析，认为从技术和经济两方面分析生产成本、规模经济、市场特性及地缘区位等因素，可知不同产业适于不同规模的企业经营。根据这些因素，他归纳出8种称之为"中小产业"的适合中小企业经营的细分产业。

日本学者太田一郎认为，可以将经济部门分为两类：集中型部门和分散型部门。集中型部门往往需要大型设备或巨额投资或产品易标准化且量大而品种少，如钢铁、石化、电力、飞机、轮船、录像机等，适合大企业经营，中小企业即使存在，其市场占有率也很低，竞争优势很小或处于竞争劣势。分散型部门包括适合多品种和小批量生产的纺织品、副食品、家具、陶瓷等生产部门，与大企业相关的金属模具、砖瓦等生产资料加工和零部件生产部门以及运费和（或）库存高的水泥、活鲜及易腐品等销售波动剧烈的部门。分散部门更适合中小规模企业的生存和发展。

5. 知识经济浪潮促进了中小企业的发展

卡尔松（B. Carlsson）强调新技术革命对企业规模的影响。他指出，科技进步有效降低了企业生产的最小有效规模（MES），使平均成本曲线左移，弱化了规模经济进入壁垒，使许多中小企业可以进入原来难以进入的领域生产经营。因而，他认为中小企业的蓬勃兴起应从科技进步中去寻求答案。阿科斯（Z.J.ACS）则用技术轨道的转移来解释中小企业的兴起。他认为，由于科技革命，技术轨道发生转移，人类已进入一个新的技术时代。由传统技术所支撑的传统产业日渐萎缩，大企业生产经营困难重重。与此同时，新技术带动了新产业的出现，为中小企业的发展提供了一个史无前

例的契机，拓展了其生存空间，再加上中小企业直接与市场和消费者接触、决策灵活、能灵敏感应科技变动的节奏等，故能蓬勃发展。

托夫勒（Toffler）在《第三次浪潮》（1980）中指出，农业的兴起是第一次浪潮，工业革命是第二次浪潮，且由于生产力的飞速发展，人类已于二战后迎来了第三次浪潮。大批量、少品种甚至长期生产数百万件同一标准的产品是第二次浪潮的特征，大规模生产是从属于这种生产力特征的有效方式。然而，第三次浪潮的生产特征都是生产短期的、个别的甚至完全定做的产品，小批量、多品种成为这次浪潮的有效生产方式。正是这种生产力发展所引起的生产方式的变化，使大量中小企业发展起来。也有一些西方学者将中小企业在20世纪70年代以后的大发展归因于所谓的第四次浪潮，即知识经济浪潮。

（二）科技型中小企业的历史使命

上面的研究指出了中小企业存在和发展的理论依据，同时认为中小企业的蓬勃发展是顺应历史潮流和经济、社会发展趋势的，而科技型中小企业则是这个潮流的主力军。另外，目前各国重视科技型中小企业的发展，还有一个很重要的原因就是科技型中小企业在促进技术进步中的推动作用。很多国家都将发展科技型中小企业作为促进本国技术进步、赶超他国以及调整产业结构的重要途径。

从世界范围来看，大多数国家建设科技园，促进科技型中小企业发展的目的主要有以下几点：促进技术创新，提高生产力；加强大学与工业的联系，促进科研成果产业化和商品化；改善经济结构；创造就业机会；提高经济增长率。

我国的科技园区成立于20世纪80年代。尽管借鉴了硅谷等各国成功高科技工业园的建设经验，但由于中国特殊的历史和现实状况，中国高新区在许多方面具有中国特色，它只能是中国现阶段国情的反映。它要克服多年来计划经济体制的影响，要打破科技与经济分离的两张皮现象，然后才能达到科技成果向现实生产力转化的结果。与国外高新技术产业开发区相比，中国高新区的困难和阻力更大，目标和任务更多，如要建设成为中国高新技术产业化的基地、对外开放的窗口、改革开放的试验区、科技与经济结合的示范区、培育科技企业家的摇篮和学校、建设社会主义物质文明和精神文明的新城区。

由于中国高新区的这些独特性，决定了政府在高新区发展中的更大义务和责任。政府在支持科技型中小企业发展的时候，有一些问题是必须研究的：政府支持科技型中小企业发展的边界是什么？政府应该采取哪些措施来支持我国科技型中小企业发展？

我国的科技型中小企业更多地集中在高新区，因此促进高新区的发展同促进我国科技型中小企业的发展在很大限度上是一致的。我国的高新区实际上是政府推动型的产业聚集，与真正的产业聚集形态之间尚存在差距。由于未经历自发集聚过程的积淀，而是通过政府规划力图人为营造出产业群聚效应，难免会存在一些发育不良的毛病，如高新区网络关系松散，企业产业关联度低，大多数企业尚未意识到创新网络的意义所在等。因此，必须注重产业价值链以及多元主体行为综合性的培育，将真正的产业聚集形态的内在运行机制植入高新区体内，同时为高新区每个企业所内化认同，才能构造真正的区域创新网络，从本质上发挥出其促进创新的功效。

2005年8月25日，温家宝在第四次国家高新技术产业会议上的重要讲话，明确了国家高新区"四位一体"的定位，使我们明确了高新区今后发展的道路，总的目标是要发展高新技术产业。为了实现这样的定位，温家宝谈了四项要求：第一是要始终坚持培育和发展有竞争优势的高新技术产业；第二要始终坚持体制创新，坚持发展有利于高新区发展的软环境，建立以企业为主体的知识创新体系；第三要始终坚持合理和节约资源，走集约化的发展道路；第四要始终坚持稳定鼓励高新技术产业发展的各项政策，切实解决高新区存在的问题。

总体而言，我国高新区所肩负的历史使命决定了我国政府的行为选择：① 促进高新区的基础设施建设，为科技型中小企业的发展提供好的环境；② 推动产业集聚，引导资本流动；③ 扶持龙头企业，培养产业链，促进产业结构调整；④ 改革行政体制，调整政府与企业的关系；⑤ 为企业发展提供各种服务。显而易见，同新自由主义倡导的政府在保障契约实施和保护产权这些最基本的职责方面发挥作用相比，我国政府所发挥的作用要大得多。

理论基础篇

第一章　科技风险概述

第一节　科技风险的概念及内涵

一、科技风险的概念

科技风险是指科研开发活动中，特别是科学技术转化为生产力的过程中，由于外部环境的不确定性、项目本身的复杂性以及科研开发者能力的有限性而导致科研开发项目失败、中止、达不到预期的技术经济指标的可能性。科技风险表现为：宣告项目失败；项目实施中出现较长时间的中止；科研项目被撤销；项目过分延期；项目完成后在技术水平、经济效益、竞争力等方面与预期目标存在较大差距。而科技项目外部环境的复杂性主要表现在以下五个方面（图1-1）。

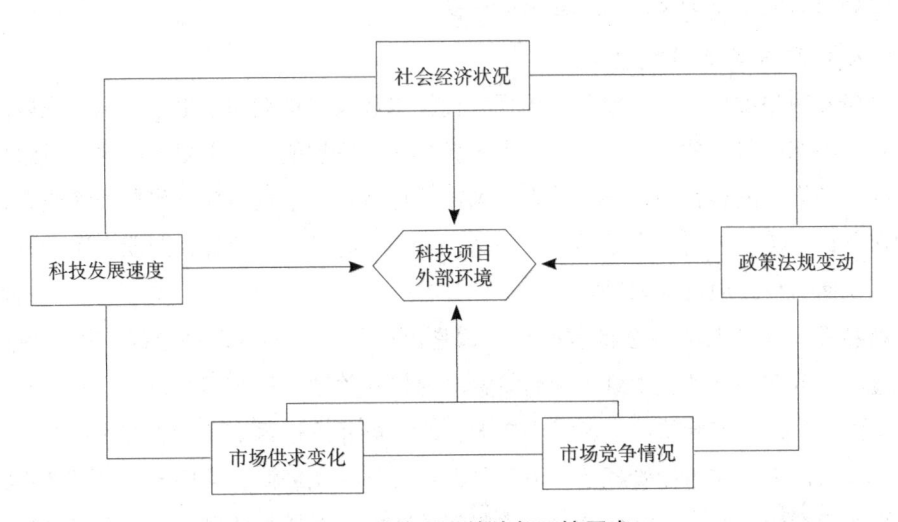

图1-1　科技项目的外部环境因素

（一）社会经济状况

由于社会经济趋势经常呈现不稳定状态，如大面积经济危机、经济萧条等，可能导致一个国家乃至全球经济的整体不稳定，从而致使科技项目因无法在开发前完全预测开发前景而存在风险。

（二）科技发展速度

科技发展速度具有较强的不确定性，如果在科技项目的开发过程中出现了更先进的科学技术，极易导致该项目未投产就被淘汰。

（三）政策法规变动

政策法规是国家对于市场的宏观调控手段，它随国家政治方针的变化而具有不确定性。在不同的时段，国家对于不同科技的鼓励和限制政策是不同的，可能一个科技项目在开发前受国家鼓励和保护而享受各种优惠政策，但在开发投产之后却遇到政策法规改变而失去优惠政策的享受资格，甚至受到限制，如税收增加、进出口关税提高、土地优惠政策取消等。这就导致科技项目的成本大大提高，利润降低，最终致使项目因资金不足而失败。

（四）市场供求变化

相同的产品在不同时期的市场供求状况是不同的。一个科技项目的开发往往要经历一个较长的开发阶段。这就导致项目在开发前的市场预测具有较强的不确定性，项目在开发前后的市场需求可能出现很大变化。

（五）市场竞争情况变化

市场竞争情况的变化主要是指出现替代技术或技术被剽窃。由于在同一领域内可能存在多种相互替代的技术，且对于大多新技术的保护能力是有限的，这就导致科学技术在市场推广的过程中可能会出现不确定的竞争者，一旦出现替代性技术或者技术被剽窃，该技术的市场开发难度就会提高，市场占有量就会下降，预期利润也就无法达到，从而为科技项目带来风险。

科技项目本身具有较强的复杂性，这是由科技项目的本质决定的。科技项目在开发过程中存在大量的技术难点和尚需解决的技术关键，且所需的人力投入、资金投入、时间投入以及实验检测设备投入较大；在市场开发过程中市场的进入难度大，市场启动投入巨大；在组织管理上，由于科技项目具有先进性，管理上没有可借鉴的模式，因此存在较高的难度与复杂性。这些问题决定了在科技项目的各个环节中都存在大量的风险，且这些风险难以避免。

二、科技风险内涵

对于科技风险的定义，目前在学术上还没有统一的界定，按照不同学者各自的理解和研究角度，大致可以分为三类。

第一类，从管理学角度定义科技风险。最早从管理学角度对科技风险进行界定的是谢科范、未玉，他们认为，科技风险包括技术风险、市场风险和投资风险三个部分。技术风险包括盲目开发的风险、引进技术的风险、技术开发不配套的风险和企业人员科学文化素质低的风险；市场风险包括竞争风险、被假冒的风险和失密风险；投资风险包括投资力度不足的风险、汇率风险、三角债风险和受骗上当的风险。谢科范、倪曙光对科技风险进行了比较规范的界定，他们提出，科技风险是指科研开发活动中，特别是科学技术转化为生产力的过程中，由于外部环境的不确定性、项目本身的复杂性以及科研开发者能力的有限性而导致科研开发项目失败、中止、达不到预期的技术经济指标的可能性。之后，在管理学领域研究科技风险的学者也大多沿用了这一界定，如肖蓓、陈雨露和胡晓宁都使用了这一界定方式。

第二类，从哲学角度定义科技风险。从哲学角度定义科技风险的学者比较多，主要有以下几种定义。乌尔里希·贝克在其著作《风险社会》中提出科技风险的定义，所谓"科技风险"是一种"被制造出来的风险"，它源于人们的重大决策。并且是由现代社会整个专家组织、经济集团或政治派别权衡利弊得失后所作出的决策，这是国外最早从哲学角度给出的科技风险定义。安东尼·吉登斯认为，现代社会的科技风险主要是"被制造出来的风险"，是由人类不断发展的知识对这个世界的影响所产生的风险，是在人类没有多少历史经验的情况下所产生的风险。刘松涛、李建会在对贝克的科技风险理论研究的基础上提出了自己的界定。他们认为，风险是现代化的后果，它不仅仅或主要不是针对个人而是对人类社会未来安全的忧思、责任和干预，它因全球化而加剧，因而又是世界性的，主要表现为对全球植物、动物和人类命运不可抗拒的威胁。

杨雪聘提出，科技风险就是指一项科技活动的最终结果存在着出现与科技的后一个目标相反的可能性，它有可能给人类带来不好的生存境遇和祸害，这一定义是国内最早从哲学角度定义科技风险。金磊认为，科技风险主要是指那些由科学化的技术或技术的科学化而引起的潜在社会威胁。马缨则认为，科技的发展以及人们对科技的依赖却在某种限度上增加了人类社会受到科技带来的负面后果的可能性，这也就是现代科技风险的来源。现代科技的风险既来自高科技、新技术发展带来的不确定性，也来自现代社会人们对科技的高度依赖带来的风险。许志晋、毛宝铭认为，由于现代科学技术的高度复杂性和其本身固有的不确定性，使任何专家都不能完全准确地预测、计算和控制科技发展给人类带来可能的危害而形成的风险，就是所谓的现代社会的"科技风险"。丁祖豪认为，所谓风险，是指在主体的决策和实践过程中存在的、给主体的价值目标造成损害的一种不确定性，而科技风险是由科技方面的不确定性对主体所带来的损害性。陈璇认为，科学技术具有两面性，并指出随着科技的快速发展，人类进入了以信息和技术为特征的当代社会，科技给人类带来巨大的福祉，为绝大多数成员创造了舒适安逸的生存环境，但科学、技术及其应用给人类社会和自然生态环境带来的潜在危害，即科技风险，也到了人类难以控制的地步。

此外，张黎夫和肖永康从对科技风险成因的研究出发界定了科技风险。他们提出，所谓科技风险，是指由科技方面的不确定性所带来的对主体的损害性，主要包括科技知识本身的不确定性所导致的风险，科技开发活动中的不确定性所导致的风险，科技成果运用的不确定性所导致的风险等。高尚荣认为，从直接性来看，科技风险的形而下类型可分为内生性风险、嵌入性风险和外延性风险；根据风险类型，可以设计相应的风险克制路径，分别指向技术的升级换代、伦理规范整合与社会治理模式。

第三类，从金融信息化角度定义科技风险。国内最早从金融角度给科技风险定义的是张茂林，他认为，金融科技风险是金融业在技术创新发展过程中产生的，是大量计算机、电子技术、通信技术发展运用而其自身又缺乏足够的完备性，给犯罪分子留下有机可乘的机会造成的。之后，在这个定义的基础上又有许多学者提出了自己的观点。陈素、田发龙等认为，金融科技风险是指金融业在进行技术创新和实现金融电子化过程中广泛使用计算机技术、网络通信技术，而计算机本身（包括硬件、软件、操作系统等）和涉及计算机安全管理的制度缺乏有效的科学性、规范性和完善性，潜伏着许多不安全因素而造成的潜在的或已发生的风险。乔哲男则提出，金融科技风险是金融企业在广泛使用计算机技术、网络通信技术时，由于计算机的故障和缺少相应制度做保障，而引发的工作事故风险。刘璐、金素通过分析科技风险对金融发展的作用机理，指出科技风险在金融领域具体表现为资产定价失误、科技超越理性以及网络传染等特性。

管理学角度、哲学角度和金融信息化角度科技风险之间的主要内在关联以及发展演化过程如图1-2所示。

第一章 科技风险概述

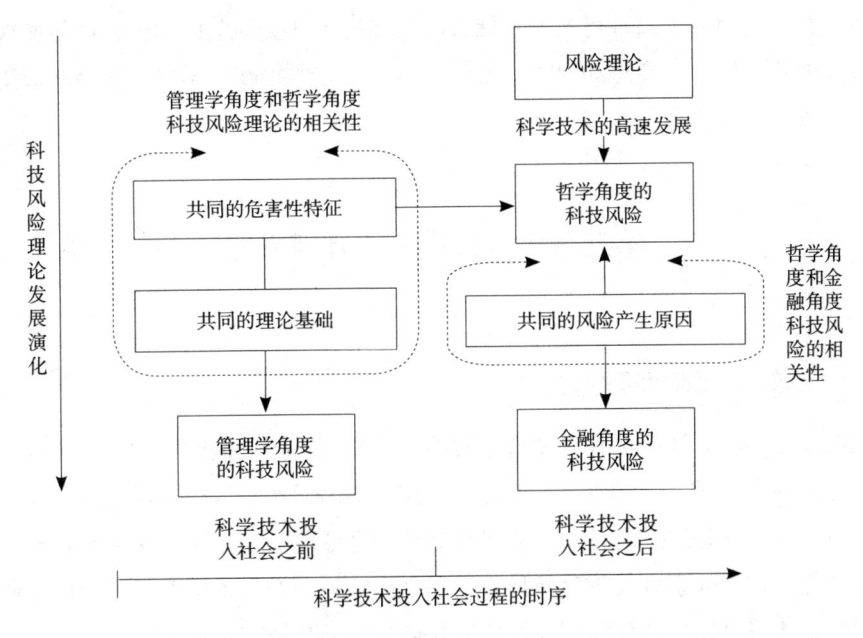

图 1-2 科技风险间的内在关联及发展演化图

（二）科技风险影响因素

我国对于科技风险影响因素的相关研究文献最早见于 1995 年，由谢科范和倪曙光提出。他们认为，科技风险的影响因素主要有三个，即外部环境、项目本身的复杂性程度和科研开发者能力，这三个因素导致了科技风险的形成。之后，在金融学领域，张茂林、陈素、张双喜、乔哲男等均认为，科技风险的影响因素来自五个方面：硬件、软件、网络、管理和意外事故。硬件方面主要有计算机设备安装环境和员工对金融科技知识的掌握程度；软件方面主要是软件开发时保密和风险防范措施设计强度；网络方面有网络之间通信安全保护手段的严密性和对黑客侵袭的警觉、防护程度；管理方面有基层银行计算机的管理程度和内控制度建设情况；意外事故方面主要指对于自然灾害的紧急应对能力。张世华则认为，科技风险与安全意识、管理规章制度、技术人才和计算机应用环境有关。

毛宝铭、刘松涛与李建会则从哲学角度对科技风险的影响因素进行了分析。毛宝铭认为，现代社会科学理性与社会理性的断裂是科技风险的来源，也是其重要影响因素。刘松涛、李建会则认为，科技高速发展引起的价值断裂以及对自然控制的不确定性是科技风险的成因和影响因素。国外学者 Brandt 也提出了自己的观点，他认为，现代社会的科学家大多并不愿意将自己孤立在象牙塔内，靠满足好奇心维持职业兴

15

趣，而是希望能创造出那种可能增加社会财富和解决社会问题的知识，以便在探求知识的过程中获得地位、声望和权力。科学家对其研究成果在科学之外的潜在应用性的关注，是风险产生和增长的基础条件之一。

第二节 科技风险的管理方式

一、常规的风险管理方式

风险无处不在。风险的存在使敢于冒险的人有利可图，同时使不善于经营风险的个人或者企业蒙受损失，因此风险管理是经营活动中不可回避的话题。就企业而言，所谓风险管理，就是通过有计划、有组织地控制企业的活动，使企业免遭意外事件发生，或者使其在意外事件发生时所导致的不良影响控制在最低限度，以确保企业能顺利实现既定战略目标。常规的风险管理主要包括以下几种方式。

（一）风险回避

任何组织遇到风险时先想到的大多是放弃该风险行为，但同时意味着放弃相应的目标利益，所以一般只有在这些情形时才会采取这种方法：有别的无风险或低风险的途径可实现同样的目标；本身确实无能力将风险消除或转移；无能力承担该风险，或承担风险得不到足够的补偿。

（二）风险预防与控制

风险预防与控制即降低风险发生的可能性和风险发生后的实际损失。例如，为预防和控制决策风险可采取以下几种方法：提高信息的完善程度，这涉及大量的信息搜集、分析处理等工作；在决策机制上加强决策的民主化，设立咨询委员会；提高决策实施的刚性，以免决策执行出现偏差。

（三）风险转移

风险转移的方式主要有以下三种。第一，合同转移，即通过签订连带风险在内的合同，将风险转移给对方；第二，保险，即通过投保把风险全部或部分转移给保险公司；第三，利用各种风险交易工具转嫁风险，如通过商品期货来锁定价格，利用外汇期货、期权或利率期货、期权工具转嫁汇率风险、利率风险等。

（四）风险承担

当无法避免风险又不能完全控制和预防风险，或者因预防和控制的成本很高而得不偿失时,风险承担便是一种常见的风险策略。

二、科技风险管理方式

科技风险的管理方式,或者说风险分摊机制,可以从不同的角度来归纳。下面分别从风险分担主体和风险分担行为两个维度进行分析。

(一)各利益相关者构建的科技风险分担体系

因为科技活动,特别是研发活动,不仅直接给企业或者研发人员带来效益,而且对社会、国家有间接的外溢效用。因此,在科技风险的管理过程中,政府、企业、高校、院所等相关主体都应承担一定的风险责任。图1-3是对科技风险主体分担机制的详细归纳。

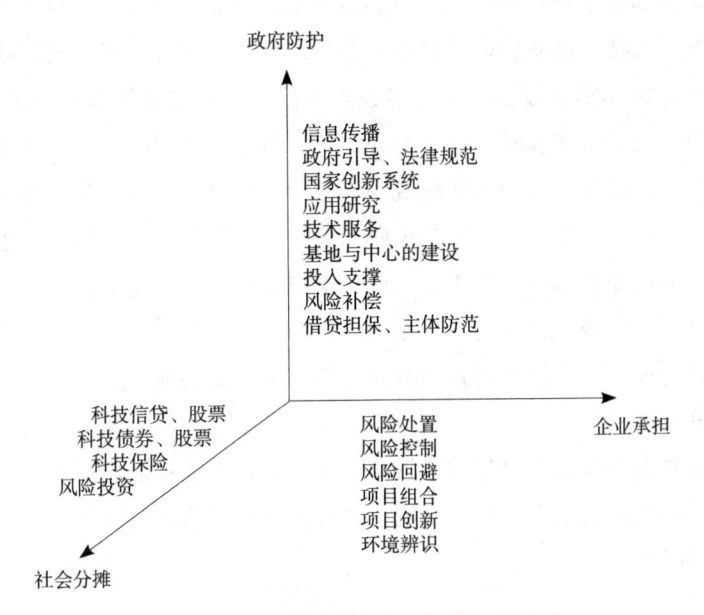

图1-3 科技风险的主体分担机制

(二)企业对科技风险的管理方式选择

从企业的角度来看,针对科技风险的特点,相应的管理方式主要以风险预防控制和风险转移为主。

1. 风险预防

风险预防不仅是科技人员的一种责任,也是所有企业都非常重视的问题。为预防控制风险,企业一般采取如下策略:首先,重视技术方案的咨询论证,就技术方案的可行性进行研究，对项目方案的风险水平与收益水平进行比较，对方案实施后的可能结果进行预测；其次，改善内部组织，建立有利于技术创新的开发与生产过程组织；第三，通过选择合适的技术创新项目组合，进行组合开发创新，降低整体风险；第四，建立健全技术开发的风险预警系统，及时发现技术开发和生产过程中的风险隐患；第五，建立健全有关技术管理的内部控制制度，加强对技术资产的监督管理。

2. 风险转移

考虑到科技风险的风险损失巨大以及科技风险早已不再是科技研发活动面临的风险，特别是在当今社会，科技和生产、生活的联系越来越紧密，新技术从出现到推向市场的速度逐渐加快，科技创新活动不再单纯是实验室、研发中心的事情，而更多的是带有了社会活动的色彩。风险转移的重要途径之一就是产学研合作。随着科学技术的不断发展和市场竞争程度的加剧，市场对技术创新企业开发出高技术产品的要求不断提高。这就要求技术创新企业不仅要有各类高水平的研究开发人员，还应具备优良的研究设施和先进的实验设备。对大多数企业而言，这些条件很难同时具备。因此，在技术创新中，寻求协作和联合是非常必要的。特别是在一些重大技术项目开发过程中，为确保项目的成功，并最后实现效益，企业往往联合国内外最可靠的研发团队和机构。例如，为解决技术瓶颈，中联重科与浙江大学联合攻关，研发出了一套中国一流、世界领先的污泥资源化处置工艺——二段式低温污泥干化工艺。相对于其他污泥处置技术路线而言，此技术的投资和运行成本只有其他技术的40%。风险转移的另一有效途径是通过引进项目投资者，转移部分风险，如创业风险投资、股权投资基金等，在此不再重述。

科技保险是近年在我国兴起的科技金融工具，在为科技创新保驾护航等方面具有独特的功能。本书的其余章节将主要阐述科技保险的本质特征以及其如何为科技创新提供风险保障服务。

第三节 科技风险的危害与可保性

一、科技风险的危害与规避方式

（一）科技风险的危害

随着科学技术的不断发展，科技风险逐步成为制约企业技术进步的最主要因素，具体表现在：①高风险使一些企业对技术开发望而却步。②高风险迫使企业专注于风险小、见效快的"短平快"技术开发项目，致使高风险、高收益项目无人问津。③企业缺乏抗风险能力，也无法转移风险。④高风险使企业在购买专利成果时心存顾虑，只愿购买"短平快"项目，其结果必然影响科技成果向生产力的转化。加之科技风险相比于一般风险更复杂、更多变，造成损失可能会更大。所以，对于高新技术企业来说，应在充分了解科技风险因素及成因的基础上，有效利用现代科技金融体系予以规避和转移科技风险。

在企业技术研发阶段，因关键研发人员健康问题会导致研发中断，关键研发设备受到损坏会导致研发延期，并会影响今后创新成果的转化和市场化阶段，所以创新成果必须在最短的时间内占领市场，获得预期的利润。在技术交易阶段，如果研发成果无人问津，满足不了消费者的要求，这会使前期投入无法收回。在市场化阶段，如果没有进行及时的专利申请或者知识产权的保护，企业的利益就会受损，甚至遭到竞争对手或他人的侵权诉讼。

正是因为科技风险的存在，高新技术企业科技创新的失败率非常高，即便在经济发达的美国也不例外。20世纪七八十年代，美国消费品产品创新的失败概率达到50%~60%，如果将产业范围扩大，平均下来，产品创新的失败率也高达30%~40%。欧洲投资银行20世纪90年代的统计分析表明，技术创新在研发阶段的失败率大约为70%，在企业成长阶段的失败率大约为30%。日本科学技术与经济会的统计表明：日本创新企业在技术研发阶段的失败率为85.5%，市场阶段的失败率为11.4%，生产阶段的失败率为37.5%，整体上成功率仅有7%左右。

此外，与一般企业相比，高新技术企业的科技风险还存在以下风险特性及相应危害。

第一，高新技术企业与一般企业相比，会更多地面临与无形资产相关的风险。我国高新技术企业的界定标准规定：在中国境内（不含港、澳、台地区）注册的企业，近3年内通过自主研发、受让、受赠、并购等方式，或通过5年以上的独占许可方式，对其主要产品（服务）的核心技术拥有自主知识产权。从中可以看出，我国的高新技术企业必须拥有自主知识产权这一无形资产。此外，在与北京、上海、天津以及苏州等地的高新技术企业负责人的访谈中可以发现，我国的高新技术企业大多成立时间比较短，属于中小型企业，相对于它们拥有的有形资产（可能本身拥有的有形资产非常少），无形资产的比例非常高。某些行业的高新技术企业由于其生产产品、提供服务的固有特点，拥有许多对企业至关重要的无形资产，而有形资产数量少，且对企业的重要性低于一般企业。例如，在电子信息技术行业中，软件企业向客户销售软件、程序等无形产品，或者向客户提供咨询服务。企业在经营活动中需要的有形资产非常少，有时仅需要一间办公室和几台计算机，但数据、程序等无形资产的安全对企业却显得十分重要。因此，高新技术企业与一般企业相比，更多地面临着与无形资产相关的风险，这类风险包括企业关键技术泄密、知识侵权风险（高新技术企业作为被侵权方或侵权方引起的诉讼风险）、数据损失或损毁等。

第二，研发风险关系着高新技术企业经营的成败。高新技术企业被认为是高风险、高回报的企业，这是由于企业时刻都在进行着自主变革、创新活动——研发活动。研发活动是高新技术企业发展成长的动力源泉，也是企业高风险的源头。统计资料显示，企业研发失败风险发生频率高，一旦发生事故，损失程度也非常高，甚至会影响企业的可持续经营活动。高新技术企业的研发活动主要分为两个过程：技术研发过程和产品市场化过程。直到新产品成功推向市场，得到广大消费者认同，研发才算成功。高新技术企业与研发相关、可能导致研发失败的风险包括市场竞争者或替代品的存在导致产品市场化不成功、研发失败、关键人员离职、产品研发缺陷给消费者带来损害、产品技术过时或过于超前导致产品市场化不成功等。

第三，高新技术企业大多由于其发展时间短、企业规模小、研发过程风险高、无形资产难以估值等问题导致融资困难。从我国高新技术企业的实地调研中可以了解到，我国的高新技术企业绝大多数仅靠内部融资解决资金问题，融资困难这一风险已经成为高新技术企业拥有者和高管人员认为的严重影响企业发展的最主要风险之一。

与一般传统企业相比，计算机技术在高新技术企业中的应用程度和普及范围都远高于前者。因而，跟传统企业相比，高新技术企业的风险暴露更多，如网络风险。虽然目前高新技术企业拥有者和高管人员并没有十分重视这种风险，但是随着科技的进步以及自动化程度的加深，这种风险对企业的影响将越来越大。

此外，不同行业的高新技术企业面临的风险暴露不同。例如，无形资产风险对电子信息技术行业影响很大，而生物与新医药技术行业还会面临更多的环境责任风险等。

（二）科技风险的规避方式

国外较为成熟的科技风险规避方式包括以下几个方面。

1. 企业自留科技风险

国外并没有科技保险一说，企业通常采用自留形式来处理科技风险，即建立风险基金实现风险内部转移。风险基金的资金来源主要是自有资本和借入资金，通常来说，企业会在每年的税后利润中提取一定比例的风险准备金来应对可能发生的风险。对于那些发生频率高、损失额度较小的风险，企业一般采取自留形式；对于那些发生频率低、损失额度较大的风险，企业会偏向使用保险来转移风险。

在考虑是否自留风险的时候，企业都比较谨慎。因为自留风险的成本比较大，而且会受很多方面因素的限制，如资金来源限制、企业规模限制。只有资金充足、企业规模较大、有一定的专业风险管理能力，企业才会考虑采用自留形式规避风险。

2. 企业引入风险投资方式

科研成果转化为生产力要经历研究开发、成果转化、市场化三个阶段，风险投资主要介入第二阶段。风险投资一般采取股权投资形式，待公司上市后，便成功退出，获取高额利润。实践证明，风险投资对科技创新具有重大的意义。美国风险协会调查的464家企业中，绝大多数高新技术企业的创业资金来自风险资本。澳大利亚被调查的企业中，40%的企业认为没有风险资本，公司会消亡，47%的企业认为没有风险资本，公司会发展缓慢。风险投资参与到企业经营中去，还可将先进的管理经验带入公司，加速公司的成长。由此可见，国外很重视风险资本在科技创新中的应用。

3. 企业采用保险方式

（1）单独险种规避特定的某种风险：对科技创新活动中的特定风险，企业通常采用单独险种规避，如知识产权保险转移专利侵权风险，过失和疏忽保险转移责任风险，网络保险转移与电子信息安全相关的风险。国外的知识产权保险主要包括两种类型：一种是知识产权侵权责任保险，主要是专利侵权责任保险；另一种是知识产权财产保险，主要是专利权保护保险。

① 知识产权侵权责任保险。知识产权侵权责任保险是一种第三者责任保险，如果投保人投保了知识产权侵权责任保险，一旦发生合同中约定的保险事故，被保险人可以向保险人提出赔偿，其中赔偿的费用如下。第一，被保险人在保单有效期间应对专利侵权指控的诉讼费用。第二，被保险人在应诉中指称原告专利无效而提起反诉讼的费用。第三，被保险人启动再审程序作为应诉的答辩费用。第四，第三方对被保险人提出的损害赔偿。

在国外，专利侵权责任保险对中小企业有效抗辩侵权指控是非常重要的，当中小企业遭到侵权指控时，可以采取以下方式应对。第一，放弃被指控侵权的专利产品的使用，不提起应诉，向原告支付专利使用费，从原告处购买专利许可。第二，利用资金采取应诉抗辩措施。无论选择哪种方式，对被指控企业来说，代价都是巨大的。因此，在这种情况下，企业购买专利侵权责任保险就成了转移相关风险的有效手段。

② 知识产权财产保险。知识产权财产保险是针对知识产权所有者而言的，如果知识产权所有者投保了知识产权财产保险，一旦发生了合同中约定的保险事故，保险人向被保险人支付的费用有以下几种。第一，专利权所有人对侵权人提出指控的诉讼费用。第二，专利权所有人反驳侵权人提起反诉指称其专利无效的诉讼费用。第三，证明其专利有效而在专利局提起专利再审的费用。

事实上，知识产权财产保险是专利权保护保险的延伸。一般来说，知识产权财产保险对中小企业和私人投资者比较有吸引力，因为面对资金雄厚的强大敌人，向他们提起诉讼将是一件费时费力的事情，而且获胜的机会渺茫。对律师来说，由于只有成功才能获得酬金这种制度的存在，因此这类案件也不能引起他们的注意。在这种情况下，知识产权财产保险的存在就排除了此类企业和个人的后顾之忧，企业通过缴纳固定的、较少的保险费就可以将这类风险转移给保险公司。

③ 过失与疏忽保险。这类保险是源于企业在经营过程中因疏忽行为、过错与过失行为而遭到第三方起诉。企业投保了该保险，一旦发生了合同中约定的保险事故，保险公司应向被保险人支付除企业对第三方的身体伤害、财产损害、人格伤害以及广告伤害之外的经济损失。

一般情况下，过失与疏忽保险具有针对性，是根据投保人的风险和保险需求而定制的。该险种的存在对高新技术企业尤其是一些软件企业具有重要的价值。它可以承保软件行业中传统保险所不能承保的责任风险。例如，软件行业在设计软件时存在的一些漏洞对客户造成的经济损失，就可以通过此保险来转移风险。

④ 网络保险。网络保险在国外出现得比较晚，从 2002 年开始，一些保险公司才有了真正意义上的网络保险产品。国外的网络保险不同于计算机保险，网络保险保障的是企业与网络相关的风险。随着公司内部计算机网络办公和电子商务的快速发展，企业对网络保险的需求也越来越大。

网络保险承保的风险有以下几种：第一，黑客入侵风险，这类风险是指有人入侵被保险人的计算机系统，损坏、删除或干预了被保险人的资料和档案；第二，病毒攻击风险，这类风险是指病毒攻击了被保险人的计算机系统，损害了相关资料和档案，其中包括已知病毒和未知病毒；第三，拒绝服务风险，是指一种攻击，用超出被攻击目标处理能力的海量数据包，消耗可用系统的宽带资源，导致网络服务瘫痪，从而出现多个计算机中断、用户否认、服务中断等风险；第四，著作权、商标侵权风险，这类风险是指有些个人或法人在网上没有经过许可就使用他人的姓名和标识，盗用他人的创意，或者没有经过授权，就从他人网站上复制内容；第五，网站内容责任风险，这类风险是指网站上的内容被他人窃取；第六，网络责任风险，这类风险是指被保险人在使用第三方的网站和服务器时，第三方却遭遇了破产。

（2）组合保险规避特定范围的风险：

这种保险方式是针对某一行业的，这些行业往往从事特定范围的科技创新活动。例如，电子信息行业、生命科学行业等，它们均能通过组合式保险来转移相关风险。

保险组合产品是将不同类型的保险责任组合到一个保单中的多年期保险合同，合同中一般不规定单一险种的保险责任免赔额和赔偿限额，而是规定整个保险期间内所有保险责任累计的免赔额和赔偿限额。与单独险种相比，保险组合有着自身的特点。第一，多种形式的保险责任，即该产品可以将很多个传统险种的保险责任放到一个保险计划中，让风险在多种保险标的之间进行分散；第二，多年期，即保险组合的期限不局限于1年，而是以多年的形式出现，一般是3~5年，所以保险标的物的风险又可以在不同时间上进行分摊；第三，综合定价，即费率是一个综合的费率，而不是存在多个费率，在合同中规定了一个统一的覆盖了多种保险责任的总免赔额和总赔偿限额；第四，可承保特殊风险，这种组合形式不仅承保传统的风险，还可以承保某些特殊的风险，如资本市场的相关风险、汇率风险、商品价格波动风险、政治风险、商业风险等；第五，保险成本低，因为该组合保险具备了综合投保、多年期等特点，风险可以在多种保险标的之间进行充分分摊，所以就可以避免过度投保现象，强化投保人的自留风险能力，减少合同谈判成本，从整体上降低投保人的保险成本。

二、可保风险与科技风险的可保性

（一）一般风险可保性的理论分析

可保风险是指保险公司能够接受或者被保险人能够向保险公司进行转嫁的风险。一般而言，可保风险必须是纯粹风险，但是并非所有纯粹风险都是可保的，风险的可保性取决于保险成本的高低。同时，不是所有风险都可保，只有符合一定条件才能成为保险经营的风险。影响风险可保性的成本因素主要有三个方面：保费附加成本、道德风险和逆向选择。

保费附加成本反映了保险公司的资本成本和管理成本，任何一种保险都包含了一个正的附加成本，而正的附加成本的存在使保费与期望索赔成本的现值不可能相等，这样即使对风险完全规避的人也不会对可能发生的损失进行完全的保险。如果某种风险的保费附加成本过高，这种风险就是不可保风险。

道德风险，即投保人因为已投保，会降低其防损的动机，甚至出现其故意制造风险损失。道德风险是客观、普遍存在且不可完全消除的，一般通过免赔额来管理，并根据投保人的行为制订差别保费和投保范围。逆向选择与道德风险相伴而生，这会使优质客户不断被排挤出保险市场。

因此，可保风险必须满足以下条件：必须是纯粹风险而不是投机风险；大量同质风险的存在，均有遭受损失的可能性（即大数法则）；必须具有意外性；损失在发生时间、地点和损失程度、概率分布上是可以测量的；必须具备偶然性；保费必须具备合理性。

（二）科技风险的可保性

科技风险的可保性，是指从保险的角度衡量某一种科技风险是否可以作为保险责任而被承保。科技风险可保性是确定一个风险是否为可保风险的重要标准，但并不是所有的准则都同样重要。

首先，科技风险不是纯粹性风险。基础科学知识是科技创新活动的基础，以专有技术的开发和相应产品的市场化是科技活动的目标。高新技术企业投入资本到科技创新活动的最终目标是通过享有技术的专有而赚取超额利润。不难发现，科技创新活动不仅存在项目失败发生损失的可能性，还存在获利的可能性，所以科技保险承保的不是传统保险承保的纯粹风险，而是带有投机性质的风险。

其次，不存在大量同质风险。科技创新几乎涉及了国民经济的各个部门，但各行各业的创新项目都具有很大差异。同行业中即使在共性技术基础上，也会因为组织方式和工艺流程存在差异而缺乏同质性。

再次，科技风险不完全是客观偶然性风险。可保风险必须是客观偶然的，目的就是为了排除主观行为差异导致的风险水平非常规变化，并尽量控制道德风险的影响。科技创新造成的失败可能是由于技术本身的复杂性，也有可能是科研人员能力的有限性或是外部环境的作用，而这些因素都可归结到人，因此科技风险不具备完全客观偶然性。

虽然科技保险具有一定程度的弱可保性特征，但这绝不意味着科技保险不能开展而只能偃旗息鼓。在实际操作过程中，根据国内外科技风险管理的经营实践，可以用一些有效措施增强科技风险的可保性。

第二章　科技保险概述

第一节　科技保险的内涵与属性

科技保险是指运用保险作为分散风险的手段，对科技企业或研发机构在研发、生产、销售和其他经营管理活动中，因各类现实面临的风险而导致科技企业或研发机构的财产损失、利润损失或科研经费损失以及对股东、雇员或第三者的财产或人身造成现实伤害而应当承担的各种民事赔偿责任，由保险公司给予保险赔偿或给付保险金的风险保障方式。科技保险这一概念是我国学者首次提出的，国外并没有针对这一险种的专门研究。外国学者对相关问题的研究主要集中于保险对创新、创业的影响。

在2006年之前，国内学界对科技保险的概念只是偶有提及，相关研究还非常零散。但2006年之后，随着《关于加强和改善对高新技术企业保险服务有关问题的通知》的正式出台，学界对科技保险的关注度越来越高，并且文献数量随着科技保险实践的不断深入而逐步增加。从研究内容看，早期研究主要集中探讨科技保险的内涵、属性等基础性问题，但随着研究的深入和试点数据的不断积累，对科技保险供需关系、政府职能及实施效果的研究逐渐丰富。下文将按照不同的主题对相关文献分别进行综述。

一、科技保险的内涵

最早对科技保险内涵进行界定的是谢科范。此后，又有许多学者尝试从不同的视角对这一定义加以重新阐述。按照观察视角的不同，既有研究大致可归纳为以下两类。

第一，从创新视角定义科技保险，其特点是强调科技保险的给付条件——研发活动失败、终止或达不到预期。代表性观点如表2-1所示。

表 2-1 从创新视角定义科技保险的代表性观点

作　者	概　念
谢科范	科技保险是以科技活动作为保险标的的险种。企业就某一科技活动向保险人投保，支付一定的保险金，一旦科技开发活动失败，则保险人需向被保险人（企业）支付一定数量的赔偿金
寸晓宏	科技保险是一大类涉及科技活动的保险业务，它是为了科技活动的顺利、安全进行，运用社会多数单位力量按合理的计算从社会多数成员处筹集基金，对在科技活动中因风险发生而受到经济损失的单位或个人予以补偿和给付，使其可以继续从事创新活动
郭承运、李纯青	对于某项科学技术的理论研究、新产品开发试制或新技术产业化等活动，以保险期内的失败为前提、以等待期内无成功事实出现为条件、以合同商议价为保险金额的给付保险
张缨	科技保险是一大类防范技术创新（科技活动）风险的经济制度，它是为了科技活动能够顺利、安全进行，运用社会多数单位集体的力量，按大数定理作合理计算筹建风险基金，对科技活动中发生的风险予以补偿或给付，使其可以继续从事创新的经济活动
陈雨露	科技保险是指为了规避科研开发过程中，由于存在诸多不确定的外部影响，导致科研开发项目失败、中止、达不到预期的风险而设置的保险
邵学清	科技保险是指为了规避在研究开发、科技成果转化、科技产品推广等过程中，由于内部能力的局限和诸多不确定外部因素的影响，而导致科技活动失败、中止、达不到预期目标的风险而设置的保险
吕文栋等	承保在企业技术创新过程中（包括基础科学研究、共性技术研究、应用开发研究和市场推广等阶段），由于项目自身（包括技术的复杂性、技术的市场适应性、技术开发与管理者的责任）及外部环境（制度环境、市场环境、自然环境等）的影响，导致项目失败、终止或在规定期限内不能完成价值实现风险的一揽子保险
舒玲敏等	为了规避科研开发过程中由于存在诸多不确定的外部影响，导致科研开发项目失败、中止、达不到预期的风险而设置的保险
徐子尧、边维刚	科技保险是承保在企业技术创新过程中，由于项目自身及外部环境的影响，导致项目失败、终止或在规定期限内不能完成价值实现风险的一揽子保险的统称
刘坤坤	科技保险是指为了规避在研究开发、科技成果转化、科技产品推广等过程中，由于诸多不确定因素的影响，导致科技活动失败、中止或达不到预期目标的风险而设置的保险

第二，从保险视角定义科技保险，其特点是强调科技保险的给付责任——企业自身的财产损失、利润损失以及对第三方的财产和人身造成伤害所应承担的民事赔偿责任。代表性观点如表2-2所示。

表2-2 从保险视角定义科技保险的代表性观点

作 者	概 念
辜毅	科技保险是对在高新技术创新过程中遭遇风险所造成的损失承担赔偿责任的新型保险品种
聂建华	高新技术企业在研发、生产、销售或其他经营管理活动中会面临财产损失、人身伤害、研发中断、民事赔偿责任等各种各样的风险，而科技保险就是针对这些风险设计的一系列保险产品
胡晓宁等	科技保险是以与企业技术创新活动相关的有形或无形财产、人力资源、对第三方应承担的经济赔偿责任以及创新活动的预期成果为保险标的的保险
张敏	科技保险是指运用保险作为分散风险的手段，对科技企业或研发机构在研发、生产、销售、售后以及其他经营管理活动中，由于各类现实面临的风险导致财产损失、利润损失或科研经费损失等以及其对股东、雇员或第三者的财产或人身造成现实伤害而应承担的各种民事赔偿责任，由保险公司给予保险赔偿或给付保险金的保险保障方式
吴应宁	科技保险是指为了规避企业在技术创新活动中，由于诸多因素的影响，导致企业有形或无形财产损失、科研人员意外伤害、对第三方的民事赔偿责任以及技术创新达不到预期成果的风险而设置的保险品种
杨文	科技保险是以与企业技术创新活动相关的有形或无形财产、人力资源，对第三方应承担的经济赔偿责任以及创新活动的预期成果为保险标的，当发生了保险合同约定的保险事故，并造成被保险人损失时，由保险人承担保险责任的一种保险
龚莉	科技保险是指运用保险作为分散风险的手段，对科技企业或研发机构在研发、生产、销售和其他经营管理活动中，由于各类现实面临的风险，导致科技企业或研发机构的财产损失、利润损失或科研经费损失等以及对股东、雇员或第三者的财产或人身造成现实伤害而应当承担的各种民事赔偿责任，由保险公司给予保险赔偿或给付保险金的保险保障方式

二、科技保险的属性

（一）外部性

布坎南和斯塔布尔宾提出，只要某一个体的效用函数所包含的变量是在另一个体的控制之下，即存在外部效应。从这一定义出发，国内学者普遍认为科技保险具有正外部性。首先，科技保险的正外部性来自科技的外部性。科技活动除了能直接产生理论成果、专利、高科技产品，还以知识溢出或技术溢出的方式影响国防能力、产业整体水平、环境保护、百姓生活水平等。因此，对科技风险提供保障，就是为科技发展提供动力。其次，从供给的角度看，保险公司开发科技保险产品，不仅为科技创新企业提供了专业、系统的风险保障，还完善了科技创新的扶持体系，为科技信贷、科技担保、风险投资、天使投资等创新扶持手段提供了风险分散机制，使整个体系更有效率地运作。

胡慧源、王京安进一步指出，科技保险正外部性具有双重性：既存在需求的正外部性，又存在供给的正外部性。从消费的角度看，科技企业投保科技保险产品的费用由企业独立承担，出险后企业只能得到合同约定的赔偿金额，但科技创新的技术溢出和知识溢出却是全社会共享的。因此，科技保险的消费存在私人边际收益小于社会边际收益的情况，即存在消费的正外部性。从供给的角度看，由于契约不完整、易被模仿、流程再造等原因，保险公司开发科技保险产品需要承担高昂的成本，但科技信贷、风险投资、天使投资等科技金融手段却因风险补偿机制的完善降低了违约或失败的成本。因此，从整个社会角度看，科技保险供给的个人边际成本高于社会边际成本，即存在供给的正外部性。

（二）集成性

吕文栋等提出，不能简单地把科技保险理解成一个保险险种，科技保险是与科技创新相关的诸多险种的"集成"。科技创新过程中出现的科技风险具有多样化的特征，这决定了不可能用单一的险种来承保科技创新中可能产生的风险，即不同的科技风险要有与之相对应的险种。因此，科技保险只能以一个集成的方式——一揽子保险或一个系统的方式出现。

按照不同的分类标准，"集成性"的科技保险可划分为以下类别：一是从性质看，科技保险不仅包括商业性保险，还应包括政策性保险；二是从承保标的看，不仅包括财产保险和人寿保险，还包括责任保险和信用保证保险；三是从投保人角度看，科技保险的投保人应该涵盖所有科技创新活动的参与者（有时也包括政府）。技术和产品的研发人、创新企业所有者和风险投资商是重要的利益关系人，因而三者是主要的投保人。

（三）信息不对称性

信息不对称是所有保险产品面临的共性问题，在科技保险中显得尤为突出。吕文栋等提出，科技保险信息不对称的原因主要包括两个方面：一是保险公司承保经验的缺乏，表现为统计数据的缺失、风险评估系统的不健全等；二是由于科技创新过程和科技创新风险（尤其是技术风险）的复杂性。科技创新涉及技术的前沿问题，这些问题不仅保险公司不清楚，甚至科技创新企业对技术的市场潜力也不甚明朗。冯海昱进一步指出，科技保险市场存在双重逆向选择和双重道德风险。一方面，由于保险公司无法对参保企业的心理、行为进行精确了解，这种信息不对称使参保企业在投保后降低了用于避免和减少意外损失所付出的努力，导致科技保险出险率上升或赔付额不合理增长；另一方面，由于保险条款的复杂性，参保公司往往难以完全了解所有的条款，保险公司利用这种信息不对称，在保险事件发生后采用种种理由对应当履行的保险责任进行逃避，达到免赔、少赔的目的。刘骅、方荣军对信息不对称问题做了进一步研究，他们依据道德风险的作用机制，将其划分为自保护型、损失减少型和一般性三类，并指出一般性道德风险既影响风险发生的概率，又影响风险损失程度，是科技保险运行中最应当关注的问题。

三、科技保险运行模式

科技保险的复杂性，决定了科技保险实施方式的多样性。从科技保险体系发展来看，可以将科技保险的运行模式划分为投保—理赔型、担保型、半参与型和全参与型四种。我国科技保险正处于试点及推广阶段，在各试点险种的实施方式方面采取的是传统的投保—理赔型，这种实施方式也是现阶段研究的重点。但考虑到我国科技保险的长远发展，要求研究必须具有一定的前瞻性，所以在此对另外三种运行模式进行必要的介绍和研究，希望从中汲取可借鉴之处，用来发展和创新我国的科技保险体系。

（一）投保—理赔型

投保—理赔型科技保险是一种传统的科技保险实施方式，即高新技术企业以投保方身份向保险公司缴纳保险金，若发生风险损失，则由保险公司负责赔偿投保方的损失。科技保险的这种运行模式与大多数保险类似，投保方与保险公司以符合承保条件的标的物为中心签订保险合同，建立保险关系。整个过程可分为投保和理赔两个流程。

投保流程是从企业提出科技保险投保需求开始，双方确立投保意向后，由保险公司向企业介绍科技保险条款，特别是保险责任范围、责任免除部分，这是保险条款的重点内容。当企业认可科技保险条款后，便可提交投保资料，保险公司审查投保资料，评估投保风险。若投保资料不全，则可要求企业补齐投保资料；若投保风险不符合保险公司承保理念，则不予承保；若投保资料完全，投保风险符合保险公司承保理念，则可以制订科技保险方案并提交企业。随后，保险公司与企业就保险方案进行谈判，若存在差异，则可以在双方同意的前提下，修改保险方案，最终达成一致，保险公司出具保险单。具体的投保流程如图 2-1 所示。

```
企业提出科技保险投保需求
          ↓
保险公司向企业介绍科技保险条款
          ↓
     企业提交投保资料  ←── 投保资料不全
          ↓
保险公司审查投保资料，评估投保风险
          ↓
          ├──→ 不符合承保理念，不予承保
          ↓
符合承保理念，保险公司提交企业科技保险方案
          ↓
    与客户就保险方案进行谈判  ←── 存在差异修改方案
          ↓
   达成一致，保险公司出具保险单
```

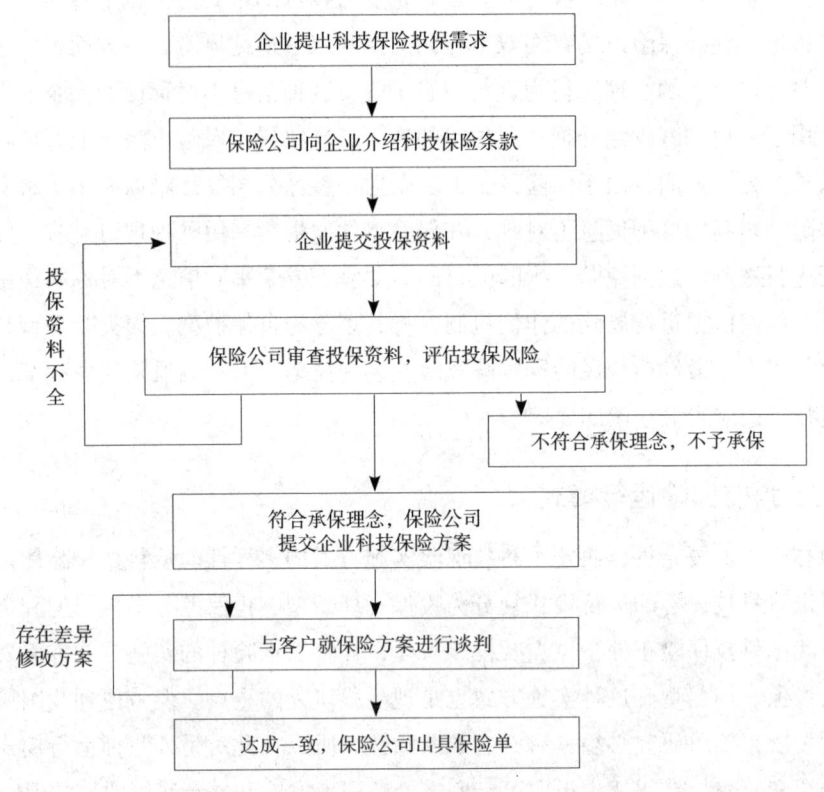

图 2-1 投保—理赔型模式下的投保流程图

投保流程中的核心环节是保险资料审查和评估投保风险。资料审查和评估投保风险环节一般分为四步。

一是接单初审。业务员到受理点交单，接单人员根据交单条件进行接单初审。接单初审环节是新单进公司的第一关，主要是将不合格的投保件剔除。这一环节必须严格把关，以减少因投保单填写等方面不合格而导致该单不能进入后续流程的情况发生。

二是新单登记。初审后的一步重要工作是新单登记。所谓新单登记，是对某些重要信息的第一次录入。这次录入的目的主要有三个：① 尽快产生一些必要的信息以便和财务进行沟通；② 打出营销速报；③ 确保这些信息的正确性（在正式录入时有校验过程）。

三是录入复核。新单登记后开始正式录入工作（即第二次录入），录入完成后进行复核。在录入、复核环节流程贯穿了记差错的思想，即后一个环节记前一个环节的

差错（录人人员记接单人员、复核人员记录人人员），以便为对内勤、外勤进行考核提供基础数据。

四是核保。复核完成后进入核保阶段。核保主要是对投保件作出风险评估，同时进行各种核保处理。核保主要包括四方面的内容。① 投保人资格审核。对投保人资格进行审核的核心是认定投保人对保险标的拥有保险利益。科技保险业务主要是通过审核投保企业是否为高新技术企业、是否符合国家规定的科技保险对象范围来完成。② 投保人或被保险人的基本情况审核。通过了解企业的性质、经营方式及状况、经济与财务状况、从事新产品研发经营的能力等，分析投保人或被保险人对项目研发的管理状况，保险公司可以及时发现其可能存在的经营风险，采取必要的措施降低和控制风险。③ 投保人或被保险人的信誉评估。投保人与被保险人的信誉是核保工作的重点之一。对投保人和被保险人的信誉调查和评估逐步成为核保工作的重要内容。评估投保人与被保险人信誉的一个重要手段是对其以往损失和赔付情况进行了解。④ 保险标的审核。对不同的保险标的应采取不同的审核方法。例如，高管人员和关键研发人员团体健康保险应当审核被保险企业高管人员和关键研发人员的健康状况，可以通过对所有被保险人员进行严格体检的方式来审核；关键研发设备保险则应当对关键设备的合格证书、生产厂家、购买渠道、设备质量等进行严格审核。

制订和提交保险方案是建立在核保流程基础之上的。其主要是确定三个方面的内容。第一，确定保险金额。保险金额是指一个保险合同项下保险公司承担赔偿或给付保险金责任的最高限额，即投保人对保险标的的实际投保金额，同时是保险公司收取保险费的计算基础。针对不同的科技保险险种，保险金额确定的方法和原则不同。例如，关键研发设备保险属于财产保险，在财产保险合同中，对保险价值的估价和确定直接影响保险金额的大小。保险价值等于保险金额是足额保险；保险金额低于保险价值是保险公司按保险金额与保险价值的比例赔偿；保险金额超过保险价值是超额保险，超过保险价值的保险金额无效，恶意超额保险是欺诈行为，可能使保险合同无效。而高管人员和关键研发人员团体健康保险，则属于人身保险，在人身保险合同中，人身的价值无法衡量，保险金额是人身保险合同双方约定的、由保险人承担的最高给付的限额或实际给付的金额。第二，确定保险费。投保人或被保险人应缴纳的保险费是以投保标的的保险金额为基础，按一定的保险费率计算出来的，一般为保险金额与保险费率的乘积。保险费率的确定一般与保险公司对风险的评估有关，风险越高则保险费率也越高。第三，附加条款的确定。附加条款是保险公司和投保人之间协商决定的特别条款，它一般是根据保险标的的不同以及投保人的特殊要求而确定的。

理赔流程发生在科技保险事故发生后,由企业及时通知保险公司事故情况,保险公司将协助企业积极组织施救,必要时将组织专家技术援助。企业对事故现场进行拍照并尽量保留现场,同时保留向事故责任方的追偿权利。此外,企业应当协助保险公司理赔人员调查事故经过、原因及损失情况。之后,企业向保险公司提供索赔文件,在保险公司审核索赔文件及责任后,与保险公司商定理赔金额,由保险公司支付赔款并结案。具体的理赔流程如图 2-2 所示。

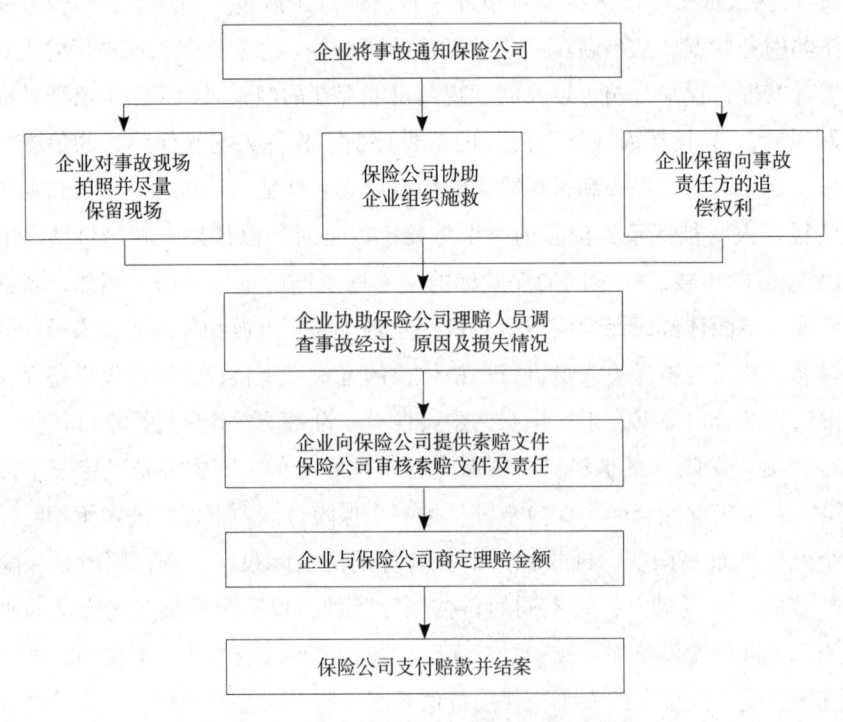

```
                    企业将事故通知保险公司
                              │
          ┌───────────────────┼───────────────────┐
          ▼                   ▼                   ▼
    企业对事故现场         保险公司协助         企业保留向事故
    拍照并尽量           企业组织施救         责任方的追
    保留现场                                   偿权利
                              │
                              ▼
                    企业协助保险公司理赔人员调
                    查事故经过、原因及损失情况
                              │
                              ▼
                    企业向保险公司提供索赔文件
                    保险公司审核索赔文件及责任
                              │
                              ▼
                    企业与保险公司商定理赔金额
                              │
                              ▼
                    保险公司支付赔款并结案
```

图 2-2 投保—理赔型模式下的理赔流程图

事故调查和审核索赔文件及责任是科技保险中理赔的核心流程。事故调查一般分为两次,第一次在索赔文件审核之前,第二次是之后。第一次是保险人在接出险通知后,根据报案先后编号立案。然后,保险公司根据事故性质、特点,派理赔员对现场进行查勘。查勘过程中,必须做好现场的原始记录,并对伤害、事故的实际情况以及施救整理情况,逐项予以记录。第二次是在审核索赔文件的基础上,对审核中发现的问题,根据案情进一步核实原因,包括赴现场实地调查和函电了解,或向专家、化验部门复证等。

审核理赔文件与责任是保险人通过对事实的调查和单证的审查,确定自身的赔偿责任。其主要是对七个方面的内容进行确定。① 保险单是否有效,有无已经解除或失效的情况,若曾经失效,在出险之时是否已自动复效。② 被保险人或受益人提供的索赔文件是否齐全、真实。③ 审核保险责任,即核对保险事故的发生是否在保险保障责任范围内。④ 审核投保人或被保险人有无违反告知义务或通知义务的行为。⑤ 审核出险时间是否在保险有效期内,若保险合同约定了承保地区,则还要审核出险地点是否处于所约定承保的地区。⑥ 审核被保险人是否违反了保险合同约定的保证条款。⑦ 审核理赔案中是否存在加害人应当承担的赔偿责任,索赔的被保险人是否向加害人行使了索赔权或向加害人实施了索赔手续,是否从加害人处获取了赔偿。

（二）担保型

担保型科技保险是一种改进的科技保险运行模式,它的特点在于将信贷保险引入科技保险体系,即保险公司为科技成果转化提供信贷担保,而科研开发者根据担保额和项目风险大小向保险公司缴纳担保费,若因合同中规定的保险责任原因而造成科技开发者无力归还科技贷款,则由承担担保责任的保险公司代为归还部分贷款。

担保型科技保险主要适用于企业科技成果转化为生产的过程中。这个过程由于存在种种不确定的风险因素,企业需要寻求保险公司来共同分担这些风险因素,同时企业在这个阶段需要大量资金支持,必然需要向银行贷款,而银行贷款需要其他法人单位提供担保,所以企业可以通过向保险公司缴纳担保费,由保险公司为企业贷款提供担保服务。在这种情况下,企业、保险公司和银行三方就可以相互合作,形成一个各取所需、风险共担的保险体系,而这种保险体系是为企业科技成果转化服务的,所以它也是一类科技保险体系,如图 2-3 所示。

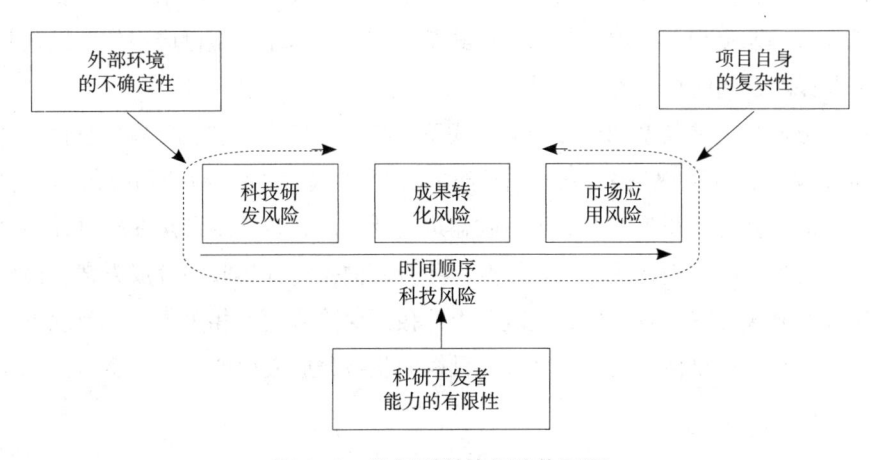

图 2-3 担保型科技保险体系图

担保型科技保险的实施流程开始于企业的投保意向。保险公司根据其保额和项目风险大小，提出相应的担保费额，相当于保费。企业缴纳担保费后，双方签订担保险合同。随后，保险公司为企业的科技贷款提供担保，银行则向企业提供贷款。若发生合同规定的保险责任事故造成企业科技成果转化失败而无法偿还银行贷款时，则向保险公司提交事故材料，提出理赔要求。保险公司审查责任事故，认为符合规定后按照合同协定的比例归还部分贷款，作为保险赔偿金并结案。

（三）半参与型

半参与型科技保险模式是保险公司在科研开发项目发生风险损失的情况下要向投保人支付赔偿费，而当科研开发项目获得成功且收益超过某一标准时，保险公司可以依较小的比例参与收益分成。这一模式实际是投保—理赔模式和全参与模式的结合，它介于两者之间。在该模式下，被保险企业不缴纳保险金，而是出让部分收益权。在项目发生风险时，保险公司负责赔偿保险合同中约定的赔偿金额，而当项目获得一定数额的收益后，保险公司可以行使受益权获取较小比例的收益分成。这种模式实际是将保险金转化为受益权，即将现金转化为一种权益，省略了保险公司利用保险金再投资的过程。

半参与型模式下的科技保险的运行分为投保、理赔和收益分成三个部分。投保流程主要由企业投保、保险公司核保、保单生成三大部分组成。企业投保主要是企业向保险公司提出投保意向，并向保险公司提供保险资料。核保主要是保险公司对企业提供的保险资料进行审核，并审核和调查企业情况和资质，从而评估风险，决定是否承保。保单生成主要是保险公司与企业通过协商确定保险合同的条款，其中包括保险金额、赔付条件和赔付比率以及项目收益分成条件和成数。具体的流程如图2-4所示。

该模式理赔流程与投保—理赔型模式基本相同，理赔的金额应当依照风险共担的原则以及保险合同的相关条款赔付。

收益分成是半参与型和全参与型模式下所特有的流程。它主要包括收益评估、收益认定和收益分成兑现三个部分。收益评估主要是企业向保险公司提供项目收益报告，并由保险公司委托第三方对项目收益进行评估。收益认定则是在收益评估之后由保险公司对收益情况进行认定，并按照保险合同向企业提出收益分成方案，最后由企业认定收益分成方案。收益分成兑现是企业按照保险合同的相关条款以及双方认定的收益分成方案，对收益分成实施兑现。具体的收益分成流程如图2-5所示。

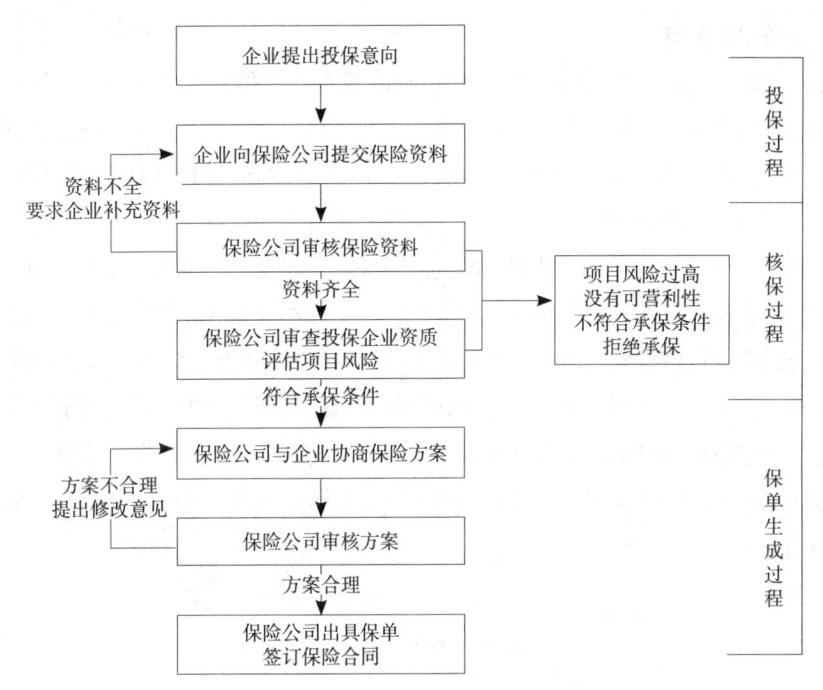

图 2-4　半参与型模式下的科技保险投保流程图

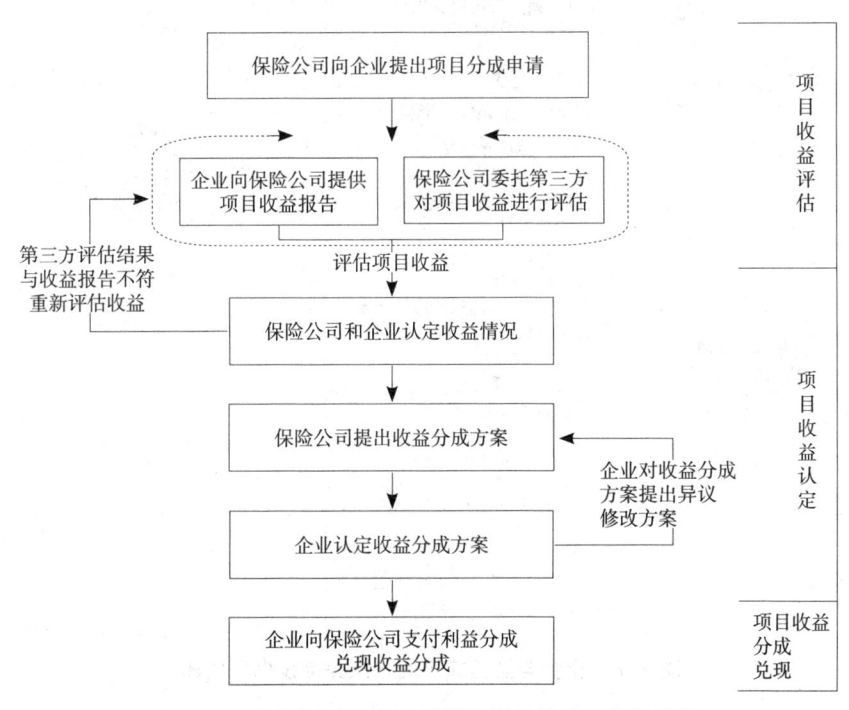

图 2-5　半参与型模式下的科技保险收益分成流程图

(四)全参与型

全参与型科技保险模式是指保险公司以风险投资者身份直接介入科研开发活动，并与企业或其他投资者实现利益共享、风险共担。在该模式下，保险公司不向企业收取保险费，而是向企业注入部分资金作为风险投资，派出专人参与监督和协助整个项目运作，帮助企业完成项目。在项目完成之后，企业与保险公司对全部收益进行分成。从该模式的定义看，其核心是利益共享和风险共担，即企业与保险公司完全分摊风险并共享利益。这种模式一般在企业没有足够的资金和能力完成项目而项目本身具有较强可营利性的情况下实施。保险公司在运行该种模式时，应十分注重项目的风险评估和盈利能力，同时必须拥有具体项目相关知识和能力的人才参与监督和控制项目，以同步监控项目的风险。保险公司应注意通过再保险对项目实施风险分摊，以降低项目失败给保险公司带来的损失。

全参与型模式下科技保险的实施主要由三大部分组成：投保、项目过程风险控制、收益分成与损失分摊。

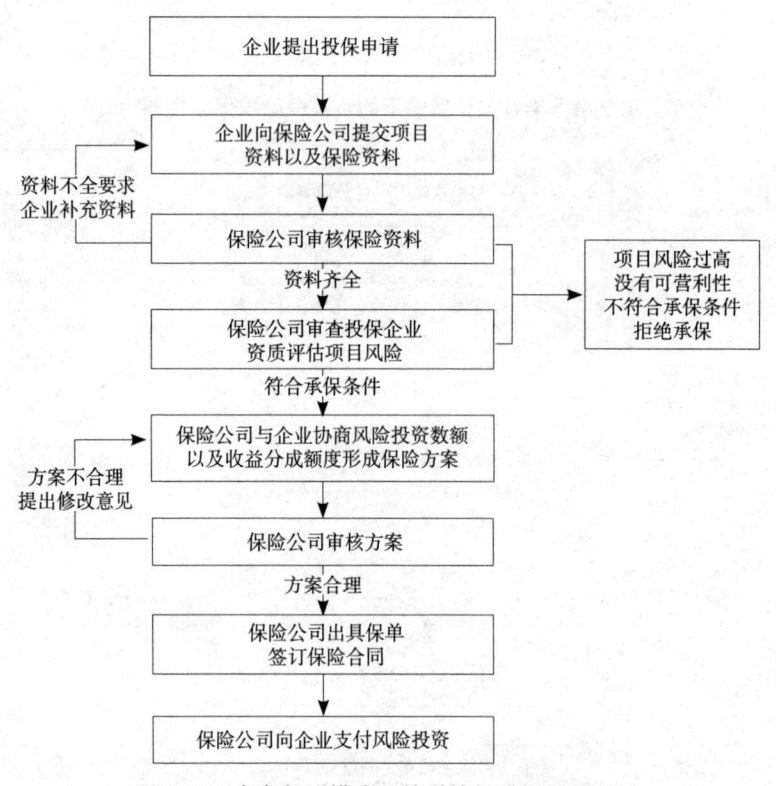

图 2-6　全参与型模式下的科技保险投保流程图

投保过程先由企业向保险公司提出申请,并向保险公司提供项目资料等相关材料,之后由保险公司对项目风险进行评估并审核相关资料,最后双方签订保险合同,保险公司向企业支付风险投资,其主要的流程如图 2-6 所示。

项目风险控制流程主要由协商遣派项目参与人员、再保险和风险跟踪控制三个部分组成。协商遣派项目参与人员应先由保险公司与企业共同协商派遣人员的数量、人员名单、人员的职能、权力和监督控制的范围。再保险是保险公司根据项目的风险和相关需要,向其他保险公司提出再保险请求,并签订再保险合同的过程。风险跟踪控制主要包括保险公司派遣人员在发现或预知风险后与企业共同协商控制风险,并及时向保险公司汇报,请求保险公司与企业共同规避风险;保险公司派遣的人员如发现企业存在欺诈或渎职行为应及时保险公司报告,由保险公司根据情况提出诉讼或终止保险合同;风险发生后,保险公司向提供再保险的第三方保险公司提出理赔请求,以减少损失。具体流程如图 2-7 所示。

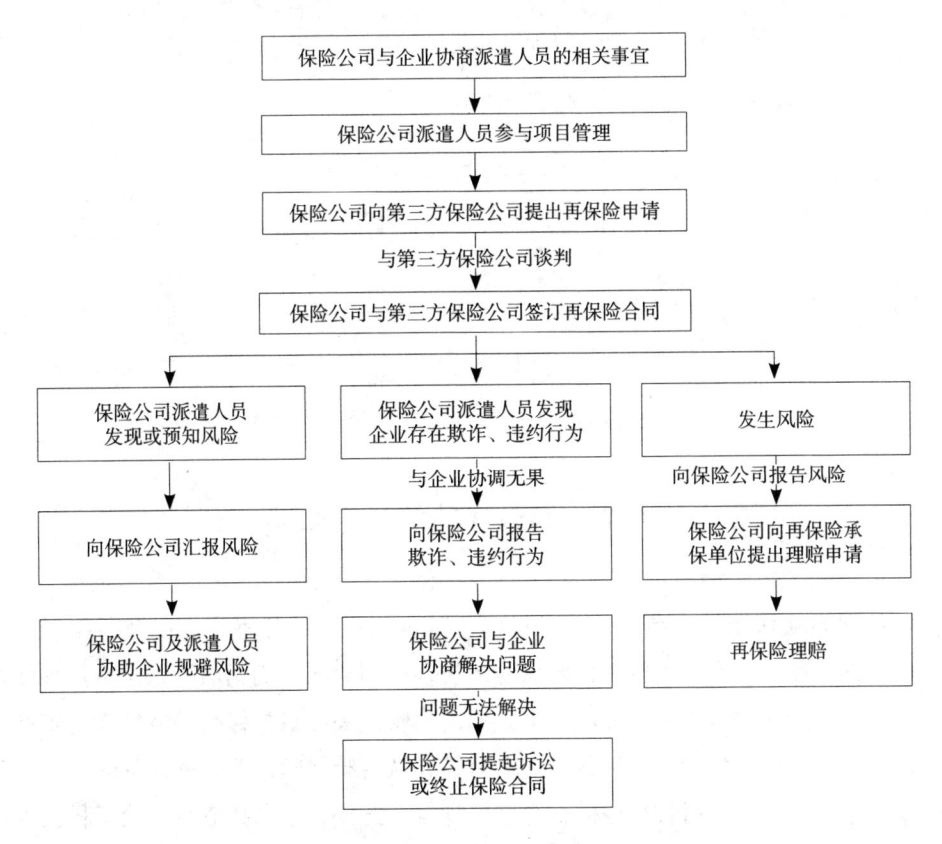

图 2-7 全参与型模式下的科技保险项目风险控制流程图

在项目成功并获得收益后,保险公司将按照保险合同的相关条款参与企业的收益分成。其流程与半参与型模式下的收益分成完全相同,只是分成的额度应与保险公司承担的风险以及风险投资额度对等。

如果项目最终失败,并产生了损失,企业应当向保险公司报告损失,并统计损失情况,经保险公司与第三方损失评估认定后,保险公司回收剩余的风险投资资金并与企业共同承担损失,具体流程如图2-8所示。

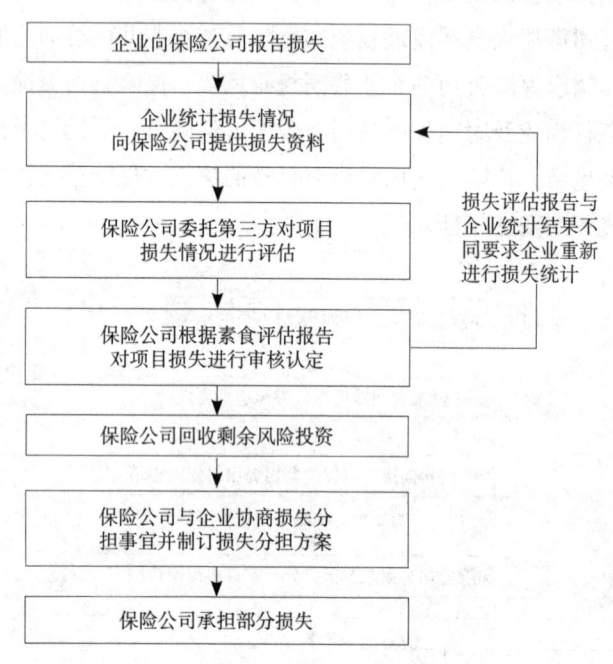

图2-8 全参与型模式下的科技保险损失分摊流程图

第二节 科技保险的基本原理

科技保险从属于保险范畴,只不过由于其承包风险的显著特点以及科技创新活动的外部性,使其具有了不同于传统保险的属性。因此,我们仍然可以循着传统保险理论的角度来理解和认识科技保险,但我们需要特别关注科技保险的特殊性,唯有如此,才能形成对科技保险的全面认识。本节首先从传统保险入手,探讨保险的一些基本概念,并由此来阐述科技保险的概念、特征等。此外,本节还着重讨论了科技保险存在的基础条件和重要意义。

一、保险的一般概念

（一）保险的由来

人类社会自诞生之日起就面临着各种自然灾害和意外事故的侵扰，在应对侵扰、推动社会发展的过程中，人类逐渐积累了大量"化险为夷"的经验，其中保险的思想就是重要经验之一。原始形态的保险大可从古代人类活动中找到影子，但是真正现代意义上的保险，最初产生于海上运输的需要。公元前2000年，地中海的商船常常遭受各种海难事件，后来商人为了避免同时失去船只和货物，选择放弃一部分货物以保留商船，从而尽可能地减少损失。而对于损失的部分货物，商人们达成协议，共同承担海难带来的损失，这些风险处理办法就是海上保险的萌芽。1347年10月23日，热那亚商人勒克维伦开立了承担"圣克维拉"号船从热那亚至马乔卡的航程保险单，这是世界上最早的一份保险单。18世纪后，保险业迅速发展，保险种类大量增加。到了19世纪，保险对象和范围不再局限于传统的财产损失和人身伤亡，已扩展到生存保险、责任保险、信用保险和再保险等业务。时至今日，保险业在新的全球经济和社会环境中得以进一步发展、成熟，已成长为被广泛认可的风险管理工具。

在我国，《中华人民共和国保险法》将保险定义为"投保人根据合同约定，向保险人支付保险费，保险人对于合同约定的可能发生的事故因其发生所造成的财产损失承担赔偿保险金责任，或者当被保险人死亡、伤残、疾病或者达到合同约定年龄、期限时承担给付保险金责任的商业保险行为"。从法律的角度看，保险是一种合同行为，体现的是保险双方当事人以签订保险合同的方式建立起来的一种民事法律关系，民事法律关系的内容体现为主体间的权利义务关系。投保人有交纳保费的义务，保险人有收取保费的权利；被保险人在合同约定事故发生时有获得经济补偿的权利，而保险人有提供合同约定的经济补偿的义务。从风险管理的角度看，保险实质上是一种风险管理的方法。通过购买保险，投保人可以将风险转移给保险人，保险人则将众多分散的风险整合到一起，借助风险间相互独立、同质的关系，降低平均风险水平，起到分散风险、补偿损失的作用。从经济的角度看，保险又是一种经济关系，是分摊意外损害带来经济损失的一种财务安排。因此，保险被誉为"社会稳定器"和"经济发展的助推器"，对管理生产生活中存在的各种风险发挥着越来越重要的作用。

（二）保险的要素

保险不是一个单独元素，而是一个具有丰富内涵的系统。这个系统要正常运转必须具备可保风险、保险价格、保险基金三个要素。

1. 可保风险

世间的风险有无数种,但是能够借助保险产品进行有效且合理分散的只是其中一部分——可保风险。可保风险是指符合保险人承保条件的特定风险。具体的承保条件在不同保险公司有不同的要求,但一般而言,可保风险都具有以下五项基本条件。第一,保险费用必须合理,被保险人具备承担能力。这就要求可保风险的损失发生概率较小。因为损失发生概率很大意味着纯保费相应很高,加上附加保费,总保费与潜在损失将相差无几。例如,某地区自行车失窃率很高,有40%的新车会被盗,即每辆新车有40%的被盗概率,若附加营业费率为0.1,则意味着总保费将达到新车重置价格的一半。显然,这样高的保费使投保人无法承受或接受,而保险也失去了转移风险的意义。第二,风险是意外的,即风险不能是被保险人故意引起的,也不能被预知。这一点是对保险人的一种保护。如果风险事故的发生能够由投保人的主观决定,那么保险公司将面临巨大的道德风险,即投保人诱使事故发生从而骗取保险赔偿金。第三,存在大量遭受同种风险损失可能的标的。最初保险产品的出现,就是借由大数定理的规律。风险事故的不确定性会随着风险标的的数量增多而下降,从而有了分散风险的可能。第四,风险不能使大多保险标的同时遭受损失。否则,风险事故一旦发生,将会导致大量索赔,而保险公司通过收取保费所建立起来的保险基金无法赔偿所有损失,最终使保险公司整体的承保风险没有得到"分散"(下降),反而随着量的积累而增大,这些情况大都出现在地震或其他大的危机中。第五,风险必须是可测的。如果风险及其发生的损失无法预测,保险人就无法制订可靠的保险费率,难以进行科学经营,从而使保险人面临很大的经营风险。此外,传统意义上的可保风险大都具有出险概率低、损失强度小的特点,如车险和健康险等;而对于高损失强度、低出险概率的风险,如核电厂发生核泄漏,则认为不可保(详见图2-9)。不过,这种限定并不是绝对的,对于特定的风险,其可保与否还要考虑到相关保险的经验和商业价值。简单来说,保险人的承保意愿不仅取决于以上列出的五项基本条件,还与其他因素有关,如监管和法规限定、定价难度、市场需求以及保险人自身的分散或转移风险的能力等。

2. 保险价格

保险是一种特殊的商品,在进入市场之前必须明确价格。制订科学合理的保费水平是保险产品能否成功地推向市场的关键因素,也是保证保险人经营稳定性和保障被保险人合法权益的重要基础。保费的制订应遵循公平性原则、合理性原则、适度性原则、稳定性原则和弹性原则等原则。

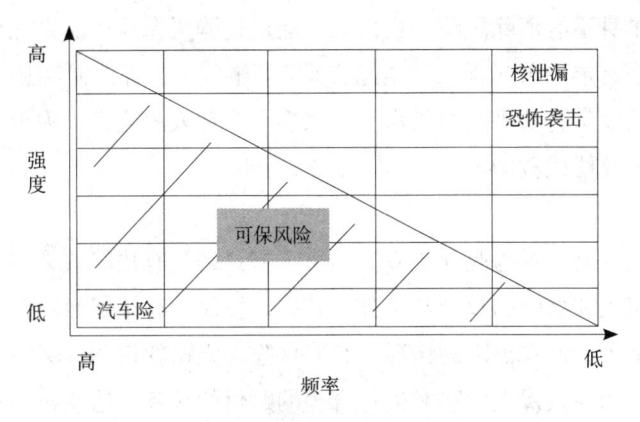

图 2-9　风险的可保与不可保

3. 保险基金

保险基金又称为保险准备金，是指保险人为保证其如约履行保险赔偿或给付义务，根据政府有关法律规定或业务特定需要，从保费收入或盈余中提取的，与其所承担的保险责任相对应的一定数量的基金。保险对风险的分摊及对损害的补偿，是在保险人将投保人交纳的保险费集中起来形成保险基金的前提下进行的。保险基金主要由按照各类风险出现的概率和损失程度而确定的保险费率所收取的保险费建立起来的货币基金。如果没有保险基金，当风险事故发生时，保险人的赔偿或给付责任就无法履行。因此，出于对投保人/被保险人的利益考虑，相关监管部门对保险公司的保险基金的提取都作了较为严格的规范和要求。例如，财政部于2010年2月发布《企业会计准则解释第2号》以及中国保监会《关于保险业做好〈企业会计准则解释第2号〉实施工作的通知》和《保险公司偿付能力报告编报规则——问题解答第9号：偿付能力报告编报规则与〈企业会计准则解释第2号〉的衔接》两份配套文件都对保险基金作了详细说明，并规范了准备金计量的控制程序，要求公司建立分级授权、权责分明、分工合作、相互制约的准备金计量控制程序，规定了准备金计量折现率假设的选取方法和范围等。

（三）保险的特征

保险产品作为一种特殊商品，除了商品的一般属性，还具备一些独有的特征，如互助性、法律性、经济性和科学性。

1. 互助性

保险将少数人遭受的损失分摊给所有投保人，体现了一种经济互助的关系。通过保险，将个体所面临的风险分摊给一个整体来承担，有助于共同抵御风险。需要注意的是，保险本身不能消除风险；投保人不能通过购买保险产品来完全避开相关的风险；保险人也没有能力替投保人"消除灾难"。事实上，保险是利用风险事故发生的随机性，降低风险集合的平均损失水平，依靠大多数人的能力，为少数遭受风险事故的人提供事后的补偿或救助。

2. 法律性

从法律的角度看，保险是保险双方当事人签订的具有法律效力的一个合同，这个合同规定了投保人和保险的权利与义务。其中，投保人有按期缴纳保费和风险自控避免损失夸大的义务，而在出险的情况下有向保险人索赔的权利；保险人则有收取保费并管理保险基金和在投保人索赔时进行合理的赔付的义务。这些权利和义务在保险合同生效后受到法律的保护，任何一方都不得轻视。

3. 经济性/社会性

保险是一种经济保障活动，它和社会经济发展密切相关，即为经济发展提供稳定的环境，为企业的发展提供保障。保险在当今世界里，已经不再是一种简单的产品，它不仅代表了保险人的利益，更代表了广大投保人，乃至整个社会的利益。

4. 科学性

保险借助概率论和大数法则对风险的发生概率和损失程度进行科学的估测，是处理风险的科学方法。当今世界充满了复杂多变的风险因素，几乎任何一个承保风险都要受到多种多样的风险因素的影响。风险的评估和测度显得尤为重要，同时充满了挑战，而保险的科学性也正体现于此。

（四）保险分类

保险产品丰富多彩。下面将分别从不同的维度对现有的保险产品进行分类，以期获得对保险的宏观认识和了解。

按照保险的性质分类，可以分为社会保险、商业保险和政策保险三类。社会保险是指以法律保证的一种基本社会权利，其职能是使以劳动为生的人在暂时或永久丧失劳动能力或劳动机会时，能利用这种权利来维持自己及其家属的生活。社会保险主要包括养老保险、医疗保险、失业保险和工伤保险。在现实生活中，有些风险是商业保险不能解决的，只能依靠社会保险来解决。社会保险一般是强制保险。商业保险是指保险公司根据保险合同，当被保险人发生损失时，向其赔偿损失。商业保险以营利为目的，其经营方法完全按照市场经济规律办事。政策保险是政府为了某种政策目的，委托商业保险公司或成立专门政策性保险经营机构，运用商业保险的技术开办的一种保险。例如，很多国家的出口信用保险和农业保险都是政策性保险。政策保险体现了公共利益性和公共政策性，这就决定了政策保险与一般商业保险的不同。实际上，很多国家都对政策性保险业务给予补贴。

按照保险的实施方式分类，可分为自愿保险和强制保险两类。自愿保险这类保险由单位和个人自由决定是否参加，保险双方采取自愿的方式签订保险合同。保险人可以根据投保人风险的特征和自身的能力决定是否承保，以什么条件承保。投保人可以自行决定是否投保、向谁投保，也可以自由选择保障范围、保障程度和保险期限等。强制保险是保险人与投保人以法律、法规为依据而建立的保险关系。强制保险具有全面性和统一性的特点，在法律规定范围内的保险对象，不论法人或自然人，不管是否愿意，都必须参加保险。

按照保险标的的分类，可以分为财产保险、人身保险。财产保险是保障财产及其有关利益安全的保险，又包括财产损失保险、责任保险和信用保证保险。财产损失保险是以物质财产为保险对象的保险业务，主要包括火灾保险、货物运输保险、运输工具保险、工程保险等；责任保险是以被保险人依法应负的民事赔偿责任或经过特别约定的合同为保险对象的保险业务，主要包括公众责任保险、产品责任保险、职业责任保险、雇主责任保险等；信用保证保险是由保险人作为保证人为被保险人向权利人提供担保的一类保险业务，主要包括一般商业信用保险、出口信用保险、合同保证保险、产品保证保险和忠诚保证保险等。人身保险是以人的寿命和身体为保险对象的保险业务，包括人寿保险、健康保险和意外伤害保险。人寿保险是以被保险人的寿命作为保险对象的，以被保险人的生存或死亡为给付保险金条件的一种人身保险。当被保险人在保险期内死亡或达到保险合同约定的年龄、期限时，保险人按照合同约定赔付死亡保险金或生存保险金。意外伤害保险是指当被保险人因意外伤害而导致身体残废或死亡时，保险人根据保险合同赔付保险金的保险业务，主要包括普通意外伤害保险和特定意外伤害保险。健康保险是以人的身体为保险对象，在被保险人因疾病或意外事故产生医疗费用支出或收入损失时，保险人承担赔偿责任的一种保险业务。

按照承包方式分类，可分为原保险、再保险和重复保险。原保险是指投保人与保险人之间直接签订合同所确立的保险关系；再保险是指保险人将其承担的保险业务部分转移给其他保险人承担的保险关系；重复保险是指投保人就同一保险对象、同一保险利益、同一风险事故分别与两个或两个以上的保险人订立保险合同，且保险期限重复。

二、科技保险的存在机理

（一）科学技术的重要性与科技保险的必要性

提到科技保险，不能绕过科学技术的话题。要认识科技保险的意义，先要了解科学技术的重要性。科学技术是推动现代生产力发展中的重要因素和重要力量。马克思明确指出，机器生产的发展要求自觉地应用自然科学。马克思的"生产力中也包括科学"，"劳动生产力随着科学和技术的不断进步而不断发展"的论断已经被不断发展的社会实践所证实。生产力的基本要素是生产资料、劳动对象和劳动者。现代科学技术飞速发展并向现实生产力迅速转化，改变了生产力中的劳动者、劳动工具、劳动对象和管理水平。科学技术为劳动者所掌握，极大地提高了人们认识自然、改造自然和保护自然的能力，从而提高了生产劳动能力。在生产力系统中，科学技术已经成为推动生产力发展的关键性要素和主导性要素。

科学技术是现代生产力发展和经济增长的第一要素。过去，生产力发展和经济增长主要靠劳动力、资本和自然资源的投入。如今，随着知识经济时代的到来，科学技术、智力资源日益成为生产力发展和经济增长的关键性要素，生产力发展和经济增长主要依靠的是科学的力量、技术的力量。从发达国家发展的实践来看，确实如此。

现代化科学技术的超前性对生产力发展具有先导作用。19世纪末发生的第二次技术革命，是科学、技术、生产三者关系发生变化的一个转折点。在此之前，生产、科学、技术三者的关系主要表现为，生产的发展推动技术进步，进而推动科学的发展。例如，蒸汽机技术革命主要是从工匠传统发展而来，在生产经验积累的基础上摸索出技术发明，然后才总结出热力学理论。以电力技术革命为标志的第二次技术革命的到来，使生产带动科学技术发展的情况发生了改变。现在是科学推动技术进步，再推动生产的发展。科学技术越来越走在社会生产的前面，开辟着生产发展的新领域，引导生产力发展的方向。例如，电磁学理论主要是通过科学实验探索出的，它通过促进电力技术的革命，最终引发电力在生产中的广泛应用。邓小平在总结科学技术这一发展趋势时深刻指出现代科学为生产技术的进步开辟道路，决定生产技术的发展方向。许多新的生产工具和新的工艺，都是先在科学实验室里被创造出来。

（二）科技保险存在的现实基础

了解了科学技术对现代社会发展的重要性后，我们将更容易理解科技保险存在的必要性和可能性。考虑到科技保险的商品属性，这里试图从供给、需求、政策环境三个角度来阐述。

从供给的角度来看，我们通常所说的保险是指商业保险，具有商品的价值属性，其流通于市场的动力之一就是能够为卖家（保险人）带来商业利益，因为保险公司本身就是商业机构，是以追逐利润最大化为目标的。同时，保险业发展到现在，传统的保险市场趋于稳定、成熟（尤其是在发达国家），市场竞争也日益激烈，这时开拓新的市场领域将是增强保险公司核心竞争力的重要手段，科技保险市场正是这样一种有待开发的"新兴市场"，它能够为保险业的发展注入新的活力。此外，经过几十年的发展，我国保险业取得了骄人的成绩，已成为国民经济中增长最快的行业之一。截至2017年11月，全国共有保险公司9家，原保险保费收入34 397.58亿元，保险公司总资产共计166 409.69亿元，已经具备了为科技事业发展提供强大支撑的能力。科技保险的设立，是保险业在保险理念、保险技术、保险产品等方面支持国家战略实施的重大创新。

从需求的角度来看，科学技术对于民族、社会和国家的发展具有十分重要的作用，但我们又不得不面临其所带来的潜在风险，这种矛盾是客观存在的。管理好科技风险是缓和这一矛盾的重要途径，有些风险管理制度或安排早已形成，如政府的科技计划、风险投资和资本市场等。

科技计划是根据国家的发展目标与方针，为科学技术准备一套可供选择的方案并作出决定的过程，是我国科技活动的重要组成部分，是落实科技发展规划、引导科技活动走向、配置科技资源的重要方式和手段。科技计划的特点是在科学预测的基础上，结合当前或未来发展的需要，经过专家论证，确定科技发展行动方案，具有科学性和前瞻性。同时，科技计划有助于充分利用有限的科技资源，集中解决当前最迫切、最重要的问题。目前，国家科技计划实施的领域涵盖了国防、公益基础研究领域、高新技术产业、能源、交通等领域。近年来，国家在逐渐加大对科技计划项目的财政支持，尤其是在近十年，财政科技支持呈现高速增长的态势，年均增速都在20%以上。

广义的风险投资，泛指一切具有高风险、高潜在收益的投资。这里指以高新技术为基础的生产与经营技术密集型产品的投资，是由职业金融家投入到新兴的、迅速发展的、具有巨大竞争潜力的企业中的一种权益资本。对于高科技创新企业来说，风险投资是一种昂贵的资金来源，但它也许是唯一可行的资金来源。银行贷款虽然说相对便宜，但是银行运营更为保守，尽力回避高风险业务（以安全为行为准则），很难将注意力聚集到高科技创新企业身上。此外，同银行贷款相比，风险投资主要有以下几个特点。第一，银行贷款更关注企业现状，通过企业当前的风险特征和盈利能力来决定是否发放贷款，而风险投资则更多地考虑未来的收益和高成长性。第二，银行贷款需要抵押或者担保，多面向成长和成熟阶段的企业，而风险投资并不需要抵押，也不需要担保。从这些方面来看，风险投资更适合作为科技创新项目的融资渠道和风险管理工具。

资本市场也可以为科技企业提供资本支持，最有代表性的是2009年10月23日开板的创业板，为业绩尚不突出但有很大成长空间的中小企业提供了一个理想的融资平台。当日创业板首批23家公司集体上市，平均涨幅达到106%。随着创业板公司的股价和市盈率节节攀高，创业板风险也逐步积聚，加上市场存在的一些过度炒作行为，创业板在刚刚开始发挥鼓励创新活动作用的时候，就暴露出了一些问题，这些潜在的市场风险是创业板今后在发挥更大作用前必须解决的问题。相关的监管部门已经意识到这些苗头，并开始着手处理，相信在不久的未来，以创业板为主的资本市场会给创新活动带来更多的福音。

然而，我们在承认以上风险管理工具为科技创新发挥的重大贡献的同时，应注意到这些工具存在的不足——虽能在一定限度上解决创新技术发展的后端风险，但对创新过程的前端风险触及的很有限。即便风险投资和政府的科技计划相对更多地关注了科技企业发展的前端风险，仍然会存在一定的局限性。例如，对国内为数众多的中小企业来说，一方面是对创新基金不断增长的需求，另一方面是政府在科技计划上的投入尚不充足，尽管在2009年中央的科技财政投入达到1 461亿元，占当年总财政支出43 865亿元的3.33%，但这笔资金尚不能解决科技企业的问题，即便只是对企业的前端风险来说，也显得"心有余而力不足"。同时，政府科技计划在扶持科技创新项目时显得有些过于谨慎，资助申请的门槛相对较高，并不具有普适性。另外，风险投资过多强调收益，如果看得见的未来内没有足够的市场价值，很难吸引风险投资，这与科技创新本身的社会性存在本质上的矛盾。中国的风险投资是在政府的推动下才产生的，政府的努力以及政府资本在推进整个中国的创业投资和风险投资的过程中，发挥的作用是很重要的，但发展到一定阶段，由于体制原因，政府资本就不能适应风险投资业的发展需要了，这也在某种限度上阻碍了本土风险投资的发展。资本市场为上市企业提供了一个广阔的融资平台，但是目前全国上下787.8万家企业，只有1 746家上市企业应当算是幸运儿，毕竟大多数企业未能获得进入资本市场的资格，因此资本市场的作用也相当有限。

尤为值得关注的是，科技创新的前端风险（相应的阶段常称为"死亡谷"）往往要高于其后端风险，前端风险才是科技创新活动亟待管理的风险头寸。这种形势需要一种全新的风险管理工具来打破现状，因此科技保险的出现是大势所趋。

从政策环境的角度来看，正是意识到了以上的问题和科技保险的重要性，政府部门出台了一些有利于科技保险发展的措施和政策。最直接的表现是，2006年国务院颁发的《国务院关于保险业改革发展的若干意见》指出，"要发展航空航天、生物医药等高科技保险，为自主创新提供风险保障。要积极推进建筑工程、项目融资等领域的保险业务。要支持发展出口信用保险，促进对外贸易和投资。"这些都启发当今的保险业要更多地关注科技风险，发展能够为高新技术遮风避雨的新的保险形式。

三、科技保险的概念剖析

科技企业或研发机构在研发、生产、销售或者其他经营管理活动中，由于研发人员变动、经费不足、管理失误，或者技术变迁、市场变化等原因，会面临财产损失、人身伤害、研发中断、民事赔偿等各种各样的风险，科技保险就是针对这些风险设计的保险产品。

（一）科技保险的概念

作为一项全新的、具有战略性意义的工作，同时科技保险是支持国家自主创新的重要尝试，它是指为了规避在研究开发、科技成果转化、科技产品推广等过程中，由于内部能力的局限和诸多不确定外部因素的影响而导致科技活动失败、中止、达不到预期目标的风险而设置的保险。从内容上来看，科技保险是科技创新与保险保障的统一，既保留了传统保险的风险管理功能，又具有时代的特点，也是在风险与利益对称原则下实现科技风险社会分摊的一种有效手段；从形式上来看，科技保险是金融与科技相结合的又一途径。长期以来，金融业为科技发展提供了强大的动力，从20世纪80年代中期以来，银行业就突破了"禁区"，开办了科技开发贷款业务。20世纪90年代以后，各家商业银行扩大了对高新技术产业的贷款范围，增加中长期贷款，不断改进对高新技术产业的金融服务。科技保险是科技与金融相结合的最新途径，必将成为新时期金融体制创新的成功典范。

科技创新过程可以分解为发明创新和技术创新两个阶段，其概念也有狭义和广义之分。所谓狭义的科技保险承保的是在科技创新过程中发明创新失败的风险，而广义的科技保险承保的则是发明创新和技术创新过程中的发明创新失败、知识产权侵权、成果转化失败、科技融资失信、市场价值无法实现等风险。没有特殊说明的情况下，本书出现的科技保险均指广义概念下的科技保险。

（二）科技保险的特点

科技保险是保险的一个类别，但又不同于普通的保险险种，它具有广泛性、复杂性、高风险性三大显著特点。

1.广泛性

科技活动的实现一般包含三个环节，即新知识新技术的研究开发、技术的产业化以及产品的市场营销，同时涉及电子与信息技术、现代农业技术、新能源与高效节能技术、环境保护新技术、海洋工程技术、核应用技术以及其他在传统产业改造中应用的新工艺和新技术等，科技保险与这一系列的各种风险有关，因此具体险种相当广泛。

2.复杂性

科技活动的成功与否受诸多因素的影响，其风险的测度相当困难，这决定了科技保险不像一般的商业保险一样，损失概率以及具体的损失额度等能比较清晰地预估。科技获得成败的定义也较为复杂，究竟怎样的成果可以定义为这种创新活动的"试验成功"？这个问题需要保险人同投保企业共同协商明确。风险事故影响的范围广，是由于有时急于将科技创新产品推向市场，其潜在的危险尚未被公众充分认识，导致严重的风险扩张。

3.高风险性

科技保险的高风险性是由科技创新活动的高风险性决定的，这也是科技保险与其他保险产品的重要差别之一。

科技保险存在的以上三个主要特点会给科技保险业务的开展带来很多的困难。一方面，保险公司惧怕高额、高频率的赔偿，不愿承保高风险的标的；另一方面，科技保险的保费高于一般的商业险种，高科技投保人不愿意承受。因此，到目前为止，科技保险并未像寿险、财产险那样成熟，即使在发达的北美和西欧，也只有相关的专利保险、技工保险、工程保险等，远远满足不了创新创业活动应有的保障需求。

（三）科技保险的分类

从目前的情况来看，科技保险发展尚不成熟，产品相对单一，按照传统保险市场的发展情况，科技保险产品可以从不同的维度进行分类。比如，按照保险标的划分为基于关键人员的科技保险、基于重要设备的科技保险以及基于信用的科技保险。

1.基于关键人员的科技保险

科技活动异常复杂，参与的要素有很多，其中人才是推动科技创新活动不断向前发展的重要动力之一，没有了核心人员的支持，就不会有科技创新活动的成功。从另外一个角度理解，这也为科技创新活动埋下了定时炸弹，核心人员的离去、死亡等其他人身意外的发生，都将会影响到整个创新活动的进行。因此，科技保险中有一类保险专门针对这样一种风险。因为是与创新活动的发展攸关的核心人员的人身保险，就明显不同于普通的人身意外保险，自然就不能按照普通的人身保险来设计与运营，这正是科技保险独特性的体现之一。

2. 基于重要设备的科技保险

人有旦夕祸福，设备同样有相似的生命过程。创新活动中往往要借助许多大型的、先进的仪器和设备才能进行，任何一个环节失败都可能打断整个创新活动的安排，因此需要一类科技保险能够专门管理与设备相关的风险。同样，这种保险也区别于普通的财产保险，主要在于设备的稀缺性和由于高复杂度带来的高失灵风险。

3. 基于信用的科技保险

融资一直以来都是创新活动的一个难题，有些项目缺乏足够吸引市场的短期收益潜力，有些即便有广泛被看好的市场潜力，但同时伴随着巨大的风险而使其在寻求市场合作伙伴或者资金帮助时障碍重重。无论承担创新项目的单位是大还是小，都在不同限度上面临这样一种困境。很多中小企业本来自身的风险水平较高，再加上科技风险，往往很难融资或者面临沉重的融资成本；规模很大、有一定实力的公司和单位，有时候也要面临如此的困惑，如高新技术开发区的管委会往往在开发区建设初期要对区内的基础设施建设发行融资债券，这也会受到科技风险的制约，债权发行并非一帆风顺，这时候如果能够为这种债券投保科技保险，债券本身的信用风险水平就会大大降低，其发行也会容易很多。

除按照保险标的的维度进行分类外，科技保险还包括强制保险和自愿保险，其中对于一些事关国家利益、社会安全的重大科研项目，政府相关监管部门可以要求申请科学计划项目的企业或个人投保合适的科技保险险种，进而降低政府科技计划、财政科技投入的风险。除以上强制要求投保的险种外，余下的便是依靠市场力量进行运作的自愿的科技保险，即科技企业可以根据自身的实力或风险管控能力决定是否将创新风险通过科技保险转移出去。

此外，按照承包方式分类也可以将科技保险细分为原保险、再保险和重复保险。而且考虑到科技保险的承保标的的风险水平高过通常的风险主体，依靠单独某一个保险公司来分散这些风险是不合适的，而借助再保安排会是一个很好的补充，能够起到进一步分散风险的作用。

四、科技保险的主要作用

科技保险是应运而生的,自然要承担起自身肩负的使命,发挥对国家、社会应有的作用和影响。

首先,科技保险是自主创新和可持续发展的有力保障。由于科技创新活动存在很大的风险,加上我国的创新条件、创新能力、政策环境等尚处于相对较低的水平,自主创新能力远未达到经济、社会发展的要求。自主创新能力的提升并不只是科技问题,而是复杂的社会经济因素共同作用的结果,保险作为市场经济条件下风险管理的基本手段,其特有的风险保障和经济补偿机制,能够为企业发展提供有力保障,促进自主创新能力的提升,为科技发展注入新的活力。同时,保险业的发展可以优化创新的外部环境,良好的保险市场是衡量一个国家和地区投资环境的重要标志。科技保险的启动和推广,必将在某种限度上化解创新创业者的后顾之忧,从而吸引更多的国内外创新资源到我国的创新活动中来。一方面,科技保险涉及科技设备保障、科研成果转化、科研人员人身健康等多个方面,能够激励企业的研发活动,解除企业乃至外界的后顾之忧,为科技发展注入新的活力;另一方面,在承保环节,保险公司将凭借自身的技术优势和行业经验,对科技风险进行全面评估,并在出售保单后对科技创新活动进行追踪和监督,提出一些合理的建议,促进科技企业不断地规范创新活动,提高创新活动的成功率。

其次,科技保险能促进社会稳定,有利于我国和谐社会的建设。"保险是整个社会的稳定器",作为一种补偿措施,保险旨在使个人或机构能以确定的小额成本(保费)来补偿大额不确定的损失。同样道理,科技保险的引入,将有利于科技企业之间的均衡发展,避免大量的科技企业陷入困境甚至破产,同时能在一定限度上降低失业率。我国的保险业一贯以服务经济、稳定社会为首要目标,科技保险的推广,必将强化这一功能,在构建和谐社会中大有作为。

再次,科技保险将提高科技企业的融资能力,为科技创新免除资金压力。科技创新活动是一项需要大量前期投入、同时具有较高风险的活动。承担这样活动的企业,自身的风险也会相应地增高很多。一方面,自身需要投入大量资金,有时候甚至会影响到公司、企业的正常经营活动的运营;另一方面,很多企业,尤其是中小企业,需要借助其他手段为创新活动进行融资,以支持活动的顺利进行,然而创新活动的这种高风险又会降低企业的融资能力,从而加剧了企业的资金压力,尽管是一些非常有潜力和希望的项目或计划,最终可能因为得不到充足的资金支持而夭折。当然,科技保险并不能直接为创新企业进行融资,相反还需要企业缴纳一定额度的保费,听起来并不能解决企业融资的问题。然而,科技保险的作用是间接的,企业通过科技保险转移风险后,降低了自身风险水平,从而提升了融资能力。

最后,科技保险将扩大市场需求,有利于我国保险业做大做强。如果科技保险能成功推行,必将为科技发展、经济繁荣带来深远影响。科技的发展、国家的富足又将扩大对保险的需求,同时增强了个人、企业对保险的购买力,有利于扩大保险的深度和广度。另外,由于高科技企业保险额度大,不确定因素较多,市场前景广阔,科技保险很可能成为保险业的一个新的增长点,这又对保险产品的设计、销售、管理提出了更高的要求。保险公司只有不断改革、创新,才能适应科技保险业的发展,才能在与同行的竞争中取得优势。科技的发展也必将使测量技术、信息技术等不断升级,这将大大提高保险公司管理系统的质量和效率。总而言之,科技保险的形成能使科技与保险产生良性循环,有利于我国保险业进一步做大做强,更好地为国民经济发展做贡献。

第三节　科技保险的一般功能

我国科技保险发展尚处于起步阶段,形式还比较单一,主要表现在科技保险的品种较少,不能完全满足分摊、转移科技风险的需要,其发展缺乏层次性,一些高风险领域的保险险种还有待开发。除具备传统保险产品的基本功能外,科技保险还拥有自身独特的派生功能。

一、科技保险的基本功能

(一) 分散风险功能

科技保险分散风险的功能是为了确保经济活动的安定、科技创新的发展,把某些高新技术企业从事科研开发过程中,由于诸多不确定的内外部影响因素而导致科研开发项目失败、中止、达不到预期目标的风险所致的经济损失,通过直接摊派或收取保险费的办法平均分摊给所有的被保险人。通过该功能,科技风险不仅在空间上充分分散,在时间上也可充分分散。

(二) 补偿损失功能

科技保险把集中起来的保险费用于补偿被保险人保险事故所致的经济损失,这种补偿能力就是科技保险的补偿损失功能。

分散风险和补偿损失是手段和目的的统一,是科技保险本质特征的最基本反映,最能表现和说明科技保险的分配关系。因此,它们是科技保险的两个基本功能。诚然,分散风险对于补偿损失是手段,但是作为科技保险本质特征的表现来说也是功能,甚至可以认为是科技保险的第一功能。没有分散风险就不可能有损失的补偿,分散风险是前提条件,补偿损失是分散风险的目的。

二、科技保险的派生功能

(一)积蓄基金功能

科技保险的派生功能是在科技保险固有的基本功能基础上拓展而来的,是伴随着科技保险分配关系的发展而产生的。

科技保险运用概率论的方法计算保险费率,要求有足够的空间容量和时间跨度。因此,科技保险分散科技风险就包含了两层意思:空间上分散以及时间上分散。从时间上分散来看,分摊经济损失就带有预提分散金的因素,否则就不能满足时间上分散的要求。预提尚未赔偿或给付出去的分摊金必然形成积蓄,科技保险以这种保险费的形式预提分摊金并把它积蓄下来,实现时间上分散风险的功能,就是科技保险的保险积蓄基金功能。科技保险如果没有这一功能,就不能正常维系和发展科技保险的分配关系。

从概念的内涵可以看出,积蓄基金功能是为了达到时间上分散风险的目的,可见该功能是从科技保险基本功能之中的分散风险功能派生而来的。

(二)监督风险功能

该功能也是科技保险分配关系提出的要求。分散风险表现为保险费的分担,而参加科技保险者必然要求尽可能减轻保费负担而获得同样的科技保险保障。因此,参保者与保险公司之间必然要发生相互间的风险监督,以期尽量消除导致风险发生的不利因素,达到减少损失的目的。这种功能就是监督风险功能。监督风险在科技保险的保险人和被保险人之间进行。比如,达不到科技保险险种条件的标的不能投保相应的科技保险险种。再如,科技保险的诚信原则也是对风险的监督。可见,科技保险的监督风险功能是客观存在的。

监督风险是为了减少损失补偿,所以该功能是科技保险基本功能之中的补偿损失功能的派生功能,也是科技保险分配关系处于良性循环的客观要求。

综上分析,科技保险四种基本功能及派生功能的结构关系如图2-10所示。

第二章 科技保险概述

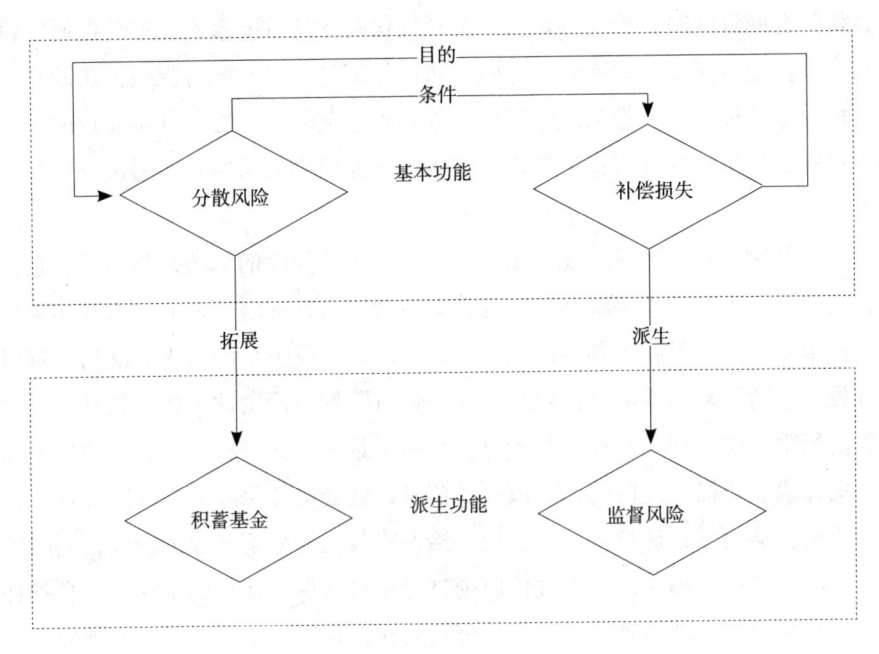

图 2-10 科技保险功能的结构关系

第四节 科技保险的运行原则

最大诚信原则、保险利益原则、损失补偿原则和近因原则被公认为保险的四大原则，它们贯穿于保险整个运行过程之中，是保险活动中必须遵循的根本性准则。同样地，这些基本原则也适用于科技保险，此外，科技保险还存在着自身运行中的特有原则，它们共同组成科技保险运行的基本准则。

一、最大诚信原则

保险所保的风险是不确定的，保险人主要依据投保人对保险标的告知和保证来决定是否承保和保险费率的高低，如果投保人欺诈或隐瞒，就有可能导致保险人判断失误和上当受骗。鉴于保险关系的这一特殊性，法律对保险合同所应遵循的诚实信用的要求程度远远高于其他民事活动。最大诚信原则是保险合同的首要原则，它是指保险人、投保人或被保险人在订立和履行保险合同中，彼此间最忠诚、最讲信用的保证。

从最大诚信这一原则的定义来看，告知和保证是其内涵的核心和关键。告知是指

53

在科技保险合同订立时，投保方应将有关科技保险标的重要事实，如关键研发设备状况、高管人员健康状况等如实告知保险公司；保证是指投保方对保险公司的特定担保事项，即担保某种事项的作为或不作为，或某种事项的真实性，其主要目的在于确保投保方对科技保险标的进行良好管理，或确保未经保险公司同意不得进行某些风险较大的科技活动。

这一原则对科技保险显得尤为重要。第一，科技保险的标的是高新技术企业或科研机构在研发、生产、销售或其他经营管理活动中面临的财产损失、人身伤害、研发中断、民事赔偿责任等各种各样的风险。这一标的的风险范围是很广泛的，且由于新产品开发和经营活动的不确定性很高，就导致风险的不确定性也相对较高。因此，科技保险的风险评估、预测和控制是十分复杂和困难的。如果被保险企业违反最大诚信原则，向保险公司提供虚假的信息或隐瞒信息，就会增加保险公司风险评估、预测和控制的难度，从而导致保险设计不合理，给保险公司带来不必要的损失，同时破坏了保险合同的公平性。第二，最大诚信原则贯穿于科技保险运行的全过程。从投保、资格审查、事故通报、理赔到追偿，保险公司与被保险企业都要不折不扣地履行科技保险所规定的各自的责任和义务，以此获得相应的权利。第三，科技保险项下的任何漏报和骗赔将影响合同效力或引起追索、仲裁、诉讼，从而给保险合同双方带来不必要的巨大损失。

二、保险利益原则

保险利益是指投保人对保险标的所具有的法律上承认的利益。保险合同保障的是被保险人基于保险标的而具有的利益。因此，保险利益是保险合同的客体，没有保险利益，保险合同也就不能成立。

对于科技保险而言，首先，被保险的利益必须在国家规定的科技保险范围之内，即科技保险的保险利益必须是高新技术企业开发和经营新型科技产品过程中的利益。如果超出了该范围则不能承保。其次，科技保险承保的保险利益必须足以保障被保险企业在出现事故后损失最小化，否则科技保险就失去了其存在的意义。再次，科技保险的保险利益必须符合国家推行科技保险的初衷和目的，即推动我国企业自主创新，以保险创新为科技自主创新保驾护航。由于科技保险本身具有激励和推动我国企业自主创新的作用，以解决我国企业自主创新能力落后、积极性不足的问题，所以科技保险必须具备保险利益的原则。

三、损失补偿原则

损失补偿原则是由保险的经济补偿性质和职能所决定的。它是指当保险事故发生使被保险人遭受损失时，保险人必须在责任范围内对被保险人所受的实际损失进行补偿。根据损失补偿原则，被保险人只有遭受约定的保险事故而造成的损失才能得到补偿，且补偿的量最多为损失的量，即保险人的补偿最多只能使保险标的恢复到保险事故发生之前的状况，被保险人不能获得多于损失的补偿。如果被保险人对同一保险标的所受的损失可以从多方面（保险人、侵权行为人或合同对方）获得补偿，其补偿的总额也不能超过其损失额。

坚持损失补偿原则的目的，一是在于防止被保险人从保险中得到额外利益，以致不合理地扩大保险人的责任；二是在于防止诱发道德危险，如果被保险人可以从保险事故中得到超过其事故前原有的利益，就可能故意制造事故或听任事故的发生，最终将导致经济秩序不稳定。

根据损失补偿原则，在科技保险中，当保险责任事故发生后，保险人最高的赔偿责任仅限于被保险人实际遭受的损失，并且最高赔偿金额不得超过保险金额；对已得到保险人赔款的，被保险人应将买方的追偿权利转让给保险人。

四、近因原则

法律上判定有较为复杂因果关系的案件时，通常采用近因原则，并非指在时间上最接近损失的原因，而是指直接导致结果的原因、效果上有支配力的或有效的原因。在保险合同中，保险人承担损失补偿的责任，以危险事故的发生与损失结果的形成之间有直接的因果关系（即近因）为前提。在我国，一般把直接促成结果的原因称为直接原因，直接原因对结果有着本质的、必然的联系。对直接因果关系的判断，是以其有无中间环节为标准的。如果其间有中间环节，那么后一行为即为直接原因。

科技保险中，保险人对被保险人的损失是否承担赔偿责任，其中最重要的环节就是对保险事故的发生与损失之间是否有因果关系进行判断。如果损失是属于保险责任范围内列明的风险引起的，则属于保险人应承担的赔偿范围，否则保险人不予承担或赔付。

五、科技保险的特有原则

由于科技保险性质决定了其经营上的特殊性，因此科技保险在经营中除了适用保险的基本原则外，还具有其特有的原则。

（一）风险共担原则

风险共担原则是指保险机构对企业投保的科技保险实行比例承保或非定额承保，并对已承保的保险标的进行再保险。这是由于保险公司出于自身经营稳定的考虑，根据风险管理的原则，对自身承担的风险予以一定的限制，这一限制就是通过比例承保、限额承担风险的方式实现。另外，为了增强投保方的责任心，督促投保方加强对科技保险标的管理，必须让其自身承担一定的风险。尤其在担保型和参与型科技保险中，风险共担原则更加突出。

（二）保险费原则

保险费原则是指科技保险经营厘定费率所依据的标准。一般财产保险的保险费率厘定是以保险额损失率为依据的，其特征是根据以往若干年度的损失统计资料，利用大数法则进行计算，以确定未来年度的保险收费标准。而科技保险作为新生的保险领域，历史损失统计资料缺乏，无法通过这种方法来确定费率。所以，科技保险费率具有较大的变通性，以适应承保风险不稳定的特点。

六、科技保险的推行机制

在进行科技保险模式创新的同时，应结合科技保险推行的有效运行机制进行研究，以满足不同层次高新技术企业的需求，并有效提升其科技创新的积极性。由于科技活动和与之相关风险的特殊性，现阶段我国科技保险推行工作应采取"政府引导、商业化运作"的形式。总体上看，政府对科技保险的激励政策主要有两个方面：其一，对保险费用给予税收优惠和补贴；其二，鼓励科技保险中介机构的设立和发展。但就试点运行状况而言，科技保险中介机构的建立和完善仍需时日，而政策激励的收效并没有预期明显。

在推动科技保险运行方面，急需解决的是政府财政补贴资金有限而引起的"僧多粥少"问题。面对该问题，各科技保险试点城市可结合自身特点，采用分类定律、逐批递减和总额控制的手段对企业进行合理财政补贴，力求使参与科技保险的企业达到效用最大化。分类定律即有意识地将部分科技保险险种的补贴标准提高，使之得以重点推行。例如，对高新技术企业产品研发责任保险、关键研发设备保险、营业中断保险的补贴标准可略高于出口信用保险、高管人员和关键研发人员团体健康保险及意外保险的补贴标准，促进企业在科技研发过程中的技术投入。逐批递减即根据各单位申请情况，分批审批科技保险费用补贴资金，补贴比率按批次递减，各保险产品的首单，原则上给予最高比率的科技保险费补贴。总额控制即根据高新技术企业投保年份上一年的高新技术产业产值规模控制补贴资金最高限额，对于这三项机制措施的具体分析如表 2-3 所示。

表 2-3　科技保险推行机制措施分析表

措　施	依　据	目　的	优　点
分类定律	险种的激励权重	必要性高的险种重点激励	促进企业优先选择购买必要性高的险种
逐批递减	企业购买科技保险的积极程度（以企业购买的先后次序体现）	提高激励效果，促使企业迅速参与	加快科技保险推广的进程，节省推广时间，使科技保险快速发挥作用
总额控制	高新技术企业的规模	按需分配，降低不必要的补贴，控制企业盲目购买，增大补助面	提高补贴资金使用的合理性及使用效率

以上科技保险推行机制中的三类政策举措，既相互独立又彼此关联，在推动科技保险工作开展的过程中，应在提升各项举措自身效能的同时，充分发挥措施间的协同作用，整合科技保险运行中的各类资源，以强化科技保险推行的动力机制。

第五节　科技保险运行中的风险

一、科技保险运行中的逆向选择

（一）科技保险逆向选择的内涵

逆向选择这一术语最初来自保险业。所谓逆向选择是指保险双方在达成保险合同前，在信息不对称的状态下，接受合同的人利用有可能对对方不利的信息签订对自己有利的合同，而对方则由于信息劣势处于不利的选择位置上。它是保险合同签订前保险市场信息不对称的一种表现形式。

从信息经济学的角度看，逆向选择既可以是买方逆向选择，也可以是卖方逆向选择。保险市场中的逆向选择现象相当普遍，存在于各种类型的保险之中，科技保险当然也不例外。科技保险逆向选择同样包括买方逆向选择和卖方逆向选择两种情况，但实务中出现较多的是买方逆向选择，本节对科技保险逆向选择的研究也主要集中在买方逆向选择上。

1. 科技保险买方逆向选择

科技保险买方逆向选择，指的是在建立科技保险关系之前，投保企业试图利用已经掌握的某些保险公司不了解的相关信息，以低于精算出的合理保费的价格取得科技保险的倾向。比如，投保企业向保险公司隐瞒投保标的的实际状况，制造虚假的信息，试图能够以正常的价格获得科技保险合同，而保险公司则由于信息劣势而处于不利的选择位置上，不得不为投保企业的行为承担风险。

从理论上讲，保险公司应该针对不同类型的投保企业及其投保标的的状况制订不同的科技保险合同，投保企业则根据投保标的的风险类别和程度选择相应的科技保险合同。在这个过程中，每个投保企业都知道自己投保标的的存在的风险类别和程度，并按该类风险价格投保科技保险；保险公司也了解所有投保企业及其投保标的的状况，并掌握其承担风险的概率。但在实际情况中，保险公司与投保企业在签订科技保险合同以前，双方存在着不容忽视的信息差别。投保企业知道自己和投保标的已存在的风险，具有相对的信息优势；而保险公司则处于信息劣势的位置，不能准确评估投保企业及其投保标的的真实风险状况。正因为如此，在科技保险实际经营中，保险公司只能向所有投保企业提出大致相同的科技保险合同及保费要求，结果是高风险者因为保费低于其风险类别价格而愿意投保，而低风险者会因保费高于其风险类别价格而理智地放弃投保。科技保险买方逆向选择抑制了一部分企业对科技保险的需求，导致了科技保险效益的低下和市场的低效。

2. 科技保险卖方逆向选择

科技保险卖方逆向选择，指的是在建立科技保险之前，保险公司试图利用已经掌握的某些投保企业不了解的相关信息，以高于精算出的合理保费的价格取得科技保险的倾向。

科技保险市场的逆向选择问题，通常指的是来自投保企业的信息隐瞒，似乎只有投保方才有逆向选择问题。实际上，作为科技保险参与者，双方均具有其信息优势的一面，即拥有各自的私有信息。对保险公司而言，科技保险产品的价格、特性及其保障范围和保障程度是其私有信息。如果保险公司不公开这些信息，投保企业对科技保险相关信息就不能完全了解。在这种情况下，企业只愿意以平均保费价格来投保科技保险各项产品，导致一些费率和承保风险较高的科技保险产品的需求较小，而需求较大的多是费率和承保风险较低的科技保险产品，造成了企业对科技保险的需求不均衡，抑制了科技保险的功能发挥。

（二）科技保险逆向选择的模拟演示

科技保险逆向选择的成因是科技保险参与方的信息不对称，我们将构建一个简单的科技保险市场来模拟演示科技保险买方逆向选择。

假定目前科技保险市场只存在 A、B 两种类型的企业，A 类企业的风险概率为 30%，B 类企业的风险概率为 10%，其他情况均相同。显然对于保险公司来说，A 类企业为劣等客户，而 B 类企业为优等客户。由于风险不同，这两种类型的企业对于科技保险的需求分别服从不同的需求曲线，这里假定需求曲线都是线性的，如图 2-11 所示。

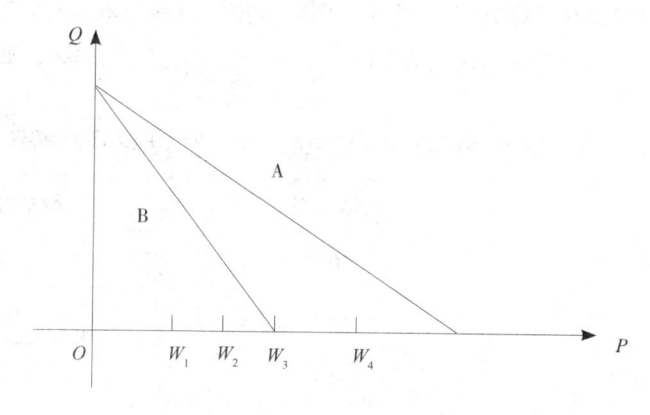

图 2-11 A、B 类型企业科技保险需求曲线

由于信息不对称，保险公司无法区分 A 类企业和 B 类企业，只能假定科技市场上两种类型企业各占 50%，市场总体风险率为 30%×50%+10%×50%=20%，保险公司便以此为依据厘定了 W_1 的统一费率。在 20% 的风险概率以及 W_1 的费率下，保险公司应该有一定的利润收入。但是，事情并没有按照保险公司的预料发展，A 类企业和 B 类企业由于自身风险的不同，所以对科技保险的需求服从不同的需求曲线，于是，投保科技保险的 A 类企业数量远远高于 B 类企业数量，此处假定 A 类企业的比例为 70%，B 类企业的比例为 30%，如表 2-4 所示。

表 2-4 在 W_1 费率下 A、B 类型企业比例及总体风险概率

	预 期	费率为 W_1 时
A 类企业比例	50%	70%

续表

	预 期	费率为 W_1 时
B类企业比例	50%	30%
总体风险概率	20%	24%

由于投保科技保险的 A、B 两种类型企业数量比例发生了变化,相应科技保险市场的总体风险概率不再是 20%,而是 70%×30%+30%×10%=24%。在 24% 的风险概率下,保险公司实现依据 20% 风险概率厘定的费率 W_1 偏低,保险公司就会亏损,于是保险公司只能提高费率到 W_2。此时,由于科技保险的费率上升,B类企业所占比例继续下降,假定 A 类企业的比例为 90%,B 类企业的比例为 10%,如表 2-5 所示。

表 2-5 在 W_2 费率下 A、B 类型企业比例及总体风险概率

	预 期	费率为 W_2 时
A类企业比例	70%	90%
B类企业比例	30%	10%
总体风险概率	24%	28%

由于风险的进一步提高,在 W_2 的费率下,保险公司仍然会亏损,这时候的总体风险概率又会发生变化,变为 90%×30%+10%×10%=28%。保险公司只能继续提高费率至 W_3。此时,B 类企业就会完全退出科技保险市场,市场上投保科技保险的企业完全为 A 类企业,如表 2-6 所示。

表 2-6 在 W_3 费率下 A、B 类型企业比例及总体风险概率

	预 期	费率为 W_3 时
A类企业比例	90%	100%
B类企业比例	10%	0
总体风险概率	28%	30%

随着总体风险概率的再次提高,保险公司只能进一步提高费率至 W_4,此时由于

B类企业已经完全退出市场，风险概率不会再改变，费率也不会再改变，整个科技保险市场趋于稳定。结果就是优等客户完全退出市场，即出现了"劣等客户驱逐优等客户"的现象。

同样，可以对科技保险卖方逆向选择进行类似的模拟演示，其结果是科技保险中费率和承保风险较高的科技保险产品被费率和承保风险较低的科技保险产品逐渐排挤出科技保险市场，即出现了"劣等产品驱逐优等产品"的现象。

（三）信息不对称时的科技保险分析：信息甄别模型

罗斯查尔德和斯蒂格利茨的《竞争性保险市场的均衡：论不完备信息经济学》是保险市场逆向选择理论的经典文献，它在保险市场完全竞争的条件下运用图表进行局部均衡的几何分析，提出了著名的信息甄别模型。下面将运用信息甄别模型来分析信息不对称时的科技保险。

假定科技保险投保企业有高风险和低风险两种风险类型。此处用 PH 和 PL 分别表示这两种类型的投保企业风险的概率，显然 $PH > PL$。在图 2-12 中给出它们的无差异曲线，其中 U_H 是高风险类型的无差异曲线，U_L 是低风险类型的无差异曲线，因为 $PH > PL$，所以在确定性收入线上前者斜率的绝对值小于后者。同时，假定科技保险市场是完全竞争的，市场均衡时的利润为零。若保险公司知道科技保险投保企业的真实风险类型，则两种类型的投保企业都得到完全保险，即投保企业在出事和不出事两种状态下的收入相同。其中，高风险企业的最优科技保险合同在 H 点，低风险企业的最优科技保险合同在 L 点。高风险企业缴纳的保费多于低风险企业缴纳的保费，从而得到较低的确定收入。

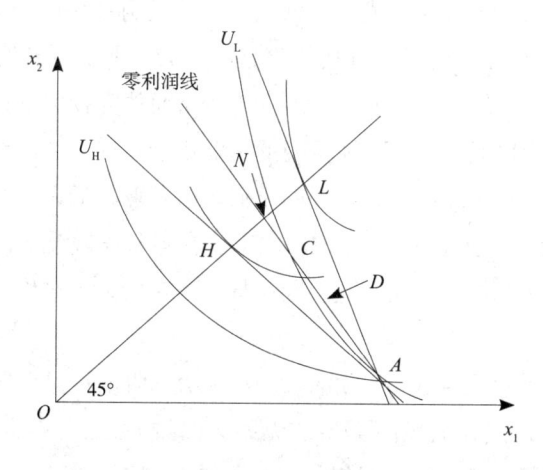

图 2-12 信息不对称时的科技保险合同

现在假定保险公司不知道投保企业的真实风险类型，只知道投保企业分属于高风险和低风险的概率分别为 u 和 $1-u$。保险公司收取 k 的保费，出事后支付投保企业 x 的赔偿金，则保险公司的期望利润 $E=u(k-xPH)+(1-u)(k-xPL)$，零利润线介于 AH 和 AL 之间。如果投保企业得到完全保险，满足零利润约束的保险合同在 N 点，但这不是一个均衡点，因为在该点上，低风险类型的企业得到的效用低于其不参与科技保险时的效用，因而会退出科技保险市场，只有高风险类型的企业愿意投保科技保险。如果保费和赔偿金不变，保险公司将亏损。为了避免亏损，保险公司将提高保费至 H 点，于是就形成了逆向选择的问题。

由此可知，在信息不对称的情况下，最优科技保险合同是达不到的。但这并不意味着低风险的企业一定要退出科技保险市场，因为保险公司可以对投保企业只进行部分保险。如果保险公司提供的科技保险合同在 C 点，期望利润为零，高风险和低风险企业都愿意投保科技保险，二者缴纳相同的保费，出事后得到相同的赔偿金。C 点位于 $45°$ 确定收入线以下，属于部分保险合同。但罗斯查尔德和斯蒂格利茨证明，像 C 点这样的混合保险合同不可能是一个纳什均衡。因为高风险企业的任何一条给定的无差异曲线与低风险企业的任何一条无差异曲线只有一个交点，而且交点上前者斜率的绝对值总是低于后者。设想 A 保险公司提供合同在 C 点，B 保险公司提供合同在 D 点，高风险企业会选择在 A 公司投保科技保险，而低风险企业会选择在 B 公司投保科技保险。但此时，A 公司的期望利润小于零，B 公司的期望利润大于零，即可以证明 C 点不是一个混合均衡点，并且所有位于 AN 上的点都不是均衡点。

现在考虑是否存在分离均衡。在完全竞争的零利润假设下，分离均衡意味着高风险企业的科技保险合同在 AH 线上，低风险企业的科技保险合同在 AL 线上。如图2-13所示，如果保险公司提供的科技保险合同是 H，那么所有的高风险企业得到最优的科技保险合同，而低风险企业不会接受 H，从而放弃投保科技保险。如果保险公司提供的科技保险合同是 L，则两种类型的企业都会接受 L，因此 L 不可能是一个分离均衡点。所以，为防止高风险企业混同于低风险企业，低风险企业的科技保险合同必须在过 H 的高风险企业无差异曲线 U_H 之下。在零利润假设下，H 和 K 构成一个分离均衡：高风险企业选择 H，低风险企业选择 K。在信息不对称时，低风险企业只能被部分保险。

但分离均衡并不总是存在的。如图2-14所示，假定投保企业属于高风险类型的概率 u 足够小，使 N 点在低风险类型的无差异曲线 U_L 之上。假定 H 和 K 是原来的科技保险合同，如果有某保险公司提供科技保险合同 M，两种类型企业都将选择 M，而不是原来的合同。因为 M 在 U_H 和 U_L 右边,代表较高的期望效用,并且提供 M 合同的保险公司得到正的期望利润。但由于混合均衡是不可能存在的,所以 M 不可能是一个均衡点,纯战略均衡是不存在的。不存在均衡表现为分离合同和混合合同相互"拆台":如果有些保险公司提供分离合同,另一些保险公司就会提供混合合同;如果有些保险公司提供混合合同,另一些保险公司就会提供分离合同。如果科技保险市场是垄断的,纯战略均衡是存在的,但如果科技保险市场是竞争性的,则只有混合战略均衡存在。

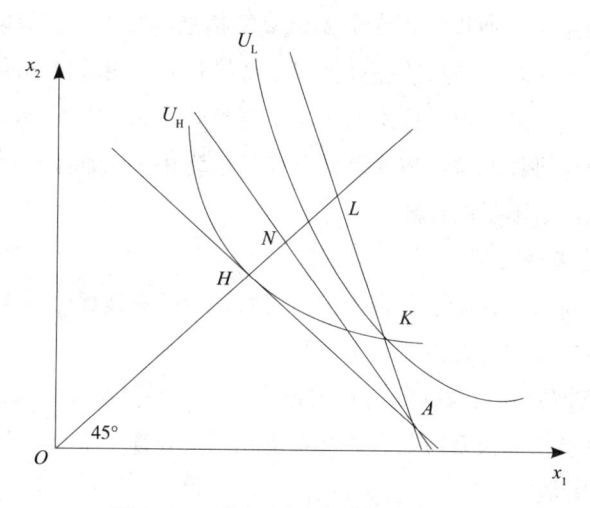

图 2-13 信息不对称时的分离均衡

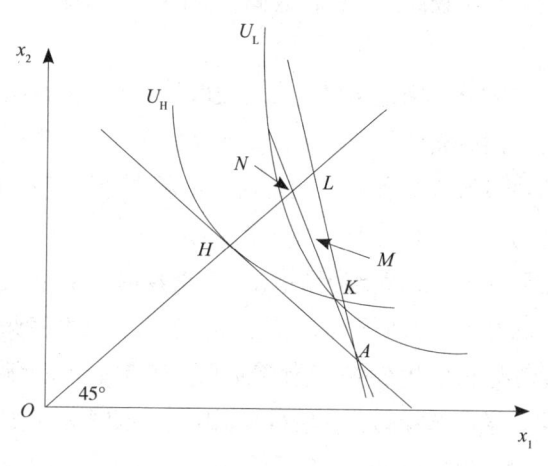

图 2-14 分离均衡不存在

（四）科技保险逆向选择的不利影响

1. 科技保险市场需求不足

科技保险市场中，导致市场需求不足的主要原因之一就是逆向选择的存在。因为每个企业的科研创新风险是不同的，如信息技术、生物医药等高新技术企业，由于在科研开发过程中承受较大的风险，所以对科技保险的需求较为旺盛，而像传统制造业等一些科研创新风险较低的企业，对科技保险的需求水平明显较低。逆向选择的后果是高风险企业隐瞒其真实风险状况，积极投保科技保险，而由于这些企业的科研创新风险高于平均风险水平，所以投保企业隐瞒真实信息的行为会使保险公司利益受损。为了继续经营下去，保险公司只能提高保费，结果是风险相对较小的企业纷纷退出科技保险市场，留下高风险企业，保险公司出于赢利的目的不得不再次提高保费从而又使一些企业放弃投保科技保险，造成恶性循环。最终在其他条件不变的情况下，科技保险市场就会出现需求不足的现象。

2. 科技保险费率难以厘定

科技保险逆向选择给保险公司带来的一大难题就是科技保险费率难以厘定，因为科技保险费率的厘定必须符合以下基本原则。

第一，公平合理原则。对保险公司来说，其收取的保费应与其承担的风险相当；对投保人来说，其负担的保费应与获得的保障相当。合理是指科技保险费率的厘定应尽可能合理，保费的多少应与科技保险的险种、期限、保险金额相对应。但在逆向选择的情况下，保险公司可能因为追求超额利润而厘定高费率，投保企业也有可能为了付出相对较低的保费和获得较高的保障而隐瞒自身的风险情况，从而给费率的厘定增加了困难。

第二，充分原则。充分原则是指保险公司收取的保费在支付赔款及合理的营业费用后，仍应有一部分利润。充分原则要求科技保险费率的厘定应确保保险公司的偿付能力。但由于逆向选择的存在，保险公司可能会不断降低保费来提高自己的竞争力，这样就会降低偿付能力，使经营处于一种不稳定的状态。

第三，相对稳定原则。相对稳定原则指在一定时期内应保持科技保险费率的稳定。但由于逆向选择会使科技保险费率厘定的依据发生改变，继而使保费的合理水平变得不确定。如果在这种情况下不能及时改变保费水平，将有可能使保险公司受到损失。

由以上可以看出，逆向选择的存在给科技保险费率的厘定增加了许多困难。

3. 保险公司调查费用增加

科技保险经营中，保险公司和投保企业都有义务遵守最大诚信原则，即双方订立保险合同及在合同的有效期内，应依法向对方提供影响对方作出是否缔约及缔约条件的全部实质性重要事实，同时绝对信守保险合同订立的约定与承诺。但由于逆向选择的存在，投保企业为了支付较少的保费和获得较高的保险金，会尽量隐瞒自己的风险事实。在这种情况之下，保险公司必然会对投保企业进行更加细致的调查，以确保投保企业所给出的信息是真实的，而这种调查就会增加保险公司的调查费用。

4.投保企业合法权益无法保障

保险公司隐瞒信息的逆向选择，一方面使遵守最大诚信原则、诚实经营的投保企业不断流失，利润不断下降，甚至出现亏损，对科技保险失去应有的信任，退出科技保险市场；另一方面由于保险公司有意隐瞒信息，科技保险产品无法保证投保企业在事故发生后取得应有的赔偿，使投保企业的合法权益受到损害。

（五）科技保险逆向选择的应对策略

在具体科技保险实务中，主要有两种应对逆向选择的策略方法：一是保险公司通过各种途径收集与科技保险标的有关的信息，以便对投保企业作出更为准确的分类；二是设计尽量避免逆向选择出现的分离保险合同，即设计不同的科技保险合同以鼓励风险类型不同的投保企业选择最适合自己风险种类的科技保险合同。

但科技保险逆向选择是客观存在的，因此无论保险公司采取什么策略，科技保险逆向选择只能是部分地减轻，而无法完全避免。

二、科技保险运行中的道德风险

（一）科技保险的道德风险及其表现形式

1.科技保险道德风险的概念

社会学意义上的道德风险是指与人的品德有关的无形因素，即是指由于个人不诚实、不正直或有不轨企图，促使风险事故的发生或扩大，以致引起社会财富损毁或人身伤亡。例如，人们对社会或他人心怀不满，蓄意进行破坏活动，造成社会财产或他人财产及生命蒙受损失。

对于科技保险而言，其道德风险是指在建立保险人与被保险人关系后，被保险人试图利用自己掌握的信息优势，在追求自身效益最大化的同时做出损害保险人利益的行为所引起的风险。具体来说是指在投保人投保时，保险公司不能全面监督投保公司的具体行为和调查了解全部的投保公司相关信息，特别是难以监督投保企业购买保险后对风险规避和控制的程度，为了获得保险金，不排除投保企业隐瞒重要信息，甚至制造保险事故的可能性。

2.科技保险道德风险的表现形式

科技保险道德风险因发生时间的不同和保险标的的不同具有不同的表现形式。

按照发生时间的不同,可分为事前道德风险和事后道德风险。事前道德风险是指被保险人在防损方面行为产生的背离。由于被保险人认为事故发生后可以得到保险公司足额的赔付,而防损本身是需要投入时间、人力、物力和财力的,因此被保险人不愿意支出原本合理的防损投入,对防损采取消极的态度。例如,投保了科技保险中的关键研发设备保险的公司,对于已经投保的研发设备就不再愿意合理地控制使用时间和支付保养费用来对设备进行维护保养。这样被保险的研发设备的寿命就会减短,发生损坏的可能性就会大大增加,损失的期望值也会变大。事后道德风险是指被保险人在减损方面行为产生的背离。由于可以得到保险公司足额的赔偿,被保险人在事故发生后往往不愿意尽最大努力来减少事故造成的损失。例如,被投保了关键研发设备保险的设备出现严重故障,公司可能不会积极地及时进行修理,而是继续使用直至报废,然后向保险公司报赔。这就使原本小额的维修费用损失变成了设备整体报废的巨额损失,严重扩大了损失值。

按照标的的不同可分为财产保险、人身保险和信用保险中的道德风险。科技保险是一个综合性的保险,首批试点运行阶段保监会和科技部认定的六大险种中就包括财产保险、人身保险和信用保险三类。发生在财产保险中的道德风险是指被保险人为了获取保险赔偿金,而编造虚假证明、资料、事故原因的恶意欺诈,故意破坏保险财产或在保险事故时故意放任损失扩大而产生的道德风险。发生在人身保险中的道德风险是指被保险人或受益人为了获取保险金而采取故意隐瞒事实,编造虚假证明、资料,进行欺诈,甚至不惜采用暗杀、自杀及自残等方式来骗取保险金。发生在信用保险中的道德风险是指被保险人为了获取保险金而采用欺骗或者隐瞒的手段,提供不实的资料和信息的方法恶意欺诈、虚报损失、恶意造成损失的道德风险。

(二)产生科技保险道德风险的原因

科技保险道德风险产生的原因可以分为保险公司内部原因和外部原因两类。

内部原因主要是保险公司内部管理不规范、各项管理制度还不够完善。第一,保险公司对于保险代理人的选择、培训和管理不够严格,造成一线的保险代理人员业务素质低、思想水平不高。有些保险代理人为了个人业绩的提升而放松对投保人的风险初审,甚至协助投保人进行不实告知或搞虚假索赔,同时由于业务素质低,部分代理人员无法有效识别投保人投保资料的真假,甚至被投保人欺骗,成为投保人骗保的工具。第二,保险风险评估机制不健全,风险评估人员业务素质低。保险的保费额度确定以及是否承保的决策都是建立在保险的风险评估基础上的。风险评估不准确,造成部分骗保的不法分子有机可乘,通过提供模糊虚假的资料使保险公司得出不准确的风险评估结果,最终蒙受损失。第三,部分保险条款,特别是保险拓展条款及保险协议不严谨、不周密。这一问题主要发生在保单生成的阶段,由于参与谈判的保险代理人业务水平低,在协商拓展条款时不严谨,被投保人欺骗、利用,最终将不公平的条款签订在合同中。第四,保险公司的各类单证管理手续不严,有些空白单证落入犯罪分子手中,使之用于诈骗保险活动。第五,激励机制尚未健全,只重数量,不重质量。就目前而言,我国保险公司对于保险代理人员业绩的评价主要是依据承接保单的数量,这就导致代理人员只注重保单的数量而不管保单的质量,使一些不符合承保理念、资料不全的保单被承接下来,给骗保者提供了有利的条件。

外部原因主要有以下几个方面。第一,现有法律不健全,专业司法人员缺乏。由于保险诈骗罪是结果犯罪,没有保险诈骗未遂罪,即如果没有造成实质性后果和损失,尚不构成保险诈骗罪,无法追究其刑事责任。公安部门对于保险欺诈未遂的案件,一般采取批评教育。同时,与《保险法》相配套的有关法律法规还不十分健全,而且我国司法界对保险纠纷审判定案所积累的案例经验较少,熟悉和掌握保险专业知识的司法工作人员更是寥寥无几,有的司法裁定一味地偏向被保险人,导致司法不公正,客观上纵容了保险诈骗。第二,保险市场中的信息不对称。信息的不对称是指在交易的双方中或形成合作关系的双方中,一方拥有另一方所不知的信息,如卖者对产品质量的了解通常比买者多,被保险人对自己身体的了解比保险人多。在保险市场上,投保人总是比保险人更了解和清楚自身的真实情况,在投保后,投保人利用保险公司的信息劣势,不履行如实告知义务,有的甚至故意引起保险损失以进行诈保、骗赔。

(三)科技保险道德风险的委托—代理理论

委托—代理理论是信息经济学的核心内容之一,它主要用来分析在契约设计或制度建设中,由于道德风险行为所可能造成的经济运行中的不公平和低效率现象,并给出一些定性的结论。它将激励问题看成委托人与代理人各自追求效用最大化的均衡机制问题。

对于科技保险而言,保险人和担保人之间存在信息不对称的现象,根据委托—代理理论,二者之间的经济关系可以被认为属于委托人和代理人之间的关系。掌握信息多或具有相对信息优势的一方被称为代理人,掌握信息少或处于信息劣势的一方被称为委托人。结合科技保险道德风险理论,保险公司即委托人,属于信息劣势方,而投保人即代理人,属于信息优势方。

从委托人的角度看，保险公司追求自身效用最大化，保险公司希望代理人积极防范风险，降低风险发生的概率，而防范风险势必会对投保人产生负效用（防范风险需要一定的投入），这就导致双方的目标存在不一致性，所以保险公司的问题便是设计出一个投保人能够接受的方案，这一方案能使投保人在追求自身效用最大化的同时实现保险公司效用的最大化。保险公司面临的问题是：① 它与投保人之间的信息是不对称的，投保人拥有保险公司所不拥有的信息（例如，关键研发设备保险中投保人对于设备在投保前存在的故障以及投保后的保养状况的了解程度高于保险公司）；② 环境的不确定性使保险公司无法完全依据投保人的行为结果推测行为本身，从而确定相应的保费和赔偿额度。

从代理人角度看，投保人不仅比保险公司更清楚自己为防范风险作出努力的程度，也更了解环境不确定性的内在规律。投保人在付出努力取得正效用的同时，由于付出努力也会给他带来负效用，所以他会在两者之间作出权衡以最大化自身的效用。在信息不对称的条件下，投保人就会利用自身的信息优势，降低防范风险的努力程度，甚至隐瞒相关信息，扩大自身的效用，从而损害保险公司的利益。因此，最优激励方案必须满足两个条件：① 投保人总是选择使自己期望效用最大化的行为，任何保险公司都希望投保人采取的风险防范行动只能通过投保人的效用最大化行为实现，即如果 a 是委托人希望的行动，$a' \in A$ 是投保人可选择的任何行动，则只有当投保人选择 a 得到的期望效用大于选择 $a' \in A$ 得到的期望效用时，代理人才会选择 a，这就是激励相容约束；② 投保人从保险合同中得到的期望效用不能小于他不接受保险合同时所能得到的最大期望效用，即参与约束或个人理性约束。投保人不接受保险合同时所能得到的最大期望效用由他面临的其他市场机会决定，称为保留效用。

根据委托—代理理论，委托—代理模型一般由一个目标函数和两个约束条件组成，目标函数主要反映经济运行中的效率问题，约束条件则是经济运行中公平的保证。激励相容约束是为了遏制行为人的道德风险行为，应施加于可能产生道德风险行为的一方，而期望效用最大化的目标函数和参与约束则应分别施加于不同的契约方。

根据影响不同，结合委托—代理理论和科技风险道德风险理论，可以把被保险人的道德风险分为三类：① 保险合同签订以后投保人的相关私人行为只影响所保事件的发生概率而不影响损失大小的道德风险，称为自保护型，如对关键研发设备进行合理的使用，监控工作人员不合理地使用和损坏设备的行为，从而提高设备故障或损坏的概率；② 保险合同签订以后投保人的相关私人行为只影响损失的大小而不影响所保事件发生概率的道德风险，称为损失减少型，如在事故发生后采取积极的抢救措施，不惜代价减少事故带来的损失；③保险合同签订以后被保险人的相关私人行为既影响所保事件的发生概率，又影响损失大小的道德风险，则属于一般性道德风险，如对设备进行定期的维护和检修，使用时小心谨慎，从而降低了发生损坏的概率，同时在设备出现问题后能够及时发现，降低损坏的程度，减少损失额度。

由于科技保险是一种由财产保险、信用保险、人身保险和责任保险组成的综合性保险，因此对于不同险种面临的道德风险问题也会有所不同，并且在道德风险的三种类型中，一般性道德风险最为复杂，也最为常见，在科技保险运行中具有典型性。

第六节 国外对科技保险业务的探索

二战以后特别是近30年来，科技创新日益成为世界各国的重要政策目标，科技与产业高度融合已成为各主要国家促进经济增长、提高综合国力、提升国际竞争地位的重要途径。随着科技创新活动的日益频繁、成本的逐渐上升、综合影响的逐步扩大，科技创新风险带来的不利影响日益凸显。对此，欧美等发达国家一直高度重视科技创新风险的管理，并通过各种政策工具和支持方式来分摊企业、研发机构、研发人员的科技创新风险，其中某些做法与经验值得我们参考和借鉴。本章简要梳理了国外科技风险防范的一般方式，着重分析了国外为科技创新提供保险服务的主要做法，并进一步探讨了科技保险在国际上的发展趋势。

一、国外科技风险防范的一般方式

发达国家在长期的发展中不断积累应对风险的经验，提高风险管理能力，很多常见方式、策略、机制的发展都比较成熟，极具参考价值。

（一）风险规避

风险规避在整个风险管理策略中算是较为保守的方式，其风险水平过大，以至于一旦出险，其影响之广泛、深远是社会难以承受的情况。比如，核能发电。二战后，由于西方国家的工业化，电力需求成为工业国家经济体系中增长幅度最大的部门之一，经过几十年的发展，目前全球31个国家正在运行的核反应堆共有440座，总发电能力为3 670亿瓦，约为全球电力总供应量的16%。然而，除了众所周知的美国三哩岛核能电厂事故及乌克兰核电厂灾难，还有许多因设计方面或人为的小疏忽而差点引发核电危机发生的情况。近年来，英国和日本又出现了严重的核能意外事故，特别是日本的核能事故频发。此后，世界各国开始认识到核电的潜在危险，因而核能管制法规越来越严格，近30年来已使美国取消了120座核电厂的兴建计划，使俄罗斯等国家共取消60座核电厂的兴建计划。此外，德国、英国、西班牙、巴西、荷兰、奥地利、意大利、瑞典、丹麦等国也纷纷放弃或关闭核电厂的兴建或运转，这就是一种典型的风险规避策略。

（二）风险自留

这里的风险自留主要指经过对科技风险的分析后决定主动去承担的一种管理策略，但这种承担绝不是对科技风险采取一种完全放任的态度，而是在承担的同时更加注重对风险进行监控，将其水平控制在特定范围内。比如，近年来发展火热的纳米技术，在药物开发、水净化、信息通信等行业已经取得成功应用，在制药、生化、航空与航天、环境与能源、微电子、绿色材料等领域也取得积极应用，甚至被认为是人类发明电力以来最强大的技术。然而，虽然目前没有关于纳米技术的风险事件出现，但和其他高科技面临的问题一样，随着纳米技术的发展，关于其风险的争论也会日益激烈。各种非政府组织、民间团体都表达了对纳米技术可能带来的风险的担忧——对人体健康潜在的严重威胁以及对环境的潜在破坏。从2006年开始，美国联邦政府每年拨出纳米技术研发总投资的4%用于支持纳米技术的环境、健康和安全的影响研究以及这些影响的风险评估。欧盟委员会于2004年在整个欧盟范围内展开了关于发展纳米技术与预防危险的大辩论，最后终于得出了在加强风险研究的基础上，继续大力发展纳米技术的结论。2005年6月，欧盟委员会在公布的行动计划中除了力图使欧盟在纳米技术研究与应用领域始终保持世界领先地位，为保证纳米技术健康发展，避免给人类和环境造成不可逆的损失，还特别强调要在推广纳米技术应用的同时，加强纳米技术对环境、健康及安全可能产生负面影响的研究。

（三）风险转移和分散

科技风险的特点是发生概率高，损失强度大，企业往往难以独立承担。即便是政府的科技创新活动，有时也要考虑对风险进行转移或者分散，避免或者减轻活动失败造成的难以控制的不良影响。具体来说，风险转移的方式有很多种，如风险投资、技术联合攻关、科技信贷和科技保险。此外，政府科技计划的政策支持、财政补贴也是其实现风险转移的一个手段。

1.风险投资

风险投资被定义为"由专业投资媒体承受风险，向有希望的公司或项目投入资本，并增加其投资资本的附加价值"，其初衷是向主要属于科技型的高成长性创业企业提供股权资本，并为其提供经营管理和咨询服务，以期在被投资企业发展成熟后，通过股权转让获取中长期资本增值收益。简单来说，风险投资意味着"承受风险，以期得到应有的投资效益"。美国的风险投资占全球风险投资的70%，美国的风险投资公司已达4 000多家，风险投资总额达1 000亿美元，每年约有1万个高科技项目得到风险资本的支持，2000年时已经达到82.56亿英镑，发展速度非常快。自1985年以来，英国每年约有1 000余家风险投资公司在运作风险投资。

此外，作为风险投资的一个"特种兵"，天使投资不仅为目标投资公司带来资金，还能提供启动和发展一家公司的经验，其出现以来惠及了越来越多的中小企业，为他们提供了巨大的帮助。其中，美国的天使投资人约有25万人，每个天使投资人平均投资额为80万美元，每年投资额达到100亿至200亿美元；投资企业达3万个，天使投资资金总规模约为机构投资的2～5倍，接近非金融企业IPO的筹资总额。天使投资项目总数约为机构投资的20～50倍。在欧洲，天使投资人被称为商业天使或有投资技巧的私人投资者，潜在数量约100万名，其中12.5万名较为活跃，每人平均每笔投资额约为2.5万～25万欧元。英国的商业天使网络发展较早，影响较大。

2. 政府科技计划

科技计划作为政府科技管理工作的重要组成部分，在发展重大科研项目、组织核心科技创新活动方面扮演着越来越重要的作用。借助科技计划，政府可以对事关国家、民族利益而风险水平较高的科技活动提供各种政策支持和鼓励，为国家科技发展掌舵。美国联邦政府科技计划始于二战时期"曼哈顿"计划，并逐渐从单纯维护国家军事安全扩展到科技、经济领域，以期保持科技竞争优势和新兴产业掌控优势。美国各科技计划的针对性、目的性很强，它是为了解决特定领域的重点科技问题，指标明确，规定详尽。政府科技计划项目产生的知识产权归项目单位所有，不论该单位营利或非营利，政府可以有条件无偿使用。又如，澳大利亚的国家科技计划又称为"能力支撑计划（BAA）"，是澳大利亚最大的科研计划，其目的是提高创新主体的核心能力，使参与创新的大学、研究机构和企业配合政府总体目标，增强产生新思想、新知识和进行研究的能力，促进新思想、新知识和新技术的商业化，开发各种技能并保持领先的地位，创造人才辈出的环境。具体地讲，能力支撑计划由促进研发类计划、促进商业化类计划、提高和保持技能类计划三个系列子计划组成。这种设计既减少了计划种类和项目交叉、重复，又加强了创新计划与研究计划的互补衔接。此外，澳大利亚还建立了专门针对科技计划绩效评估的体系，充分保障了政府科技计划的顺利、高效运行。

3. 技术的联合攻关

技术联合开发也是控制科技风险的一个重要手段，通过多方技术联合，加快信息交流，形成优势互补和强大的合力，从而更有可能攻克技术难题，降低创新失败的风险。另外，这种联合同时也是联合各方共担风险的一种形式，对于其中任何一方来说，在某种程度上这也就意味着自身风险的分散。从主体的角度来看，联合攻关主要发生在科技企业、政府、院所以及科研机构之间，通过这种联合，不仅科技企业可以获得院所、研究机构更强的技术支持，而且科研机构也减轻了自身研发活动的资金压力。一方面，政府在其中扮演重要的沟通角色，并搭建通畅的交流平台，促成这种联合的实现；另一方面，政府之间的技术联合也是近年来越来越多见的一种技术交流形式和科研项目组织形式，尤其是对于一些事关区域乃至世界人民共同利益，要求巨大持续性投入和风险承担能力的重大研究项目，多以此来达到降低项目夭折风险的目的。我们应看到，一方面，发达国家为了维护自身的技术垄断地位对高端科技交流进行阻碍；另一方面，更多的还是积极促进各种形式的科技联合研发，发挥各方的优势，提高科技创新活动的成功率。

此外，产学研的技术联合模式也是技术联合中较为成熟的一种形式。从18世纪工业革命时期西方初现头角开始，到现代意义上产学研合作的开端——硅谷模式的诞生，再到当前世界各国出现兴建教学、科研、生产联合体的热潮（欧洲建立了数百个高科技园区，日本建立了40多个，科学公园、科学工业园区、技术岛应运而生），产学研的技术联合模式已经受到广泛的认可和推广，并不断为科技界和工业界提供重要的推动力。以硅谷模式为例，早在20世纪50年代硅谷初创期，斯坦福大学就通过合作计划对当地公司开放其课堂，鼓励电子企业的科技人员直接或通过专门的电子视频教学网学习研究生课程，不仅强化了企业与斯坦福大学之间的联系，而且有助于工程师们学习最新的技术，将本行业的最新研究成果及时引入企业。同时，也给不同的企业技术人员提供了相互交流、交往的场所与机会，有利于他们创新思路的启发与扩展。就是凭借着这样一种理念，硅谷逐渐发展成为世界微电子之乡，同时也使美国成为最为成功的高技术开发区之一。

4. 科技信贷

科技信贷本质上是一种贷款的融资方式，但与普通贷款的最大不同在于科技信贷必须依靠第三方提供的信贷担保才能实现贷款，这是因为科技研究与开发是否成功具有不确定性和很大的风险，一般银行都不愿向科技研究与开发提供贷款和其他融资条件。因此，很多国家政府都采取了提供政府信贷、信贷担保、建立专门的科技信贷银行、发行高新技术债券、创建风险投资公司等金融措施为科技研究与开发筹集资金，促进科技创新和高新技术产业的发展。通过科技信贷，银行等信贷机构不必为创新企业的信用风险而担心，同时，有了政府做最后的担保人，科技企业自己也更有信心将更多的精力投入科技创新活动中。比如，美国政府在几十年的实践中逐步建立了对小企业专门的金融支持，其制定的相关法令中规定小企业局、各商业银行、美国进出口银行、各州金融公司都要成立专门或与之有关的为小企业服务的金融机构，开设担保贷款，或为其提供资金信贷担保等。

二、国外科技风险防范中的主要保险险种

从形式上来看，国外还没有一个表述科技保险的专有概念，但这并不是说科技保险在多种防范科技风险手段中处于无关紧要的地位，相反，在国外，尤其是欧美发达国家，保险市场中早就出现了一些相关的科技类保险产品，并且已经相当成熟，如被称为"另类保险"的知识产权险在我国基本属于空白，而在美国已有广泛应用。又如，出口信用险，尤其是服务高科技产品出口的信用保险，起源于英国，发展于德国，成熟于法国，目前法国出口信用保险已在全球60多个国家建立信息联盟和信用联盟。再如，互联网保险，在一些发达国家和地区，业务每年成倍增长，英国和美国的保险公司甚至已推出了"黑客保险"业务。目前，很多规避科技创新风险的险种，如知识产权/专利保险、过失与疏忽保险、网络保险、出口信用保险等受到了企业的广泛欢迎。概而言之，国外保险在科技领域通过商业保险手段帮助企业转移技术创新活动风险，一般采用两种方式，一种方式是提供单独险种规避技术创新活动中特定的风险，如知识产权保险或专利保险可以转移侵权风险，过失与疏忽保险可以转移责任风险，网络保险可以转移与电子信息安全有关的风险等；另一种方式是向某一类从事特定范围的技术创新活动的行业提供组合式保险服务，如向电子信息行业、生命科学行业等提供定制的保险解决方案。

（一）知识产权/专利保险

直到20世纪，欧美国家对风险的认识和管理还仅限于实物资产方面，很少有专门为企业知识产权损失或侵害设计的保单出现。随着知识经济的快速发展与深入推进，知识产权的地位日益突出，与之相关的侵权案件迅速攀升，而巨额的法律诉讼费又是一笔沉重的代价，让企业叫苦不迭。在这种情况下，国外保险公司开始设计一些针对知识产权的保单，这类保单以知识产权为标的，在投保人缴纳足够的保费后便将风险转嫁给保险公司，保险公司在合同规定的责任范围内承担补偿责任，一旦有

侵权行为发生，便以保费作为回报，将其中的部分或全部用于赔偿被保险人因维护其知识产权而产生的各种费用和损失。从具体的险种来说，国外的知识产权保险主要包括知识产权侵权责任保险（IP Infringement Insurance）和知识产权执行保险（IP Enforcement Insurance）两种类型。

知识产权侵权责任保险是一个第三方保险，覆盖投保人侵犯他人知识产权所产生的损害赔偿和诉讼辩护费用（包括律师费、申请禁令的费用以及反诉费等）。以美国为例，该险种的主要保险商是美国国际专线保险公司，即 AIG 格林集团的分公司，该公司最早于 1994 年通过其在匹兹堡的分支机构——国家联合火灾保险公司推出了首张综合性的专利侵权责任保险单。根据风险的种类和情况不同，AIG 为卷入诉讼的被保险人提供了每年 500 万美元的保险金额，如果被保险人在其从事正常的经营过程中被指控侵犯他人的专利权，则由保险人代替其应诉并承担相应的赔偿责任。知识产权侵权责任保险能使投保企业避免屈服于经济实力雄厚的第三方或者招致负担沉重的许可使用费，因而对国外中小公司有效抗辩侵权指控显得非常重要。此外，也有只针对侵权诉讼过程中的辩护费用，而不承包第三方索赔损失风险的险种。辩护费用保险就是专为小公司（年收入为 50 万至 2500 万美元）设计的保险，可提供相应的低额保费，但仅承担因侵权发生的辩护法律费用以及对他人专利宣称无效的反诉和要求复审的费用，保单的限额有 25 万美元和 50 万美元两种，但保额为 100 万美元的个案也存在，最低保费为 2 500 美元。

相对于知识产权侵权责任保险，知识产权执行保险（Patent Infringement Enforcement Insurance）可谓是专利所有权拥有人的"进攻之矛"。知识产权执行保险，又称执行保险或侵权消减保险，可以承保美国的专利、商标和版权侵权风险以及专利和商标申请，同时还包括专利的临时申请；应排除承保已经预先存在的侵权行为，被保险人必须承担的损害赔偿（这应该是知识产权侵权责任保险的承保对象），如在民事诉讼启动前已遭受的损失，被许可人违反许可合同（除非被批单承保）和被保险人故意放任侵权的行为等，都不在保险人的责任范围。就小公司和私人投资者而言，对资金雄厚的侵权者提起诉讼是一件费时费财的事，并且由于该类案件胜诉记录稀少以及只有成功才能获得酬金制度的存在，律师很少愿意接这类案件。因此，知识产权执行保险的存在满足了公司防御可能遭遇知识产权侵权的需要。

（二）过失与疏忽保险

企业在经营过程中会因疏忽行为、错误和过失而被第三方提起诉讼。过失与疏忽保险通常是根据被保险人的风险和保险需求，采取定制方式提供的，多用于补偿企业在经营过程中由于疏忽行为、错误和过失而造成第三方除身体伤害、财产损失、人格伤害之外的经济损失。这类保险之所以对高新技术企业有重要价值，在于它可以承保软件行业等一些传统保险无法承保的责任风险。例如，软件行业中，在设计软件时由于存在一些漏洞造成了客户的经济损失，就可以通过此款保险来规避风险。

随着科学技术的不断发展，互联网在商业中的作用日益增强，网络在企业技术创新活动中起着越来越重要的作用。网络保险在国际上发展的历史还非常短，2002年才开始有部分保险人提供这种保险。网络保险与我们通常所说的计算机保险（computer insurance）不同，它保障的是企业与网络相关的风险。随着公司内部计算机网络办公和电子商务的快速发展，电脑黑客的活动日益猖獗。目前，因特网上平均每天发生600多次具有破坏性的黑客攻击事件，其中一些涉及盗窃信用卡号、公司商业机密和电脑病毒攻击等，因而这类保险需求也就日渐增多。以AIG保险公司为例，其网络保险主要由三部分组成，第一部分处理网站的版权、名誉侵害等问题；第二部分向网络公司提供专项保险服务；第三部分面向所有利用网络进行商务活动的公司，保险范围覆盖病毒感染、黑客侵袭、网上诈骗、税收损失以及其他网络相关财产损失等。

（三）科技工程保险

科技工程保险是以各种重大科技工程或科技产业为保险标的的综合性保险，它是随着现代高科技、新技术的发展和广泛应用而逐渐发展起来的一种特殊工程保险业务。按照涉及的领域，科技工程保险主要分为海洋石油开发保险、航天保险、核能保险和船舶工程保险四大类。

1. 海洋石油开发保险

海洋石油开发保险是以海洋石油工业从勘探到建成、生产等整个开发过程中的风险为承保责任，以工程所有人或承包人为被保险人的一种科技工程保险。由于海洋石油工业是分阶段进行的，只有前一阶段的成果得到充分肯定并得以产业化后，才可能继续下一阶段，因此海洋石油开发保险必然要与这一特点相适应，分阶段承保。一般而言，海洋石油开发保险分为以下四个阶段：普查勘探阶段的保险、钻探阶段的保险、建设阶段的保险、生产阶段的保险。

2. 航天保险

航天保险是以航天工业为标的的一种保险。航天工业是指研制、安装、发射包括卫星、运载火箭、航天飞机等各种航天产品在内的新兴、高科技产业。航天保险包括发射前保险、发射保险、寿命保险、第三者责任保险和服务中断损失保险等多种细分险种。

3. 核能保险

核能工业是以核电站为主体的新兴能源工业，它是随着核能技术的进步及其由军用转向民用方向发展而出现的新兴科技产业，是各国为了解决本国能源不足问题所采取的重要举措。核能保险是以核能工程项目、核能工程中的各种核事故和核责任风险为保险标的的科技工程保险。凡是有核电站的国家或地区，就必定有核能保险。核能保险是核能技术民用化的必要配套措施，也是财产保险承保人高度重视的高科技保险业务。

4. 船舶工程保险

船舶工程保险是以被保险人建造或拆除的船舶及各种海上装置在建造、拆除过程中所造成的船舶、设备损失及第三者责任为保险标的的科技工程保险，主要有船舶建造保险和拆船保险。船舶工程保险主要承保各类船舶及海上装置，如石油钻井平台在整个建造和拆除期间陆上、海上的各种风险。

（四）为特定行业提供定制的保险组合产品

国外保险业还针对某些从事特定类型创新活动的行业（如电子信息行业、生物工程行业）提供定制的保险组合产品，以更好地满足其保险需求。保险组合产品是将不同类型的保险责任组合到一个保单中的多年期保险合同，合同中一般不规定单一险种的保险责任免赔额和赔偿限额，而是规定整个保险期间内所有保险责任累计的免赔额和赔偿限额。这种组合有很多特点和优势，如通过保险组合可以将多个传统险种的保险责任集于同一个保险计划中，风险可以在多种保险标的之间进行分散；承包范围更广，除承保传统的保险风险之外，还可承保某些通过资本市场转移的风险（如汇率风险、商品价格波动风险）以及政治风险和商业风险等。

这种保险组合产品，在帮助企业实现风险转移的同时，也提高了投保企业风险成本的使用效益，而由于不需要就每个险种每年进行合同谈判，因此降低了谈判和协商成本，也简化了每个保险年度末的续保程序，从而减少了谈判成本和管理费用，提升了管理效率。

三、国外科技保险的发展趋势

（一）国外保险业的发展情况

2008年，金融危机重创世界经济，其中保险业也未能幸免。据统计，当年全球保险业务首次出现了下滑，同比负增长2%，但这并不意味着保险业就此一蹶不振，相反，从近20年发展总体情况来看，保险业继续发展，其在金融领域的地位不断提高的势头不会发生本质改变，而且全球积极应对次贷危机所进行的政策调整也为保险业带来了新的发展契机。

1990年，全球保费收入仅为1.406万亿美元，2005年增加到3.426万亿美元，年均增长速度为5.72%，呈现出持续、快速增长的势头，并远高于同期全球GDP的增长速度。保险业在世界经济中的地位进一步提高，作用进一步加强。近年来，国际金融业资产结构的重要变化是银行资产占金融业资产的比重逐步下降，保险和其他非银行金融机构资产占金融业资产的比例大幅度提高，保险业的发展又快于其他非银行金融机构。目前，经济合作与发展组织（OECD）国家保险资产占金融总资产的比例平均为20%，保险公司日益成为金融业重要的组成部分。在国际保险市场中，发达国家保险市场的保险深度已达12%左右。就人均保费而言，发达国家已达2 000～3 000美元。另外，国外保险市场的覆盖面以及公民的保险意识相较于其他地区都有较高的水平。下面列举几个主要发达国家保险业的发展状况，并以此来分析国外保险业发展的基本走势。

1. 美国的保险业

美国是世界上最大的保险市场，无论是公司数量、业务种类、业务量还是资产规模在世界上均是首屈一指的（2007年，保费收入达到12 296亿美元），保费收入在全球市场的份额也始终排在首位，同时它还是世界上的六大再保中心（美国、日本、英国、德国、瑞士、法国）之一。自19世纪90年代美国出现第一家保险公司以来，美国保险业一直处于平稳发展中，其中，1995—2000年期间保险业发展速度都在5%以上。目前，美国的保险市场已经比较成熟，开放的市场环境、良好的保险市场体系、不断完善的保险组织形式以及有效的竞争机制都已成为推动美国保险业继续向前发展的核心驱动力。

2. 日本的保险业

日本是世界上的保险大国，其本土保险的发展始于1879年，随着日本经济的快速发展，日本的保险业在20世纪90年代出现了大飞跃，目前已雄居世界榜首。日本已建成了世界上最完善、最普及的保险体制，并成为世界上第二大保险市场，也是世界六大再保中心之一。从保单人均拥有数和人均保额来看，日本早已超过英美，位居世界第一。日本人口约占世界总人口的2%，但总保费占了世界总保费的26%，保险深度达13%，国民投保率达91%，最高时曾达93%，每个日本家庭平均年缴保费61万日元（约合人民币4.5万元）。日本保险市场的一个显著特征是保险人数量较少，这和日本政府长期坚持的经济政策有关，这些政策一直将保险业归于"有限制竞争"的行业，属于"内部依赖型"部门和受保护程度较大的领域，这样就可以通过提高准入门槛达到限制市场竞争的目的。目前，日本营业的保险公司110余家，而美国保险公司的数量为5 000余家，英国为800多家，德国也有近700家，但日本保险公司的规模都相当庞大。

从以上具有代表性的保险市场的发展情况可以看出以下两点。

第一，从规模来看，国外保险的发展因种种原因有可能放慢脚步，甚至在一些时期出现倒退，但总体上不断向前发展的趋势是不容置疑的。一方面，发达国家的保险业在努力发掘本国保险市场的内在潜力，不断开拓保险发展的新领域；另一方面，凭借自身长期发展积累起来的从业经验和先进的管理水平，这些保险主体势必会随着经济全球化的进程迅速拓展到一些新兴经济体或者欠发达地区的保险市场开发中。

第二，从风险意识来看，国外保险业的发展动力不会减少。经过多年的发展，国外保险业取得的成果不仅仅是本国保险市场的稳健发展，最重要的是国民、社会风险意识水平的提升。可以说，保险是风险意识的结果，因为有了管理风险的需求，所以出现了保险；而保险同时也能够提高这种风险意识，因为有了保险这样一种专业化的工具，将风险意识提升到一个管理的层次，便将引起逐渐增多的关注和重视。这就形成了一个良性循环，也就成为国外保险业持久扩展、日渐兴盛的重要条件。

（二）国外科技保险的市场前景

就保险公司业务的发展取向而言，前面我们已经提到，目前发达国家的保险业具有很好的基础，同时拥有一批实力雄厚的跨国保险公司，这些优势为保险业开拓新的市场——科技保险市场打下了坚实的基础。我国提出了"科技保险"的概念，将科技领域的相关保险产品统一起来，形成一个相对独立的险种体系，国家给予政策优惠，全方位鼓励，支持其发展。不过，国外科技保险并没有在一个统一的框架下发展，不同于我国采用自上而下的发展模式，其主要是一种自下而上的发展模式，借助自身经验和能力，针对不同科技风险的特点适时推出符合市场需求的保险产品，主要依赖市场的支持获得发展。国内外发展科技保险的模式存在较大差异，这与国内外保险市场在发展水平和成熟程度上的差距密切相关。国外保险业发展相当成熟，具备了足够的能力去承保科技风险。同时，在一些发达的保险市场中，如美国，其传统市场的潜力已经十分有限，需要开拓新的发展空间。此外，发达国家的科技水平较高，技术更先进，很多的创新实验项目风险并没有高到超出保险公司的承保能力，因而科技保险才可能并最终在这种环境下一步一步扎实地发展起来。

1. 从保险市场的环境来看

首先，发达国家对创新促发展的认识较为深刻，尤其是在当今国际竞争日趋白热化的形势下，更是通过建立多种创新激励和保护措施来支持科技创新，同时也加大了对科技创新活动风险管理的重视，如前面提到的知识产权保护的相关法律法规的出台。其次，成熟和规范化的市场运作环境也有利于像科技保险这样的新兴事物的发展，就像襁褓中的婴儿对外界环境尤其敏感一样，市场不规范、监督不力等都会对尚处于起步阶段的科技保险造成严重的不利影响。发达国家较为完善的市场监管环境和市场诚信体系为发展科技保险创造了有利条件。

2. 从金融危机的影响来看

2008年的金融危机不是历史上的首次，更不会是最后一次，只是这次危机给人的教训尤为深刻，同时也给人以警醒：科技创新才是推动世界经济发展的发动机。由美国次贷危机引发金融海啸的原因有很多，但本质是虚拟经济过旺，实体经济相对萎缩，根源是科技创新严重不足。由于缺乏创新或者没有新技术的进一步刺激，实业发展停滞不前，投资者在实体经济中很难找到投资机会，因而只能寄希望于各种"衣着华丽"的金融衍生品，泡沫不断积累，最终无可医治地走向破灭。事实上，金融爆发后，加快科技创新成为世界主要国家的核心战略，如法国出台一系列发展新能源和科技创新的政策，仅环境部公布的发展可再生能源计划就包括50项措施。

3. 从科技保险发展的现有基础看

自20世纪末以来，美国Chartis保险集团和美亚财产保险公司等一直为美国硅谷的很多高科技企业提供服务，并且保持良好的关系。Chartis的客户包括微软、Google、雅虎、戴尔、苹果等，之所以能够与他们保持良好的合作关系，是因为Chartis经常深入企业，主动去了解他们的业务和产品。这种做法具有较高的推广价值，特别是在早期就与高科技企业客户建立良好的关系，为他们各个发展时期提供相应保险产品和全方位保障服务。各种媒体和信息网络的快速发展，使沟通与合作变得更为便捷，对于高科技保险来说，或将是下一个热门保险阵营和市场前沿。另外，从2000年9月开始到2002年11月，欧盟就根据第五框架的STRATA项目对科技保险展开了探索性的工作，主要通过一系列结构化的涉及大量科学技术政策的制定者、保险业、产业界、可持续发展政策的制定者以及研究管理风险和技术评估的科学家的研讨会而展开。其中一个项目——INTREST（保险、技术风险和新兴科学技术政策），旨在体现保险和以保险为基础的机制在提高或促进与可持续发展有关的技术创新方面的重要作用，为保险在更多领域中发挥专业的风险管控功能打下了坚实基础。这些都体现了科技保险在管理科技风险中的重要地位正在引起越来越多的人的关注。

所以，我们应该看到，金融危机后科技创新将再次迎来一个高峰期，市场对科技保险的需求也势必增多，国外科技保险面临很好的发展契机。一是危机后人们的风险意识更强，主观上对科技保险的发展提出了需求。金融海啸影响范围之广、破坏性之强，让世界深受震撼，大多数人在心理上越来越缺乏安全感，危机意识得以加强，对风险识别和管理的需求进一步加大，因而这些看似微妙的变化也将促进科技保险的兴起和发展。二是现有风险分摊工具的作用相对减弱，科技保险将填补供求缺口。作为危机爆发的始作俑者之一，金融衍生品的过度创新一度被推到了风口浪尖，这些原本是管理风险的工具最后竟变成了洪水猛兽。危机过后，各国政府充分认识到了监管的必要性，因此都在加强监管方面下了一番功夫，然而这种策略在控制金融市场系统风险的同时，也在一定限度上抑制了金融工具——衍生品、信贷、风险投资的积极性，进而使已有风险分摊工具不能完全发挥作用。在科技信贷、风险投资等风险分摊工具的作用相对减弱后，必然会要求新的风险分摊工具或手段来满足市场需求，这时，科技保险比较容易有所作为。

综合以上各种因素，我们不难得出一个结论：在国外，科技保险的广泛、深入发展具备了较好的条件，未来将会有越来越多的保险公司进入科技保险市场，市场竞争也会越来越激烈，同时科技保险市场也会逐渐走向国际化。这也将进一步促使保险人加快创新，不断根据市场需求调整产品结构，提升服务水平，使科技保险逐渐得到发展和完善。

参与主体篇

第三章 科技型企业：科技保险的受益者

第一节 企业保险需求的多元视角

一、公司金融视角的研究

1947年，冯·诺依曼和摩根斯坦提出了期望效用理论，后经过拉姆塞、萨维奇等人的发展，逐步形成了一个完整的理论体系。在风险管理领域，对于保险需求问题的早期研究正是以期望效用理论为基础。在这一理论框架下，风险厌恶成为解释消费者保险需求行为的唯一变量。同时，学界对于企业保险需求的特殊性质并未给予足够重视，而是将企业、个人、家庭一并纳入到消费者保险需求的理论框架中，"风险规避"自然成为企业购买保险的首要驱动因素。

梅耶斯和史密斯首先对企业保险需求的"风险规避"论提出了质疑。他们认为，现代企业，尤其是股份制企业这种组织形式为股东提供了一个进行风险对冲的机会；在完全竞争条件下，股东可以任意配置投资组合（交易成本近似于零），进而使用多元化投资策略消除单个企业的可保风险。与之相对，以非精算公平费率购买保险产品无疑是一项净现值为负的项目，会减少股东价值。此时，理论与现实产生了背离：为什么以利润最大化为经营目标的企业还会大量购买保险产品呢？唯一可能的解释是：除风险规避这一经典因素之外，还存在其他因素会显著影响企业的参保决策。梅耶斯和史密斯提出，保险策略是企业的一种融资策略，因此可以在现代金融理论的框架下讨论企业购买保险产品的动机。莫迪利安尼和米勒指出，在不考虑合同成本和税收的情况下，企业价值只与投资策略相关，而与融资策略无关。因此，只有在下述条件成立时，融资策略才会变得重要：一是存在税收；二是存在合同成本；三是融资策略会影响企业的投资水平。基于此，公司金融领域的学者先后提出了风险承担的比较优势（comparative advantage in risk bearing）、破产成本（bankruptcy cost）、税盾效应（tax shields）、有效服务（real services）、投资不足（underinvestment problem）、资产替代（asset substitution）等理论假说。

风险承担的比较优势假说。按照科斯、法玛和米勒的观点，企业是利益相关方（股东、债权人、雇员、经理、供应商、消费者）之间一系列契约的集合体。在不存在交易成本的情况下，利益相关者之间的产权配置并不会影响企业的价值。但如果存在交易成本，那么通过将风险从低承受能力的利益相关者向高承受能力的利益相关者转移，就可以增加企业价值。由于股东和债权人可以在二级市场进行索取权（claims）的交易，因此相较其他利益相关方，他们具有承担风险的优势，即具有较低的风险承担成本。与之对应，企业雇员的人力资本很难实现多元化，因此风险厌恶的个体就会使用一个更高的贴现率（反映他们劳动合同的不确定性）计算他们的保留价格，这意味着较高的风险承担成本。因此，通过把风险在股东、债权人和企业员工之间进行合理配置，就可以增加企业价值。

破产成本假说。梅耶斯、史密斯和麦克米恩均提出，高昂的破产成本会引致企业购买保险产品。由于保险可以降低企业因意外灾害导致破产的概率，进而降低破产成本的期望值，因此可以提升企业价值。同时，破产成本与企业规模的关系也引起了学者的关注。沃纳的研究表明，对于规模庞大的企业来说，破产成本可能仅仅占其资产数额的很小比例。但是，梅耶斯和史密斯强调，只要投保后破产成本期望值的减少水平大于保费水平，那么不管破产成本与企业资产的比例如何，追求利润最大化的股东都有动机购买保险。此外，沃纳的研究还提出，破产成本与企业规模并不是简单的线性比例关系，规模较大的企业破产成本相对较低，而规模较小的企业破产成本则相对高昂。基于此，梅耶斯和史密斯假设，规模较小的企业比规模较大的企业更有动机去购买保险产品。

税盾效应假说。各国税收制度关于资产折旧以及保费支出都有一些特殊规定，如折旧费用和保险费用都可以作为经营费用在税前扣除；如果企业发生财产损失，那么该财产的账面价值与残值之差可被列为营业外支出，同样享受税收抵免；如果保险赔付金额大于资产的账面价值，且企业没有进行资产重置，那么超出的部分必须按一般营业收入或资本利得纳税；如果企业立刻进行了资产重置，那么需要以赔付金额与账面金额的差值调整重置资产的折旧基础。基于上述规定，梅耶斯、史密斯和梅恩等提出，保险可以发挥合理避税的作用。

有效服务假说。保险公司在处理索赔案件时，由于规模经济和专业化等原因会具有比较成本优势。当索赔事件发生时，保险公司首先会启动遍布全国乃至全球的业务网络，对案件进行调查，调查结果被反馈给保险公司的理赔部门以便作进一步的评估。如果是责任索赔案件，保险公司还会提供法律代表服务，而这些法律代表往往具有丰富的辩护经验。这一整套索赔管理服务正是驱动企业购买保险的重要因素。基于此，梅耶斯和史密斯提出，被诉讼概率高的企业更愿意购买保险产品，从而享受保险公司提供的有效服务。

投资不足假说。投资不足假说源自于代理成本。从法律意义上讲，公司的寿命没有时间限制，而经理人的收益却受到职业生涯长度的限制。如果经理人的激励性报酬依赖于企业的盈利，那么经理人就有动机将费用支出尽可能地推迟到自己退休以后，从而产生投资不足问题。例如，不再建设办公楼的自动喷淋装置，而这一做法显然不利于股东价值的最大化。同样，股东会预期到经理人的这种自利行为，并通过薪酬结构的调整来反映这种预期。由于上述调整不可避免地会包含一些合同成本，那么经理人出于自身利益最大化的考虑，有动机通过外部监督做出可信的承诺，保证不从事上述自利行为。保险公司在监控风险管理投入有效性方面显然具有比较优势，因此通过购买保险，实际上就提供了一种有效的监督机制，控制了管理层的自利行为。

资产替代假说。资产替代假说源自于股东和债权人之间的代理成本。詹森、梅克林、梅耶斯、史密斯和沃纳指出，企业在债务发行后的行为会影响债务的价值。例如，如果公司以声明的低风险项目发行债券，那么债券的定价就是与低风险项目相对应的。债券发行后，如果公司将原本用于低风险项目的资金用到高风险项目上，公司其他利益相关方的价值就会增加，而债权人的价值则会降低，此时即发生了所谓的资产替代问题。由于潜在的债权人会预期到上述自利行为，而这一预期会反映到债券定价中。此时，公司现有的利益相关方就有动机在债务合同中增加一些条款，控制上述自利行为。因此，在现实经济中，债务合同中通常包含一些规定，如要求企业必须投保一定数量的保险。

二、行为金融视角的研究

长久以来，理性人假设和有效市场假设一直是经济学及其内部各学科的理论基石。但随着实践的发展和研究的深入，人们观察到现实世界中存在许多与上述假设背离的异象。面对诸多"异象"和"悖论"，经济学家尝试放宽理性假设的约束，使抽象的人类行为更加的真实化和人性化，由此诞生了行为经济理论。随后，行为经济学在诸多领域的应用迅速扩展。在众多分支中，行为金融学无疑是最活跃、成果最丰硕的一支。

行为金融学借鉴了认知心理学、决策科学和社会心理学的研究内容，将行为理论和金融分析方法相结合，尝试从人的心理、情绪、认知等因素着手，解释投融资决策、金融产品定价及金融市场发展，从而逐步实现了对金融理论的重构。经过法玛、谢弗林、席勒、施莱弗、巴伯瑞斯、泰勒等学者的发展，行为金融学已成为现代金融学的重要分支，取得了一系列丰硕的成果。其中，在风险决策领域，风险偏好和风险认知无疑最受关注。

在健康保险方面，鲍利认为，老年人对政府医疗保障计划的误解以及对长期护理（long term care，LTC）风险发生概率的认知不足是导致老人不购买LTC保险的原因。AARP（America Association Of retired Persons）2006年的报告指出，超过50%的45岁及以上年龄的老人认为国家的"medicare"和"mediaid"将担负护理费用，而事实上，上述两项计划关于覆盖护理费用有很多限定条件。在一项基于澳大利亚居民的研究中，多伊龙等发现，居民对于健康风险的认知会正向影响其健康保险参保意愿。刘宏和王俊利用"中国健康与营养调查"数据对普通民众商业健康险需求意愿进行了实证检验，结果表明，个人的风险偏好对商业健康险需求具有显著的解释力。

在农业保险方面，以伊利诺伊州、印第安纳州、爱荷华州的868户农民为研究对象，谢瑞克等发现，农户的风险认知会显著影响其参保意愿；此外，风险认知越充分，农户购买相对复杂的农业保险产品（产量保险、收入保险等）的意愿会更强。以丹麦乳制品和种植业农民为样本，奥古特索夫等研究了农户的风险偏好、风险认知及其他个人特质对农业保险需求的影响。分析发现，不论是从事畜牧业还是种植业的农户，风险认知都对农业保险参保决策具有显著的解释力，而风险偏好只对种植业农户的参保决策具有显著影响。特维等人以中国陕西省730户农民为样本的研究表明，农户普遍具有高估收益、低估损失的倾向：82.3%的被访者认为，下一年的粮食产量会高于过去年份的平均产量；同时，71.63%的农户认为下一年的损失会低于历史平均值。然而，进一步的回归分析发现，主观风险认知与客观风险水平之间的偏差是导致农业保险参保率低的主要原因。国内学者中，张跃华等基于效用理论对农业保险参保决策进行了分析，他们发现，农户的风险态度在低收入时往往趋于中性，因此在没有财政补贴这一外在激励的情况下，农户参保农业保险的意愿普遍不高。方伶俐对湖北省376户农户的调查显示，农户的风险态度、农业风险认知及传统农业风险分散方式对农业保险需求具有重要影响。王尔大和于洋对辽宁省盘山县206户稻农的研究表明，风险规避型农户倾向于购买保障水平低的水稻保险，而那些风险爱好型投保者则愿意为高保障水平的农业保险产品支付较高保费。

在灾害保险方面，鲍森等对洪水保险问题进行了研究。气候变化导致沉积物加速沉淀和海平面上升，因此邻海国家面临的洪水风险急剧上升，他们经过以荷兰509户居民为样本的实证研究发现，居民对于洪水风险的认知、政府补偿体系和地理环境因素共同构成居民参保洪水保险的主要驱动因素。洪恩利用模糊集理论对偏好不确定条件下洪水保险的需求动因进行了分析，发现洪水保险的价格和收入弹性都非常低，但是居民对洪水风险的认知水平连同遭受洪灾的经历和可支配收入都对参保意愿具有显著影响。

上述以农业保险、健康保险、灾害保险为主题的研究有一个共同特点，那就是风险决策的主体为个人。如果将行为金融学的这一分析思路拓展到公司层面，就演化为行为公司金融学。事实上，通过将非理性因素纳入决策框架，研究管理层异质性特征对公司金融和公司治理的影响机制，已成为近年来行为金融领域的一个前沿和热门话题。

在研究的早期阶段，学者主要基于公开数据、间接测度管理层的风险特质研究管理层风险特质与公司投融资决策的关系。比如，波特兰和斯科尔发现了管理层固定效应。玛蒙迭尔和塔特发现，过度自信的CEO会高估投资收益，因此在内部资金充裕时，会产生过度投资倾向。玛蒙迭尔和塔特进一步研究了首席执行官（CEO）过度自信对企业并购绩效的影响，发现过度自信的CEO会高估目标公司的价值，并制订有损于股东价值的并购决策。

利用财务数据间接测度管理层风险特质伴随着不可避免的偏误，随着研究的深入，学者开始采用问卷调查方法，并借鉴通用的心理学量表，直接测度管理层风险偏好、性格心理等行为特征。基于问卷调查数据，卡普兰等人研究了CEO特质与收购、风险投资决策之间的关系，并进一步探讨了上述决策对企业绩效的影响，他们发现，CEO特质确实会影响企业绩效。格雷汉姆等对10 700名CEO和1 276名首席财务官（CFO）进行调查发现，与同龄的普通人相比，CEO具有更高风险容忍度、乐观主义倾向、更强的时间偏好；CEO的风险容忍度与并购活动正相关；CEO的乐观主义倾向会导致企业更多地使用短期负债；相比女性CEO，男性CEO会选择更高的负债比例，尤其是短期负债比率；那些具有较高成长性的公司通常由风险容忍度较高的CEO主导。此外，对风险厌恶的CEO进行绩效工资激励的成本非常高，建议结合高管层的风险偏好来制订薪酬策略。

三、公司治理视角的研究

剩余控制权和剩余索取权的分离是现代企业的典型特征。两权分离所产生的公司股东与管理者之间的代理问题是公司治理的核心内容。公司治理的最终目标是通过一系列的机制设计最大限度地控制经理人员的道德风险,降低代理成本,实现公司价值的最大化。

经典的代理模型中,代理人人性被假定为自利的、风险厌恶的、有限理性的。因而,公司治理机制设计的重点,不仅在于如何激励和监督管理层勤勉的工作,而且包括如何影响管理层的风险决策:风险承担(risk-taking)和风险控制(risk-reduction)。保险则属于风险控制的范畴。从20世纪80年代开始,学者从不同的视角出发,探讨了多种治理机制与企业保险需求之间的关系。

(一)激励机制与企业保险需求

管理层薪酬制度属于公司治理结构的范畴。但是,由于薪酬的属性不同,它们可能产生截然相反的激励效果:有的鼓励管理层进行风险承担,有的则鼓励其进行风险控制。因此,有必要对不同的薪酬形式分别进行讨论。

第一,管理层持股。现阶段,学界关于管理层持股与企业风险管理决策的关系有三种观点。第一种观点认为,随着管理层持股的增加,管理层与股东的利益趋于一致;而为了追求高回报,管理层倾向于采取高风险的经营策略,即较少实施风险管理。韩和麦克米恩也提出,如果管理层持有公司股份,那么他们就有动机承担较多的风险,只要这一策略有助于提升公司价值。霍伊特和柯航的实证研究支持了上述推断,他们发现管理层持股量与企业保险需求显著负相关。第二种观点认为,与分散投资的股东相比,管理层很难实现自身财富和人力资本的多元化配置,因此当管理层持股比例进一步提升时,他们有强烈的避险动机。梅的研究发现,当CEO的个人财富更多地与企业价值相关联时,他们倾向实施财富分散策略。以美国的金矿行业为样本,图法诺发现管理层持股比例越高的公司,越倾向使用金融衍生工具来对冲黄金价格风险。选取1997—1999年的中国上市公司为样本,邹和亚当斯发现管理层持股比例与企业财产保险需求数量显著正相关。第三种观点认为,管理层持股对企业保险需求没有影响。一方面,如激励相容假设所言,管理层持股会抑制风险管理行为;另一方面,这一行为会导致债务过剩问题,而通过购买适量的财产保险则可以顺利解决这一问题,并实现股东价值的最大化。综上所述,关于管理层持股与企业保险需求之间的关系,现有研究仍未达成一致结论。

第二,奖金。一直以来,管理层奖金与企业风险管理之间的关系并没有受到学界的充分关注。其中一个原因可能是奖金的名目繁多,很难将不同类型的奖金在统一的框架内进行分析。布兰德和潘特瓦提出,向管理层发放与股东价值关联不大的奖金可视为股东削减代理成本的一种承诺,这有助于企业进行债务融资,因此以盈余为基础的奖金发放会鼓励企业购买保险。此外，如果奖金计划只设定了一个发放门槛，而没有设定发放限额，那么该奖金计划可被视为一个看涨的股票期权。韩和麦克米恩的分析表明，股票期权可以推动企业购买财产和责任保险，因此上述奖金计划将促进企业的保险需求。但是，如果奖金计划还设定了一个发放上限，那么该计划就不再是一个看涨期权。吉姆等人提出，如果管理层预期企业绩效明显超出奖金发放的门槛，那么他们就有动机进行风险控制，从而锁定奖金，这种情况下企业的保险需求就会增加。

第三，固定工资。多尔蒂提出，当管理层以固定工资获得报酬时，货币就不再是其进行风险对冲的激励因素。但是，他们仍然可能进行风险管理活动，前提是风险管理可以提升他们的职业安全和绩效表现。

（二）监督机制与企业保险需求

公司治理所讨论的监督机制主要涉及如下几个方面：董事会、大股东、机构投资者、审计师和媒体。与激励机制一样，实施监督的目的在于保证代理人勤勉地工作，从而实现股东价值的最大化。企业保险理论的分析表明，在非完全市场条件下（market imperfection），保险可以通过如下途径提升企业价值：一是降低企业的财务困境成本；二是缓解资产替代问题和投资不足问题；三是迫使企业投资于净现值为正的损失控制项目和安全防范项目，而在没有投保的情况下，这些项目可能被追求短期利益的经理人所否决。因此，有效的监督机制能够促使 CEO 购买保险产品。

同时，多位学者指出，有效的监督机制还会抑制管理层基于自利动机的过度的保险需求。原因在于，经理人由于不能实现自身财富和人力资本的多元化配置，会有过度实施风险管理的动机，甚至可能通过保险为自己受益的项目提供资金保证，并规避外部资本提供方的监管，从而损害股东价值。斯图尔兹最早指出，尽管风险管理可以提升股东价值，但是它也可能被资产不能有效多元化的管理层用来谋求私利。他以AOO 石油公司为例，论证了管理层有动机通过套期保值（hedging）应对油价下跌风险，从而维持一个充足的内部资金以支持自己的 E&D（exploration and development）扩张计划。在这里，风险管理充当了管理层宠物项目（pet program）的资金保证者角色，成为加剧代理冲突的帮凶。研究发现，企业保险购买数量与公司价值呈倒"U"形关系，这意味着存在一个最优保险比例，超出这一比例的过度投保会损害企业价值。因此，如果监督机制有效，管理层就会对最优投保规模作出更加审慎的分析。亚当斯等人的研究证实了上述推断：存在有效监督的情况下，管理层的机会主义动机将被抑制，此时企业的参保决策主要基于公司价值最大化的考虑，因此保险消费可以促进企业价值的提升；而在监督失效的情况下，企业保险购买行为主要由管理层的自利动机驱动，此时的保险消费会损害企业价值。

普通法系国家（如英国、美国、加拿大）的上市公司通常具有股权分散的特点，此时的代理问题主要是股东与管理层之间的冲突。但与之相对，大陆法系国家（如中国）的上市公司股权集中度普遍较高，此时主要的代理问题演化为大股东与小股东之间的冲突，而董事作为大股东的代言人，通常会协助大股东侵占中小股东的利益，从而面临较高的法律诉讼风险。基于此，他们提出如下研究假设：大股东与小股东的利益冲突越严重，企业购买董事责任险的意愿就越强。实证结果证实了上述假设：董事会成员中大股东提名的董事占比越高、盈余管理行为越严重、关联方交易越频繁的企业越倾向购买董事责任险。

董事会独立性对企业保险需求的影响具有两面性。一方面，与执行董事相比，独立董事有更强的动机通过为管理决策提供专家意见建立一种良好声誉，从而谋求人力资本价值的最大化。因此，独立董事会推动企业进行适当的风险管理（如购买保险），以降低企业发生财务困境的可能，保证企业投资的顺利进行。另一方面，经理人由于不能实现自身财富和人力资本的多元化配置，会有过度实施风险管理的动机，甚至可能通过保险为自己受益的项目提供资金保证，并规避外部资本提供方的监管，从而损害股东价值。在这种情况下，独立董事会发挥监督作用，阻碍经理人出于自利动机的过度保险购买行为。其实证研究也基本证实了上述推断：董事会独立性与企业保险购买意愿显著正相关，但对企业保险购买数量的影响则不显著。

此外，少数学者尝试同时从激励机制和监督机制两个方面研究公司治理对企业保险需求的影响。

科尔将企业购买董事责任险的原因归纳为三个方面：一是董事的风险厌恶特征；二是管理层防御（managerial entrenchment）；三是企业购买保险的一般原因，如破产成本、投资不足、有效服务等。利用1993年加拿大222家上市企业数据的实证研究表明，内部人持股比例会抑制对董事责任险的需求；而内部表决权则与董事责任险的购买意愿和购买数量正相关。

奥沙利文对英国上市公司的实证研究表明，作为监督机制的董事会独立性与企业的董事责任险需求正相关，而作为激励机制的管理层持股数量则与董事责任险需求负相关。

利用世界银行2004年的一份调查数据，亚当斯等人研究了多种公司治理机制对企业保险需求的影响。结果表明，公司治理的激励机制和监督机制都对企业保险需求具有促进作用。具体来看，CEO现金报酬（包括固定工资和奖金）、机构投资者持股比例、审计师是否为四大、董事长和CEO两职分离与企业保险需求显著正相关。此外，研究还证实了监督机制对企业保险需求动因的影响：在高监督企业，保险需求主要基于企业价值最大化动机；在低监督企业，保险需求主要基于管理层的自利动机。

（三）公司治理与 ERM 的实施

以保险和套期保值（hedging）为代表的传统风险管理强调利用损失控制和内部合规来实现风险成本的最小化，因此是一种被动型风险管理（defensive risk management）。同时，传统风险管理采用的是风险分割管理模式，种类各异的风险被分配到公司不同的职能部门分别管理，部门之间缺乏沟通协调，风险因素之间的耦合关系没有引起足够的重视。随着企业经营环境日益复杂，传统的风险管理理念越来越不适应企业经营管理的实践，而安然的破产、世通的倒闭等一系列风险事件进一步加深了人们对传统风险管理有效性的质疑，推动人们对风险管理的认识发生转变，全面风险管理思想逐步推广开来。

与传统风险管理相对应，ERM 是一种主动型风险管理（offensive risk management），强调风险和收益的协调，以求在一定风险水平下收益的最大化。同时，ERM 强调风险管理的"整体观"，重视风险因素之间的相互作用关系，要求从内外环境这一系统视角审视企业风险。现阶段，学界普遍认为，ERM 是一种包含保险、套期保值、内部控制在内的更高级的风险管理手段。虽然 ERM 只是最近几年才出现的新话题，相关研究也刚刚起步，但已有个别学者尝试探讨公司治理与 ERM 实施动因以及 ERM 实施质量之间的关系。

克莱夫纳等以加拿大上市公司为例，探讨了公司治理对企业 ERM 实施决策的影响。研究发现，风险管理经理和董事会的推动，以及证券监管机构的指导是企业决定实施 ERM 项目的三大诱因。

比斯利等以美国上市公司为例探讨了 ERM 的实施动因。他们发现，董事会独立性、首席风险官的任命以及选用四大作为外部审计单位都与 ERM 的实施显著正相关。这表明，内部监督机制和外部监督机制同时对企业 ERM 的实施具有积极影响。

以首席风险官（chief risk officer, CRO）的任命作为企业实施 ERM 的测度指标，佩琪和沃尔采用 Cox hazard model 对美国 138 家 ERM 企业的特点进行了实证检验。他们发现，除了企业规模、杠杆比例、企业成长性等与财务困境成本、投资不足成本相关的变量外，机构投资者持股比例、管理层股权激励也与 ERM 的实施显著正相关。

巴克斯特等人收集了 165 条标准普尔对美国金融类上市公司 ERM 实施质量的评级数据，并以此为基础实证检验了 ERM 实施质量的决定因素和经济后果。他们发现，代表良好治理的董事任期、董事会专业委员会的健全程度、审计委员会对风险管理的直接领导以及公司与外部审计单位关系的稳定性都与 ERM 实施质量正相关。

(四)国内学者的研究

国内学者对公司治理与风险管理关系的研究大多属于定性探讨,主流观点认为,公司治理是风险管理的环境要素,是风险管理有效的前提;如果企业不加强治理结构的完善,风险管理的作用就难以有效地发挥。有限的实证研究主要集中于探讨各种治理机制对企业风险承担水平的影响。孔德兰和董金以 2007—2009 年国内上市银行为样本,研究了银行风险承担水平与公司治理结构之间的关系,数据显示:大股东控制力越强、董事会独立性越高,银行的风险承担水平也越高;而董事会规模则与银行风险承担显著负相关。张三保和张志学基于问卷调查数据,实证检验了 CEO 管理自主权和企业风险承担之间的关系,发现 CEO 具有较高管理自主权的公司,其风险承担水平也较高。李文贵和余明桂对股权性质、市场化进程与企业风险承担之间的关系进行了实证检验,发现国有控股会抑制企业的风险承担倾向,且这一作用在中小规模企业中表现得更为显著。

根据数据可得性等方面的原因,国内学者对企业保险需求问题的研究非常有限。鉴于我国证监会要求企业披露企业购买董事责任险的相关信息,仅有的实证研究主要探讨董事责任险的需求问题。王有茹发现,境外机构投资者持股比例、两职分离都会促进企业购买董事责任险;许荣和王杰发现,境外机构投资者持股比例、董事会独立性、是否发行 H 股、第一大股东为非国有与董事责任保险的需求显著正相关;钟宁桦(2012)研究公司治理与员工福利问题时发现,企业治理质量越高,员工的养老保险、失业保险、医疗保险和工伤保险等福利水平也会越高。

四、公共经济视角的研究

外部效应是指某一个体的效用函数所包含的变量受另一个体控制的情形。公共经济理论之所以与保险理论存在交集,原因在于部分保险产品具有正外部性,典型代表有农业保险、健康保险和出口信用保险。在自由市场条件下,由于存在个人边际成本(私人边际收益)与社会边际成本(社会边际收益)的背离,上述保险产品会产生"供给不足、需求乏力"的市场失灵现象。而市场失灵的矫正问题,正是公共经济学的研究范畴。因此,对农业保险、健康保险和出口信用保险供求问题的分析,不能抛开公共经济理论。

事实上,财政干预对农业保险、健康保险需求的影响已受到国内外学者的高度关注,他们从财政干预的效率、效果以及可能引致的道德风险、逆向选择等问题出发,进行了大量的研究。但是,农业保险和健康保险的需求主体主要是个人和家庭,鉴于本书主要研究企业保险需求问题,且个人投保决策与企业投保决策的理论基础存在显著差异,故本书不对其展开介绍。考虑到出口信用保险的需求主体主要是外向型企业，本书选择以此为例，对相关研究进行详细梳理。

（一）出口信用保险的起源和发展

出口信用保险是由国家财政支持的保险机构对本国出口商和银行在出口收汇、出口信贷等业务中所面临的商业风险和政治风险提供的政策性保险。信用保险在出口贸易领域的应用可以追溯到19世纪后半叶：英国商人向澳大利亚以海船贩运商品的过程中首次出现了出口信用保险的雏形。但真正意义上的"出口信用保险"出现在第一次世界大战之后。1919年，英国率先成立了出口信用担保局，专门办理出口信用保险业务。随后，德国政府也制订了出口信用保险计划，并委托私营保险机构赫尔梅斯（Hermes）成立出口信用保险公司，以此来大力促进进出口贸易；法国则在1946年成立了专门办理出口信用保险业务机构——法国对外贸易保险公司（COFACE）。1934年，为方便交流办理出口信用保险业务的信息，法国、英国、西班牙和意大利的出口信用保险组织发起并成立了国际信用和投资保险人协会（International union of credit and Investment Insurers，简称伯尔尼协会）。中国于1998年加入伯尔尼协会，现由中国出口信用保险公司代为行使会员权利。

（二）出口信用保险的正外部性

出口信用保险的外部性与国际贸易在国家经济以及世界经济增长中的突出作用紧密相连，持这一观点者的逻辑如下：经济全球化的时代背景下，对外贸易具有稳定就业、促进经济增长的作用，事关国民经济的稳定发展，但由于各种障碍因素的制约（如政治风险、融资困难、贸易保护等），贸易额度并不能达到社会福利最大化水平。由于出口信用保险具有对冲贸易风险，促进出口的作用，因此具有显著的正外部性。具体来看，出口信用保险的外部收益主要体现在以下几个方面：一是在国际形势变幻莫测，商业风险和政治风险复杂多变的背景下，出口信用保险可以帮助企业建立风险转移机制，降低货款回收损失，保证再生产的顺利进行，从而起到社会经济稳定器的作用；二是出口信用保险的资金融通功能可以加强出口企业融资能力，为企业获得出口信贷融资提供方便，解决出口企业融资难问题；三是市场拓展和信用管理功能可以帮助企业采用更具竞争力的支付方式争取海外订单，有效提升出口商品的竞争力，稳定外贸出口市场。

依据上述逻辑，出口信用保险的正外部性显著与否，关键在于是否对出口具有推动作用。而现有研究从理论和实证两个方面提供了出口信用保险与出口规模的正相关的论据。

理论研究方面，船津基于期望效用理论构建了一个外向型企业的出口决策模型，分析表明对于风险中性的企业，在面对不确定环境时的出口额要低于无风险环境下的出口额。福特等人则提出，不论风险中性的企业还是风险厌恶的企业，在不确定性环境下都会降低其出口贸易水平，且风险厌恶型企业的出口下降量更为显著。Melitz的异质性企业贸易模型将出口信用担保视为贸易固定成本和贸易信贷成本的抵扣工具，提出出口信用担保可以同时提升企业出口贸易的利润广度和利润强度。

实证研究方面，一项针对美国出口商的调查表明，FCIA（Foreign Credit Insurance Association）提供的出口信用保险对其出口决策具有显著的正向影响。亚伯拉罕和德威特利用比利时的出口贸易数据，发现出口信用担保对出口贸易具有推动作用。墨瑟等人以德国的出口贸易为例，分析了政治风险与出口额之间的关系，基于动态面板模型的分析结果表明：政治风险对出口额具有显著的负向影响。艾格和居阿雷利用澳大利亚的出口数据建立静态面板分析模型，发现政治风险对出口的抑制作用，同时发现，出口信用担保可以促进出口额的非比例增长。巴丁格和居阿雷以及费波玛雅和雅欣利用企业层面的数据，同样发现了出口信用保险对出口的促进作用。

国内学者中，谢利人和唐淑娥基于福利经济学理论框架对出口信用保险进行分析，提出外部效应等因素是造成我国出口信用保险投保率低、保费偏高、赔付率高等问题的重要原因。林斌基于期望效用最大化原则推导出出口企业最优出口规模的反应函数，进而分析了出口信用保险与最优出口规模之间的关系，发现出口信用保险的风险管理职能和损失补偿功能对出口规模都具有正向影响。在此基础上，他还利用2004年1月至2012年6月的数据对上述推断进行了实证检验，所得结果支持了自己的推论。李晓洁和魏巧琴基于厂商理论对信用风险、出口信用保险与最优出口量之间的关系进行理论分析，论证了信用风险对出口贸易的负面效应，以及政府支持的出口信用保险对外贸出口的推动效应。何慎远等利用104个国家的数据作为样本，在引力模型的框架下分别构建静态面板模型和动态面板模型对出口信用保险和出口规模之间的关系进行了实证检验。结果表明，出口信用保险对我国的出口规模具有显著的提升作用，且这一作用的影响对象会随考察周期的变化发生迁移：短期内，对于向发展中国家出口的支持作用更显著；而长期内，对于向发达国家出口的支持作用更明显。

（三）财政干预对企业需求的影响

船津在其厂商最优化出口决策模型中，考虑了政府补贴对出口信用保险需求的影响，相关理论推导可用如下过程表示。

假定出口商以外生的产品价格出口所生产的所有商品。为简化模型，假定不存在汇率风险，仅存在进口商违约风险，且在进口商违约情况下，出口商的收入全损。假定企业购买的是一个比例补偿保险，损失发生后，企业获得的赔偿金 m 可表示为：

$$m=\alpha y$$

式中，α 为交易对手的违约概率，y 为合同保额约定的保险限额。

此时，厂商的利润函数可表述为：

$$\pi = (1-a)px + m - f(x) - b - qy$$

式中，π 表示企业利润，p 表示商品价格，x 表示出口商品数量，$f(x)$ 表示变动成本，b 表示固定成本，q 表示费率。对费率 q 作如下定义：如果 q 大于 α 的期望值，则称 q 为非精算公平费率；如果 q 等于 α 的期望值，称 q 为精算公平费率；如果 q 小于 α 的期望值，则称 q 为超精算公平费率。现实情况下，超精算公平费率往往是政府提供的保费补贴。

此时，企业面临的决策是，在 px 的约束下，选择合适的 x 和 v，从而使得企业的期望利润最大化：

$$max V(x,y) = Eu(\pi) = \int_0^1 u\big[(1-a)px + ay - f(x) - b - qy\big] g(a) da$$
$$s.t. \ 0 \le y \le px$$

为方便讨论，本书作如下假定：一是企业的效用函数符合冯诺依曼——摩根斯坦效用函数关于偏好的假定；二是企业关于利润 π 的效用函数二次可导，且 $u'>0$，$u'' \le 0$；三是企业的可变成本函数 $f(x)$ 同样二次可导，且 $f'>0$，$u'' \ge 0$。在满足上述假设时，可得：

$$V_y = E\{u' \cdot (a-q)\}$$
$$V_{yy} = E\{u'' \cdot (a-q)^2\} < 0$$

那么，企业选择购买足额保险（$y=P$）的充分必要条件可表述为：

$$V_y\big|_{y=px} = u'\big[(1-a)px - f(x) - b\big](\bar{a}-q)$$

由于 $u'>0$，因此，上式成立的充分必要条件是 $\bar{a} \ge q$，即费率水平为精算公平费率或超精算公平费率。

类似的，企业选择不购买保险（$y=0$）的充分必要条件可表述为：

$$V_y\big|_{y=0} = E\{u'\big[(1-a)px - f(x) - b\big](a-q)\} \le 0$$

上式可进一步表述为：

$$V_y\big|_{y=0} = Eu'\big[(1-a)px - f(x) - b\big](\bar{a}-q) + cov(u', a-q) \le 0$$

由于 u' 和 $(a-q)$ 都是关于 a 的增函数，因此 $cov(u', a-q) > 0$。所以，要想上式成立，必须有 $Eu'\big[(1-a)px - f(x) - b\big](\bar{a}-q) < 0$，即 $\bar{a} < q$。所以，非精算公平费率是企业拒绝投保的一个必要条件。

综上所述，当保险合同是一个比例赔偿合同时，如果出口信用保险的费率是精算公平费率，那么风险中性的企业就不会购买保险，如果费率是精算公平费率甚至超精算公平费率时，那么风险中性的企业就会购买全额保险。基于此，船津提出可以通过政府补贴的方式创造超精算公平费率，进而刺激出口信用保险需求、推动出口贸易的增长。

第二节 科技型企业对科技保险需求的理论基础

尽管企业是保险产品的核心购买主体，但企业保险需求理论在很长一段时间内一直被泛化于消费者保险需求理论之中，学界对企业保险需求理论特殊性的关注始于20世纪80年代。梅耶斯和史密斯率先对企业保险需求的"风险规避论"提出了质疑。此后，企业保险决策作为风险管理决策的重要内容，成为保险经济学、金融经济学等多个学科的前沿问题，受到国内外学界的广泛关注。经过近30年的发展，包括公司金融理论、行为金融理论、公司治理理论在内的众多理论都对企业参保决策及其影响因素进行了探讨。下文将分主题对相关研究进行梳理。

一、高新技术企业科技保险参保意愿的理论框架

综观前文所述四种理论，可以按照着眼点的不同大致分为两类：①公司金融理论、行为金融理论和公司治理理论主要是从企业内部因素入手，探究资本结构、治理结构、行为模式等因素对企业保险购买动机的影响；②公共经济理论则是从企业的外部因素入手，探究制度环境对企业保险决策的影响。虽然每一种独立的理论都对企业保险需求动机作出了富有成效的解释，但仍存在缺陷。

梅耶斯和史密斯等构建了以公司金融理论为基础的企业保险需求模式，其核心假设是有效市场假说。在这一框架中，市场决策者都被认为是具有完备信息的理性人，他们能够对未来形成正确的预期，且对于风险的态度是中性的。同时，企业决策控制权分配问题没有被纳入框架，他们笼统地认为参保决策是由股东决定的。显然，上述假设与现实市场存在较大的差距。心理学和实验经济学的新近发展均对"理性人"假设提出了质疑，他们提出"有限理性"的概念，即决策者的信息是不完备的，面对风险并非完全中立，而是存在风险厌恶或风险追随倾向。同时，在决策时并不遵循理性预期假设，而是存在过度自信、锚定效应、心理账户、认知偏差、启发式思考等。同时，合同理论也对股东和管理层之间的控制权分配问题进行了深刻的讨论，提出日常

经营管理决策等即期控制权和兼并、重组等长期策略性决策的控制权相分离的观点，其中即期控制权主要由管理层掌握，而策略性控制权主要由股东掌握。企业保险通常是短期险，期限大都为一年，因此可纳入日常经营管理决策范畴。因此，梅耶斯和史密斯等以股东作为企业保险需求的决策主体并不适宜。

事实上，梅耶斯和史密斯等所购建的企业保险需求理论框架的上述缺陷在行为金融和公司治理理论中都有非常深入的探讨。但遗憾的是，这两种理论研究的重点并不是企业风险管理。同时，行为金融领域的实验研究大都以个体投资者为研究对象，鲜有以公司高级管理人员为对象研究，而公司治理领域对风险管理问题的涉及，大多集中在风险承担（risk-taking）问题上，鲜有对风险控制（risk-reduction）问题的深入探讨。因此，有必要将公司金融理论、行为金融理论和公司治理理论中有关企业风险管理的相关观点加以融合，构建一个更为完善的企业保险需求模型。此外，对于具有外部性特征的保险产品供需问题，公共经济理论已经提出了相对成熟的理论框架。因此，在分析具有外部性特征的保险产品需求问题时，还需要进一步借鉴公共经济理论的相关观点。

基于此，本书综合公司金融理论、行为金融理论、公司治理理论以及公共经济理论的相关观点，提出如下科技保险需求模型，如图3-1所示。

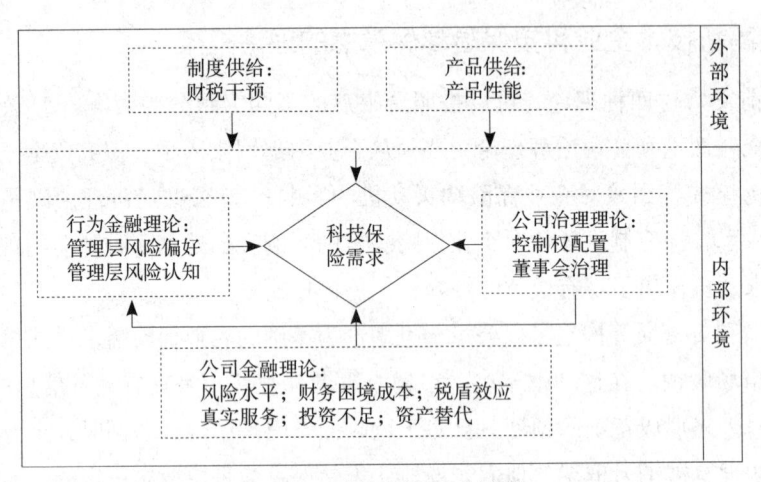

图 3-1 科技保险需求模型

在图3-1中，科技保险的制度供给和产品供给共同构成了高新技术企业科技保险需求的外部环境。科技保险具有正外部性已经在学界达成了共识，依据公共经济学的观点，财税干预作为一种制度供给，从根本上影响高新技术企业对科技保险的购买决策。此外，先前的企业保险需求理论以成熟的保险市场为基础，都隐含着一个重要的假设：保险产品是满足企业需求的。但是，科技保险是科技与金融相结合的创新性尝试，其产品开发和业务拓展仍处于探索阶段。现有研究大都表明科技保险产品要么已存在于传统非寿险险种内，要么是传统险种的改进，缺乏专门针对特殊科技风险的险种。因此，在科技保险需求框架中，产品供给是必须考虑的因素。

资本结构、管理层风险特质和公司治理共同构成了高新技术企业科技保险需求的内部环境。依据合同理论的研究成果，企业日常经营管理决策等即期控制权往往由管理层控制，因此有理由预期管理层的风险偏好和风险认知会显著影响企业的风险管理决策。同时，笔者认为梅耶斯和史密斯等基于公司金融理论构建起来的企业保险需求框架可以用来解释高新技术企业的科技保险需求。但需要指出的是，该框架通常被用来分析股权相对分散的上市公司，其对于股权相对集中、规模相对有限的高新技术企业的适用性究竟如何，有待于进一步检验。公司治理作为一种公司所有者与管理层之间相互制约的制度安排，其主要目的在于通过监督和激励机制，协调两者之间的利益不一致行为，这其中就包括管理层过度的风险规避行为或过度的风险承担行为。公司治理（尤其是董事会治理）不仅可以直接作用于企业的保险购买决策，而且可以通过影响管理层的风险倾向，间接作用于企业的参保决策。

二、科技型企业生命周期

确定企业所处的生命周期阶段，关键是要合理确定划分阶段的依据。由于科技型中小企业一般规模较小，故采用营业收入增长率将企业分为初创期、成长期、成熟期和衰退期四个阶段。

（一）初创期

初创期的科技型中小企业，生产规模小、生产成本高、盈利水平低，需要投入大量的研发费用以及营销费用。为打开市场，企业往往采取放宽信用约束，导致应收账款金额大，使得企业净现金流量往往为负值。一般没有留存收益用于再投资，又由于巨大的经营风险及有限的可供抵押资产，使得企业很难获得债务资本，因此资金来源一般是低风险的权益资本。

（二）成长期

在成长期，企业实力有所增强，产品研发基本成功，销售量也逐渐增加。然而资金短缺仍然是企业的最大难题，主要表现在：销售量的快速增长，企业的净现金流量好转，经营风险降低，但为维持这一趋势，企业需要扩大再生产，需投入大量的资金；与销售量成正相关的应收账款金额也会增加，使得企业的财务风险加大，增加了融资难度。但与投入期相比，融资难度降低，企业融资可以通过债务融资、股权融资等方式进行。

（三）成熟期

在成熟期，企业规模增大，组织结构完整，管理规范，产品已经被大多数消费者接受，销售量稳定，企业的现金流入增加，流出减少，企业利润和现金流量逐渐上升。这时企业融资相比成长期，融资难度相对要低，融资渠道也相对较多，可以采用间接融资和直接融资等多种渠道进行融资。

（四）衰退期

在衰退期，企业的利润开始下降，净现金流量减小，市场开始萎缩。企业的经营风险和财务风险均增大，融资变得非常困难。因此，企业需要研发新产品，或者进行战略性的资产重组，寻找兼并与被兼并的机会，获得重生。

综上所述，企业处于不同的生命周期阶段，对资金的需求不同，可能采取的融资方式也不尽相同。

三、企业发展的生命周期与融资

关于企业生命周期的研究，Berger & Udell（1998年）将企业生命周期与融资结合，发展形成了金融成长周期理论（Financial Growth Cyele of Firms）。该理论认为，伴随着企业成长周期而发生的信息约束条件、企业规模和资金需求的变化，是影响企业融资结构变化的基本因素。在企业创业初期，由于资产规模小、缺乏业务记录和财务审计，企业信息是封闭的，因此外源融资的获得性很低，企业主要依赖内源融资。当企业进入成长阶段，追加扩张使企业资金需求猛增，同时随着企业规模扩大，可用抵押的资产增加，并有了初步的业务记录，信息透明度有所提高，于是企业开始更多地依赖中介的外源融资。进入稳定增长的成熟阶段后，企业的业务记录和财务制度趋于完备，逐渐具备进入公开市场发行有价证券的条件。随着来自公开市场可持续融资渠道的打通，来自金融中介债务融资的比重下降，股权融资的比重上升，部分优秀企业的中小企业成长为大企业。

金融成长周期理论表明，在企业成长的不同阶段，随着信息、资产规模等约束条件的变化，企业的融资渠道和融资结构将随之发生变化。其基本的变化规律是，越是处于早期成长阶段的企业，外部融资的约束越紧，渠道也越窄；反之亦然。因此，企业要顺利发展，需要有一个多样化的金融体系来对应不同成长阶段的融资需求。尤其在企业的早期成长阶段，风险投资等私人资本市场对企业的外部融资发挥着重要作用。相对于公开市场上的标准化合约，私人市场上具有较大的灵活性和关系型特征的契约，具备更强的解决非对称信息问题的机制，因而更能够降低融资壁垒，较好地满足那些具有高成长潜力的中小企业的融资需求。

伯杰等美国经济学家利用美国全国小企业金融调查（NSSBF）和美国联邦独立企业调查（NFIB）数据，根据企业金融成长周期模型，对美国中小企业的融资结构进行了检验。他们把企业的成长周期划分为"婴儿期"（0~2年）、"青少年期"（3~4年）、"中年期"（5~24年）和"老年期"（25年以上）四个阶段；把企业规模分为雇佣人数20人以下、销售额100万美元以下和雇佣人数20人以上、销售额100万美元以上两类；把资金来源分为股权融资和债务融资两大类，其中每一大类中又包括若干子类，统计出了不同成长阶段和不同规模的中小企业融资结构。

从企业成长周期的融资结构看，债务融资的比率在婴儿期和青少年期先上升，进入中年期以后再下降。股权融资比率则相反，呈先下降后上升的趋势。这种变化与上述金融成长周期的理论是相一致的。从企业规模上看，美国小型企业的股权融资的比率远高于中型企业，债务融资的比率则低于中型企业，这种现象符合企业的金融成长规律。

关于中国的中小企业成长过程中融资方式的选择是否符合企业金融成长周期理论，学者张捷利用暨南大学"中小企业发展与支持系统研究"课题组的相关数据，依照伯杰等美国经济学家的上述做法采集样本，从企业金融结构和规模上进行统计分析，得出的结论是：尽管由于金融体制和融资环境等的差异，中国中小企业成长周期的融资结构与美国相比存在一些差异，但金融成长周期的基本规律适用于我国中小企业的融资结构变化，其模型能从长期和动态的角度较好地解释中小企业融资结构的变化规律，存在的差异只能说明中美两国中小企业在各个融资阶段所面临的融资环境和金融压抑程度不同，不足以否定金融成长周期规律对中国中小企业的适用性。张捷认为，金融成长周期理论之所以适用于中国的中小企业，其根本原因在于改革开放以来中国中小企业的产权结构发生了巨大变化，非国有企业已经成为中小企业的主体，中国中小企业的融资活动越来越多地受市场经济规律的制约，融资行为也越来越具有市场行为特点。

四、不同生命周期阶段科技型中小企业的风险特征

科技型中小企业总体上遵循着中小企业的金融成长规律。处于成长周期不同阶段的企业面临的风险特征不同，这对解决科技性中小企业融资问题具有重要的参考价值。

（一）初创阶段

初创阶段主要是技术的酝酿与发明阶段，这一时期的资金从创意的酝酿到实验室样品，再到产成品样品，都由科技创业家自己完成。

在初创阶段，资产规模小、缺乏业务记录和财务审计，企业信息是封闭的，另外科技型中小企业在初创阶段面临着技术、市场、管理三大风险，具有不确定性因素多且不易测评、离收获季节时间长等特点，因此外源融资的获得性很低，贷款成本总体较高，担保方式比较单一。平均贷款利率在4.56%~6%，附加成本在6%~8%，担保方式主要是担保机构担保，反担保方式主要是个人资产抵押和有形资产抵押。风险投资家在此阶段的投资占其全部风险投资额的比例是很少的，一般不超过10%。企业进行间接融资的可能性很小，这个阶段不确定性因素较多。

（二）成长阶段

成长阶段可分为两个小阶段，第一个小阶段是正常成长阶段，第二个小阶段是快速成长阶段。正常成长阶段主要是技术创新和产品试销阶段，这一阶段的经费投入显著增加。在这一阶段，企业需要制造少量产品，一方面要进一步解决技术问题，尤其是通过中试，排除技术风险；另一方面要进入市场试销，听取市场意见。

当企业进入成长阶段，追加扩张使企业资金需求猛增，面临着一系列风险，并且技术风险和市场风险开始凸显。但随着企业规模扩大，可用抵押的资产增加，并有了少量的业务记录，信息透明度有所提高，开始依赖中介的外源融资，风险投资一般在此阶段进入，而且要求的回报率较高，但债务融资比例并不高，贷款成本有所下降。平均贷款利率是6%~8%，附加成本是2.4%~4.56%；担保方式主要是担保机构担保，反担保方式主要是有形资产抵押和个人资产抵押。一旦风险投资发现技术风险或市场风险超过自己所能接受的程度，就可能退出投资。

（三）成熟阶段

成熟阶段主要是技术成熟和产品进入大规模生产阶段，各种风险大幅降低，企业的业务记录和财务制度趋于完备，逐渐具备进入公开市场发行有价证券的条件，这一阶段的资金称作成熟资金。

在此阶段资金主要来源于内部积累，银行贷款占比增加，因为这一阶段的技术成熟、市场稳定，企业已有足够的信用能力吸引银行借款、发行债券或发行股票。

总体贷款成本较低，反担保方式更加多样化。担保方式主要是担保机构担保、企业担保、固定资产抵押，反担保方式主要是有形资产、第三方责任保证、个人连带责任保证、个人资产抵押。该阶段资金需要量很大，但风险已大大降低，企业产品的销售本身已能产生相当的现金流入。随着来自公开市场可持续融资渠道打通，来自金融中介债务融资的比重下降，是风险投资退出的阶段，股权融资的比重上升，部分优秀企业的中小企业成长为大企业。

（四）衰退期

科技性中小企业经过成熟期后将面临进入衰退期、发展壮大成一个大型企业或保持现有规模三种选择。在此，本文主要探讨处于衰退期的企业特征。

处于衰退期的企业规模过大、管理层次多、组织成本高、创新意识弱、企业决策效率低、人才外流、企业经营效益低。在此阶段，企业面临的战略是挖掘剩余需求、转型或撤退战略。企业该选择什么战略，要看企业在剩余需求上的相对优势，如果没有相对优势就应该转型或撤退，进行转产或重组。此阶段企业面临的主要是经营战略或资本运作问题，而不是融资困境问题。

上述五个阶段是从企业发展过程来分的，从企业生产经营来看，科技型中小企业又可以分为三个阶段：基础开发和研究阶段、科技成果转化阶段和产业化阶段。三个阶段所需资金投入按数量逐级递增。

企业在不同的发展阶段有不同的资金需求，这需要不同的资金支持与之匹配。

有的研究将初创阶段划为宜风险投资支持区域，将成长期和成熟期划为宜商业银行和其他金融机构支持区域。事实上，在初创阶段企业一般很少能获得风险投资的支持。大多数的风险投资集中在企业推出产品进行批量生产的时候，即成果转化期。根据 Adam Soloman（1998 年）的研究，美国 60% 以上的风险资本集中在科技型中小企业的成果转化阶段，在企业研究开发阶段风险资本的投入比例不到 10%。我们不能夸大风险投资的作用，在科技型中小企业初创阶段政府的作用和企业自身的发展不可缺少。

第三节 科技保险在科技型企业发展中的作用

一、科技保险在支持科技企业发展中的作用

（一）科技保险契合创新驱动发展战略要求

实施创新驱动发展战略，就是要推动以科技创新为核心的全面创新，坚持企业在创新中的主体地位，增强科技进步对经济增长的贡献度，推进经济发展方式转变和

经济结构调整。加快实施创新驱动发展战略，离不开金融机构的支持与金融创新的推动。2015年中共中央、国务院《关于深化体制机制改革加快实施创新驱动发展战略的若干意见》明确要求发挥金融创新对技术创新的助推作用，加快发展科技保险。可见，完善科技保险产品、优化科技保险服务，对科技创新具有重要的推动和保障作用。

（二）科技保险能防范化解科技企业风险

科技保险对科技企业创新发展的支持，主要体现在对企业风险的防范化解方面。具体如下。

1.提供科技保险产品，防范化解科技企业各类风险

科技企业发展需要经过科技研发、成果转化、市场应用等不同阶段，不同阶段面临的风险类型和风险程度存在差异，需要对外"转嫁"风险，将科技企业风险控制在合理范围内。保险公司承保科技保险，通过赔偿科技企业创新发展过程中出现的损失，从而分散科技企业各类风险，消除科技企业及其管理层、研发人员的后顾之忧。

2.提供风险管理支持与服务，协助企业建立健全风险管理体系

除了"转嫁"风险，科技企业内部控制和风险管理机制是防范其自身风险的重要保障。保险公司可发挥其风险管理能力和经验，通过宣导、培训、交流等方式，强化科技企业的风险管理意识，提升科技企业对研发项目的风险控制和评估能力，协助企业建立健全自身风险管理体系。

（三）科技保险助推科技企业融资

1.科技保险起到企业增信效果

融资渠道窄、资金周转难是众多科技企业发展面临的突出难题。实践中，科技企业融资主要依靠商业银行贷款，但由于科技企业高风险性、无形资产占比较高且估值较难等原因，银行贷款这一融资"主渠道"往往并非坦途。因此，拓宽企业融资渠道成为支持科技企业创新发展的关键。科技保险能对企业起到增信效果，科技企业贷款保证保险、专利权质押贷款、保证保险等产品在科技企业无法偿还贷款本息时，由保险公司承担相应的偿付义务，分散了银行借贷风险，为企业融资提供了便利。

2.科技保险能够传递良好信息从而促进投融资支持

处于初创期与成长期的科技企业，往往缺乏有效的对外信息传递途径，以吸引"性价比高"的投融资。投资者与银行常以科技企业所处行业与可比企业的通常情形作为投资与信贷决策的重要考量，从而将增加发展潜力较大、风险防范能力较强的科技企业的融资成本。由于行业一般风险与费率是保险公司承保的重要考虑，保险公司

承保实则向外界展示了科技企业的风险管理意识与基础能力，有利于获得保险公司以及其他金融机构的投融资支持。

（四）科技保险能提升科技企业创新与盈利能力

部分科技保险产品能够助推科技企业创新发展，提高企业竞争力。经过对238家科技企业开展问卷调查，采用结构方程模型就科技保险对科技企业创新与盈利能力影响的研究显示，科技保险（财产险）能够直接推动科技企业盈利能力的提升。

第四节　科技型企业适用的科技保险险种

国外科技保险活动一般分散在项目保险、投资保险、合同保险等险种中。欧美发达国家涉及科技领域的一些著名跨国保险公司凭借自身技术、资本、经验等方面的优势，针对特殊风险设置了相关领域的保险解决方案，具体分布在行业保险、项目保险、责任保险、财产保险、工程保险等组合险种中。

一、首批科技保险试点险种

我国本土保险公司对于涉及科技领域的基本险种设置较为完善，但专门针对科技风险的特殊险种还很少。为了促进我国科技保险的发展，2007年中国保监会与科技部联合下发了《关于加强和改善对高新技术企业保险服务有关问题的通知》，首批六大险种作为高科技研发保险险种进行推广。这六大险种分别为高新技术企业产品研发责任保险、关键研发设备保险、营业中断保险、出口信用保险、高管人员和关键研发人员团体健康保险和意外保险。其中，政策性出口信用保险由中国出口信用保险公司经营，其他险种初期由华泰保险公司进行试点经营。

（一）高新技术企业产品研发责任保险

高新技术企业产品研发责任保险，是指如果高新技术企业研发成果存在设计缺陷，该项研发成果在应用过程中因此发生意外事故，造成他人财产损失或人身伤亡，保险公司承担被保险人应负的民事赔偿责任。产品研发责任保险包括四个方面内容：① 国内销售的产品因为存在设计缺陷造成消费者或者其他第三人的人身伤亡或财产损失，依法应承担的赔偿责任，由保险公司给予赔偿；② 出口产品因为存在设计缺陷造成消费者或者其他第三人的人身伤亡或财产损失，依法应承担的赔偿责任，由保险公司给予赔偿；③ 发生事故后，用于抗辩的必要合理的诉讼费用或仲裁费用，由保险公司给予赔偿；④ 发生事故后，被保险人为防止或减少对第三者人身伤亡或直接财产损失的赔偿责任所支付的合理的、必要的施救费用，由保险公司给予赔付。

不同于产品责任保险，研发责任保险保障的对象是研发成果，旨在使研发主体能够规避研发成果在转让、应用初期可能发生的风险，促进科技研发成果的推广应用。如果产品责任是由于研发设计缺陷所导致，研发设计方就可能遭遇制造商的责任追究。研发设计方如果购买了研发责任保险，就可以获得相应保障。

我国研发责任保险的保险期为一年，索赔报告期可在保险期结束后再延长 30 天。保险双方还可根据实际需要，共同商定事故发生的追溯期。研发责任保险的赔偿限额，由投保人和保险人双方协商确定。

设计缺陷可由以下机构认定：国家技术监督部门、保险公司和被保险人共同选定的技术鉴定机构、仲裁机构或法院指定的技术鉴定机构。产品研发责任保险采取索赔发生制的承保方式，可以为企业提供更为全面的保障。

理论上，高新技术企业的研发活动具有较大的风险，加上研发责任保险的费率较低，因此各领域高新企业对产品研发责任保险均应有较高的需求，但事实情况却并非如此。

（二）关键研发设备保险

关键研发设备保险包括关键研发设备物质损失险和关键研发设备物质损失一切险两种保险产品。关键研发设备包括被保险人所有、租用或管理的用于研发项目且研发工作中不可缺少的主要机器、设备、机械装置及附属设施等。

关键研发设备物质损失险是指投保人投保的关键研发设备因为自然灾害或意外事故造成损失，保险公司负责赔偿修复或重置的费用。关键研发设备保险包括六个方面的内容：① 因自然灾害或意外事故导致关键研发设备损坏，赔偿设备的维修费用或更换费用；② 拥有财产所有权的自用的供电、供水、供气设备因为自然灾害或意外事故遭受损坏，引起停电、停水、停气以致造成关键研发设备的损坏，赔偿设备的维修费用或更换费用；③ 为抢救设备或防治灾害蔓延，采取必要的、合理的措施而造成的关键研发设备的直接物质损失，赔偿设备的维修费用或更换费用；④ 为防止或者减少事故的损失所支付的必要的合理的施救费用，由保险公司给予赔偿；⑤ 因为设计、制造或安装错误、铸造和原材料缺陷导致关键研发设备损坏，赔偿设备的维修费用或更换费用；⑥ 工人或技术人员操作错误、缺乏经验、技术不善、疏忽、过失行为导致关键研发设备损坏，赔偿设备的维修费用或更换费用。

关键研发设备物质损失险的功能是投保人投保的关键研发设备因为火灾、爆炸，雷击、暴雨、洪水、台风、暴风、龙卷风、雪灾、雹灾、冰凌、泥石流、崖崩、突发性滑坡、地面突然塌陷，飞行物体及其他空中运行物体坠落，设计、制造或安装错误、铸造和原材料缺陷，工人或技术人员操作错误、缺乏经验、技术不善、疏忽、过失行为，离心力引起的断裂，超电压、碰线、电弧、漏电、短路、大气放电、感应电及其他电气原因造成的损失，保险人负责赔偿修复或重置的费用。而关键研发设备物质损失一切险除上述物质损失险提供的保障之外，还负责赔偿其他自然灾害和意外事故造成的关键研发设备的损失。

关键研发设备物质损失险及一切险均为一年期保险，保险金额按照关键研发设备投保当时的重置价值确定。关键研发设备物质损失险、物质损失一切险综合了传统财产险和机器损坏险的保险保障范围，有利于高新技术企业全面地转移风险，同时"二合一"的模式能够简化流程，便于客户理解条款和索赔，而且投保费率在首批科技保险险种中较低，不会给投保企业带来过多的经济负担。

关键研发设备保险自推出以来，受到各领域，尤其是新材料、生物医药技术、新能源领域高新技术企业的广泛欢迎。

（三）研发营业中断保险

研发营业中断保险包括五个方面内容：①赔偿研究机构人员的工资，以恢复到损失发生前研发状态为限；②赔偿新产品设计费、工艺规程制定费，以恢复到损失发生前研发状态为限；③赔偿委托其他单位和个人进行科研试制的费用，以恢复到损失发生前研发状态为限；④赔偿原材料和半成品的试制费、技术图书资料费，以恢复到损失发生前研发状态为限；⑤赔偿其他与新产品的试制和技术研究直接相关的费用，但需事先和保险公司在合同中约定。

研发营业中断保险的功能表现为若被保险人由于火灾、爆炸、雷击、暴雨、洪水、台风、暴风、龙卷风、雪灾、雹灾、冰凌、泥石流、崖崩、突发性滑坡、地面突然塌陷、飞行物体及其他空中运行物体坠落，造成关键研发设备损毁、灭失或丧失使用功能以及存储于其中的科研资料丢失，导致被保险人研发工作中断，保险公司负责赔偿被保险人恢复研发工作至损失发生前状态的追加研发费用。

赔偿的研发费用包括新产品设计费、工艺规程制定费、设备调整费、原材料和半成品的试制费、技术图书资料费、未纳入国家计划的中间实验费、研究机构人员的工资、委托其他单位和个人进行科研试制的费用以及其他新产品的试制和技术研究直接相关的其他费用。

研发营业中断保险的保险期自研究项目实施之日开始，至研究项目完成之日结束，保险金额为投保项目的总研发经费。研发营业中断保险针对高新技术企业研发项目的特点，采用了工期制设计，便于保险金额的确定和为其提供充足的保障。但从试点情况看，研发营业中断保险市场需求度不高，绩效较低。2007年，华泰保险公司该险种签单量只有两笔，而在重庆市没有一家企业投保研发营业中断保险。

（四）高管人员和关键研发人员团体健康保险

高管人员和关键研发人员团体健康保险包括高管人员和关键研发人员住院医疗费用团体保险A款、B款两种保险产品。

高管人员和关键研发人员住院医疗费用团体保险A款提供的保障包括基本保障和可选保障。基本保障是境内住院医疗费补偿，该医疗费用指被保险人在中国（不含港、澳、台）因疾病住院治疗期间发生的可索赔医疗费用；可选保障是境外住院医疗费补偿，该医疗费用指被保险人在其他国家或地区（含港、澳、台）工作期间患病，在其他国家或地区（含港、澳、台）住院治疗发生的可索赔医疗费用。B款提供的保障则包括疾病住院津贴、重症监护津贴、手术定额津贴。

住院医疗费用团体保险的保险期为1年，等待期为90天，即保险合同生效之日起90日（续保无90日限制）后因疾病引起的住院，保险公司按约定给付保险金。A款的保险金额由投保人和保险公司事先协商确定，一般以被保险人的年收入为限。B款则按照规定的保险金额组合设置为一份保障，被保险人可根据需要购买多份保障。

（五）高管人员和关键研发人员团体人身意外保险

高管人员和关键研发人员团体人身意外保险提供的基本保障是意外事故造成的身故和伤残。为满足不同投保人的个性化需求，该产品还设置了可供客户选择的意外伤害增值保障，包括医疗费用补偿、住院津贴、重症监护津贴、烧烫伤保险金和家庭关爱金。

意外保险的保险期为1年，其中身故、伤残保险金额是被保险人因遭受意外伤害事故导致身故或伤残后可以得到的最高赔偿金额，由投保人和保险公司事先协商确定，一般为被保险人年收入的5~10倍。可选增值保障的保险金额由投保人和保险公司事先协商确定。

高管人员和关键研发人员，由于长期紧张的工作和承担较大压力，导致他们所面临的意外风险和健康风险相对较高，而且由于科研工作需要，有些高新技术企业中会有一些老年科研专家，相对于其他人员，这些专家往往更需要保障，而常规的意外险和健康险均不针对此类人员提供保障，所以高新技术企业对团体健康保险和人身意外保险的需求很大。调查显示，高管人员和关键研发人员团体健康保险和人身意外保是保监会第一批科技保险试点险种中绩效较好的两个险种，值得进一步推广和发展。

（六）出口信用保险

出口信用保险是国家为了推动本国的出口贸易，保障出口企业的收汇安全而制定的一项由国家财政提供保险准备金的非营利性的政策性保险业务。目前，我国出口信用保险包括短期出口信用保险和中长期出口信用保险。

短期出口信用保险是指贸易合同中规定的放账期不超过180天的出口信用保险，经保险公司书面同意，放账期可延长至360天。承保的风险包括商业风险、政治风险。由政治风险造成损失的最高赔偿比例为90%；由破产、无力偿付债务、拖欠等其他商业风险造成损失的最高赔偿比例为90%；由买方拒收货物所造成损失的最高赔偿比例为80%。

中长期出口信用保险旨在鼓励我国出口企业积极参与国际竞争，特别是高科技、高附加值的机电产品和成套设备等资本性货物的出口以及海外工程承包项目，支持银行等金融机构为出口贸易提供信贷融资。中长期出口信用保险通过承担保单列明的商业风险和政治风险，使被保险人得以有效规避出口企业收回延期付款的风险和融资机构收回贷款本金和利息的风险。

出口信用保险不仅能够促进高新技术企业改善结算方式，抓住贸易机会，开拓新兴市场，扩大出口规模，而且可以帮助高新技术企业获得出口融资便利。企业通过投保出口信用保险，提升了信用条件，申请融资更加便利，从而缓解了企业尤其是中小型高新技术企业的资金紧张状况。

正是由于以上条件，出口信用保险备受各领域高新技术企业的关注，尤其在一些外向型经济发达的试点城市，如苏州、深圳，出口信用保险的需求旺盛。根据中国出口信用保险公司2007年支持高新技术情况统计，短期出口信用保险的投保企业为1 092家，投保额为355亿元；中长期出口信用保险的参保企业为12家，投保额为179.73亿元，险种绩效很高。

二、第二批科技保险试点险种

2008年，第二批科技保险创新险种新增了高新技术企业财产保险、产品责任保险、产品质量保证保险、董事会及监事会高级管理人员职业责任保险、雇主责任保险、环境污染责任保险、专利保险、小额贷款保证保险和项目投资损失保险9类险种。同时，中国人民财产保险股份有限公司（以下简称人保财险）获得试点经营科技保险业务的资格，成为国内获准试点科技保险的第三家保险公司。

（一）高新技术企业财产保险

高新技术企业财产保险是针对高新技术企业，以投保人存放在固定地点的财产和物资作为保险标的的一种保险，保险标的的存放地点相对固定，处于相对静止状态。高新技术企业财产保险包括一切险和综合险两种产品。

其中，一切险主要承保因自然灾害或意外事故造成的被保险财产直接物质损失或灭失以及由于供电单位或意外事故导致的突然断电、电器短路及其他电气原因造成的计算机设备本身的损失。

而综合险主要承保因火灾、爆炸、雷电、暴雨、洪水、暴风、龙卷风、冰雹、台风、飓风、暴雪、冰凌、突发性滑坡、崩塌、泥石流、飞行物体及其他空中运行物体坠落、水箱爆裂、水管爆裂等造成保险标的直接物质损失或灭失以及计算机设备由于供电单位或意外事故导致的突然断电、电器短路及其他电气原因造成的自身损失。

（二）产品责任保险

产品责任保险，是指以产品制造者、销售者、维修者等产品责任为承保风险的一种责任保险，而产品责任又以各国的产品责任法律制度为基础。

该险种承保被保险人所生产、出售的产品在承保区域内发生事故，造成使用、消费或操作该产品或商品的人或其他任何人的人身伤害或财产损失，依法应由被保险人承担责任时，保险人在约定的赔偿限额内负责赔偿。

产品责任保险具有以下特点：以产品质量法为基础，针对生产性企业；采取"索赔发生制"，设立追溯期，强调续保的连续性和保险长期性；合理确定责任范围，分类厘定费率。

（三）产品质量保证保险

产品质量保证保险，也称产品保证保险，承保的是被保险人因制造或销售的产品丧失或不能达到合同规定的效能而应对使用者负有的经济赔偿责任，即保险人对缺陷的产品本身以及由此引起的有关损失和费用负有赔偿责任。

在保险期限内，被保险人生产或销售的产品，由于使用性能未事先作出说明或产品不符合标准等质量问题造成产品本身的损失以及因产品的修理、更换或退货引起的应由被保险人承担的鉴定费用、运输费用和交通费用，保险人按约定予以赔偿。

该险种的特色包括：保障因产品质量问题造成的自身经济损失；与产品责任险互补，相互搭配，全面化解产品风险；防范企业经营风险，为企业产品创新解除后顾之忧。

(四) 董事会监事会高级管理人员职业责任保险

董事会监事会高级管理人员职业责任保险,是以董事会监事会高级管理人员在从事职业技术工作时因疏忽或过失造成合同对他人的人身伤害或财产损失所导致的经济赔偿责任为承保风险的责任保险。

依照中华人民共和国法律(不包括香港、澳门、台湾地区)设立的,仅在上海证券交易所或深圳证券交易所上市的高新技术企业的董事、监事及公司章程中规定的其他高级管理人员在履行职务时,因不当行为致使第三者受到损失以及依法应由被保险人承担的经济赔偿责任,保险人根据约定负责赔偿。

该险种的特色在于:针对上市高新技术企业,保证上市公司经营秩序的稳定;满足公司自身经营风险需求,保障投资者的合法权益以及转嫁高管人员任职期间可能发生的赔偿风险;有利于吸纳高级人才。

(五) 雇主责任保险

雇主责任保险,是以被保险人即雇主的雇员在受雇期间从事业务时因遭受意外导致伤、残、死亡或患有与职业有关的职业性疾病而依法或根据雇用合同应由被保险人承担的经济赔偿责任为承保风险的一种责任保险。

在保险期限内,投保本保险企业的工作人员在中华人民共和国境内受雇过程中,从事保险合同中所载明的业务工作而遭受意外或患有与业务有关的国家规定的职业性疾病,所致伤、残或死亡,保险公司对被保险人根据劳动合同和中华人民共和国法律、法规须承担的医疗费用及经济赔偿责任依据保险合同中的规定在约定的赔偿限额内予以赔付。

(六) 环境污染责任保险

环境污染责任保险,是以企业发生污染事故对第三者造成的损害依法应承担的赔偿责任为标的的保险。环境责任保险是随着环境污染事故和环境侵权行为的频繁发生以及公众环境权利意识的不断增强,从公众责任保险、第三者责任保险中逐渐独立出来的一种新的险种。

在保险期限内,投保该保险的企业在保险单明细表列明的范围依法从事生产活动过程由于突发的意外事故导致有毒有害物质的排放、泄漏、溢出、渗漏,造成承保区域内第三者的人身伤亡或直接财产损失,并被国家环境保护管理部门认定为环境污染责任事故,由受害人在保险期限内首次向被保险人提出损害赔偿请求,且人民法院依照中华人民共和国法律判定应由被保险人承担的经济赔偿责任,保险公司按照保险合同中的约定负责赔偿。

（七）小额贷款保证保险

小额贷款保证保险是指在约定的保险事故发生范围内，且被保险人需在约定的条件和程序均达到要求时方能获得赔偿的一种保险方式，其主体包括投保人、被保险人和保险人。投保人和被保险人就是贷款合同的借款方和贷款方，保险人是依据保险法取得经营小额贷款保证保险业务的商业保险公司。

根据银行监督管理部门的相关规定，凡与商业银行签订借款合同并提供符合条件担保的高新技术企业投保该险种，连续3个月完全未履行与商业银行签订的借款合同中约定的还款义务，即认定发生保险事故。在被保险人（商业银行）根据借款合同的约定向投保企业及其担保人进行追偿后，对于不足以清偿投保企业的借款本金与借款利息的剩余部分，保险公司按照保险合同中的约定负责向商业银行赔偿。

（八）项目投资损失保险

项目投资损失保险是指投保人根据合同约定，向保险人交付保险费，保险人按保险合同的约定对所承保的项目投资及其有关利益因自然灾害或意外事故造成的损失承担赔偿责任的保险。

（九）专利保险

专利保险是知识产权保险的一种，是保护专利持有人因其专利被侵权所招致的损失而提供的险种。根据合同约定，投保人向保险人交付保险费，在保险期间，投保的专利若受到第三方侵权行为，保险人对所承保的专利及其因侵权招致的损失承担赔偿责任。

综上分析，相对于传统产品，科技保险第一、第二批试点险种具有以下四个特点。第一，保障针对性突出。科技保险产品专门针对高新技术企业的工作性质，即财产类别特殊、员工素质较高、保险需求更加个性化与多元化的特点而开发，条款的针对性和灵活性更强，如在财产保险中增加对计算机设备的专门保障以及针对研发项目中断和研发设备受损的专门险种，在责任险中增加研发责任等特殊保障，还在团体意外险和团体健康险中设计了必选责任和可选责任，投保企业可根据需要灵活选择投保。第二，保障范围全面。科技保险产品涵盖范围广，涉及财产保险、责任保险、信用保险和意外健康保险等多个险种，可以为高新技术企业的财产、责任和人员提供全方位、综合性的保险服务。第三，产品创新性强。在第二批试行险种中，高新技术企业环境污染责任保险、高新技术企业小额贷款保证保险等险种属于高风险的创新型产品，传统非寿险市场上没有类似产品，它是专门根据高新技术企业的特定要求而开发，为高新技术企业提供专属的优惠业务。第四，费率厘定科学。在产品开发过程中，应用相关精算原理并结合实际对高新技术企业重新进行行业细分，针对不同风险水平的高新技术企业设定不同的费率基数，并综合考虑各相关风险要素，设计费率浮动系数，根据风险大小，科学、准确、灵活地确定保费水平。

三、科技保险险种创新

（一）总体设计方案

科技保险在进行险种创新时除了要遵循创新原则，还必须有一套切实可行的险种创新总体方案，以提高险种创新各环节的科学性，保障险种创新活动稳定、连续地进行。科技保险险种创新的总体方案依照主要程序可以分为四个分解方案：新险种的创意设计方案、新险种的技术设计方案、新险种的实施方案、新险种的评估反馈方案。

1. 新险种的创意设计方案

新险种的创意设计方案主要由三个阶段构成：市场需求分析阶段、创意生成阶段和创意决策阶段。这三个阶段依照先后顺序逐步进行，每个阶段包含若干流程。

市场需求分析阶段是形成险种创新目标的重要基础，关键在于准确地确定目标市场，必须在获取第一手市场需求资料的前提下，对市场进行细分、评估和筛选，以选择最合适、最具有潜力的市场。创意生成阶段主要是通过确定创新目标，利用科学、灵活的方法，归纳总结形成多个成熟、有效的创意方案。创意决策阶段则是通过细致的可行性分析和营销计划、预算分析，运用科学的决策方法，在多个备选创意方案中进行创意决策。

2. 新险种的技术设计方案

新险种的技术设计方案可以分为四个阶段：财务设计阶段、合同设计阶段、预算与计划阶段、模拟与测试阶段。其中，财务设计阶段为该方案的核心，由三个层次构成。

财务设计阶段作为技术设计方案的核心，也是险种创新总体方案的重点，其目的是给新险种合理定价。财务设计阶段分为三个层次：第一层次是为新险种进行初步定价；第二层次则主要是对初步定价的结果进行预测和评估；第三层次则是将定价结果上交决策机构进行定价决策，以确定最终定价。合同设计阶段主要是针对险种特点和相关法律法规设计保险合同，首先是设计合同的格式，进而列订合同条款，以形成初步的合同方案，然后对初步合同方案进行法律评估，并依据法律规定进行修正，最后正式拟定合同。预算与计划阶段是险种创新项目组依照已经设计出的新险种定价的特点预测所需的资本和人员、设备资源的过程，这一阶段的目的是为新险种的进一步决策和实施提供基础。模拟与检测阶段是技术设计方案的最后阶段，这一阶段主要是从技术上测试新险种设计结果的科学性和合理性。

3. 新险种的实施方案

新险种的实施方案由三个阶段组成：实施准备阶段、试验销售阶段和正式推广阶段。其中，实施准备阶段是后两个阶段的基础，正式推广阶段则决定着新险种的价值。

新险种实施的第一步是实施准备，通过调动各种相关资源，满足新险种的销售要求。试验销售是新险种在全面进入市场前的试探行为。由于险种创新在整个设计过程中都是以项目组对于市场需求的估计为基础，因而设计出的新险种有可能与市场需求存在偏差，甚至有对市场造成负面影响的可能，只有在一定范围内进行试验销售才能够将可能发生的风险降低，以避免浪费大量资金和造成严重社会后果。试验销售阶段依照时间顺序可以分为三部分，即试销前、试销中和试销后。如果试销阶段顺利通过，险种创新就可以进入正式推广阶段。在进入正式推广之前，首先需要调集相关人力资源构建推广组织，然后选取推广的方式，进而依照推广方式进行大规模宣传，同时依照推广计划进行有步骤的全面推广。

4. 新险种的评估反馈方案

新险种的评估反馈方案由四部分构成：新险种的经济效益评估、新险种的社会效益评估、新险种设计与实施评估和反馈与修正。这四部分与险种创新的创意、设计和实施共同构成一个循环系统。

评估反馈起始于新险种的正式推广阶段。从新险种运作全程角度看，评估反馈主要是对新险种运作过程和运作结果的监督。在运作过程中，评估反馈系统应对整个过程进行实时监控，不断收集、分析相关数据和信息，及时找出并修正问题；对于运作结果，评估反馈系统必须定期对实施结果进行分析和评价，并反思险种创新全过程，找出问题，向决策系统反馈，有选择性地从根本上对新险种进行修正。

社会效益和经济效益是新险种评估反馈的两大重要基础。经济效益主要是从收益与成本的角度出发，而社会效益则是从企业的反应、社会需求的满足以及科技保险外部性指标等角度出发。只有在对两大效益进行评估的基础上，才能对险种创新的各个细节和各个部分进行评估，以找出无法满足两大效益最大化的原因和进一步提高两大效益的途径。

（二）创新险种

科技保险的险种创新应当以市场需求为基础，根据市场调研结果显示的市场需求缺口和未来趋势，基于已有的15个科技保险险种，针对技术人员、研发责任以及研发项目投融资来展开,且新险种应主要集中于责任保险、信用保险、保证保险和团体人身保险等类别,因此可以构想以下 3 个新险种。

1. 研发技术人员职业责任保险

职业责任保险是一种保障专业人员职业责任的保险。所谓职业责任是指从事专业技术工作的人或单位,由于工作疏忽或过失,或由于他们的雇员或合伙人的疏忽或过失,而给他们的当事人或其他人造成人身伤害或财产损失,依法应当由专业技术人员或单位承担损害赔偿责任。在试点运行阶段,科技保险市场上已经出现董事会监事会高级管理人员职业责任保险,该保险是针对董事会监事会高级管理人员职业责任而设立,但研发技术人员作为科研项目的主要执行者,对科研项目的成败也具有重要的影响,一旦研发技术人员出现疏忽和过失,研发项目可能出现严重问题,甚至中止,从而给研发项目投资企业带来严重的损失。依照法律责任,这笔损失应当由造成损失的个人及其单位承担,显然凭借个人的经济实力根本无力承担赔偿责任,而负有连带责任的研发项目承担单位也会面临巨大危机。因此,这一风险从不同角度影响着研发项目投资者、研发项目承担单位和研发技术人员从事科研活动的积极性,从而成为科技风险中的重要部分,也成为科技保险的重要需求点。

研发技术人员职业责任保险很好地满足了这一需求点。研发技术人员职业责任保险的实质是将技术人员的职业责任风险转嫁给保险公司,在发生风险后,由保险公司帮助研发技术人员或研发单位承担这笔损失,使研发项目及时获得经济补偿,以赔偿项目投资者,保障研发项目继续进行,从而降低各方主体的风险和损失。研发技术人员职业责任保险的作用主要有两点:其一,降低了研发技术人员的风险,间接地提高了研发技术人员的保障与福利;其二,降低了研发项目的风险,提高了研发投资者和研发单位的积极性。

2. 委托研发保证保险

委托研发保证保险属于保证保险。保证保险是被保险人根据权利人的要求,请求保险人担保自己信用的保险。保证保险的保险人代被保证人向权利人提供担保,如果由于被保险人不履行合同义务或者有犯罪行为导致权利人受到经济损失,由保险人承担赔偿责任。在试点运行阶段,科技保险市场上已经存在的高新技术企业产品质量保证保险和高新技术企业小额贷款保证保险均属于这一类保险。

从我国目前的企业研发模式看,委托研发是一种常用的合作研发模式。企业拥有资金资源,且对于技术有需求,但是人员和设备不足,而科研单位拥有高科技人才和研发设备,却没有足够的资金,于是企业出资,委托科研单位进行研发,并偿付委金。另外，企业的研发能力各有所长，对于非自身所擅长领域的研发项目也可能采取委托的形式外包给其他企业。虽然委托研发的模式有效地整合了资源，提高了研发的效率，但是委托行为本身存在风险。例如，被委托人泄露技术信息出现道德风险，被委托人因种种原因无法完成研发，或者被委托人所交付的研发成果无法产生收益，等等。这些风险的存在时常给委托方造成严重损失，致使委托研发模式难以施行。

委托研发保证保险可以将保险公司作为担保方引入委托合同，一旦委托研发合同出现风险，保险公司承担损失赔偿。委托研发保证保险有效地降低了委托研发企业的风险，在对委托方进行损失赔偿的同时，保险公司从自身利益出发，还会对被委托方的研发过程起到监督控制的作用，进而提高研发项目的成功率。

3. 技术转让质量保证保险

技术转让质量保证保险也属于保证保险的一种，是当技术成果作为产品进行转让和销售时，将技术成果的质量作为标的的一种产品质量保险。产品质量保险是指因被保险人制造或销售了丧失或不能达到合同规定效能的产品给使用者造成了经济损失时，由保险人对有缺陷的产品本身以及由此引发的有关损失和费用承担赔偿责任。

目前，技术交易是我国科学技术在研发单位与企业以及企业与企业间流通的重要方式。在技术交易过程中，技术被作为一种商品进行买卖，但技术本身与普通商品存在巨大的差异，由于技术的专业性强、复杂程度高，买方企业很难全面了解其质量。另外，技术成果转化和市场销售都存在很大的不确定性，一旦发生风险，买方企业将承担全部损失。因此，技术成果的质量风险成为阻碍技术交易的重要障碍，而解除这一障碍的根本办法就是通过保险进行风险转移。

技术转让质量保险将技术成果的质量风险由买方企业转嫁给保险公司，一旦投保的技术成果在交易后无法达到保险合同所列明的效果，则由保险公司负责赔偿买方企业的相关损失。

（三）创新险种合同设计

科技保险作为保险的一类，其合同的内容结构与普通保险相同。对于保险合同的设计主要是针对保险合同条款的设计。保险合同条款分为两部分：基本条款和附加条款。基本条款又称法律条款，是按照法律规定写入保险单的条款，保险单上载明的统一条款，直接印在保险单上，被保险人无选择余地。附加条款，又称为任选条款，是当事人在合同基本条款的基础上约定的补充条款。显然，附加条款由保险双方协商决定，不具备预先设计的可能和价值，故而新险种合同的设计主要针对基本条款。

根据保险合同的一般形式，基本条款主要包括保险人的名称和住所、投保人和被保险人的名称和住所、保险标的、保险责任和责任免除、保险期限和保险责任开始时间、保险价值、保险金额、保险费及其支付办法、保险金赔偿或者给付办法、违约责任和争议处理、订立合同的时间等。由于一般保险基本条款都以格式合同的形式出现，均有标准合同作为基础，因而此处只针对科技保险新险种中具有特征性的条款进行设计，主要包括保险标的、保险责任和责任免除、保险期限和保险责任开始时间、保险价值和保险金额。

1. 保险标的

保险标的是保险合同的客体或对象，也是明确保险范围和保险责任的基础，其设计关键在于限定保险对象的范围。

（1）研发技术人员职业责任保险的标的是研发技术人员，为了进一步明确和具体化研发技术人员的概念，应该对研发技术人员进行限定。首先，投保的研发技术人员必须是直接参与研发项目，且在研发项目中处于重要技术岗位的技术人员；其次，投保的研发技术人员必须受聘于某一注册研发机构或企业研发部门，且具有初级以上职称；最后，投保的技术人员必须具备与技术岗位相匹配的学历背景和职业证书。

（2）委托研发保证保险的保险标的是研发项目的被委托机构。第一，被保险人必须是直接独立完成全部或部分被委托项目的研发机构；第二，被保险人必须是注册的研发机构或者具有独立法人资格的企业；第三，被保险人必须具备与委托研发项目相匹配的研发能力和资质；第四，被保险人必须具备从事相关领域项目研发的经验。

（3）技术转让质量保证保险的保险标的是被转让的技术成果。第一，投保的技术成果必须是在专利保护期限内的专利成果；第二，投保的技术成果必须为技术领先成果，且尚未被替代或淘汰；第三，投保的技术成果必须是已经完成成果转化的可大量生产销售的成果；第四，投保的技术成果及其衍生产品必须符合国家法律规定，并非国家禁止生产销售的产品。

2. 保险责任和责任免除

保险责任是指保险事故发生后保险人应承担的经济赔偿或给付保险金的责任范围。责任免除又称除外责任，是指保险人不承担赔偿或给付保险金的责任范围。理论上保险责任和责任免除应当呈互补关系，二者共同构成了保险公司承担赔付的边界，是保险理赔和保险定价的基础，也是整个保险合同中最关键的部分之一。

（1）根据研发技术人员职业责任保险的构想，其保险责任应该是被保险人在保险期限内，因在从事保险合同指定研发项目的过程中出现疏忽和过失，造成指定研发项目的经济损失，依法应由被保险人承担的经济赔偿责任。此外，在发生保险责任事故后，被保险人为缩小或减少对委托人或其他利害关系人的经济赔偿责任所支付的必要的、合理的费用也属于该险种的保险责任范围内。该险种的责任免除主要有以下几点：第一，造成损失的行为是被保险人的故意行为或非职业行为；第二，因自然灾害、战争或火灾等不可抗力引起的被保险人的过失行为造成的损失；第三，被保险人在非正常状态下（包括身体及心理疾病、外部突发事件等因素引起的被保险人在精神或身体上出现非正常状态）产生的疏忽和过失引起的经济损失赔偿责任；第四，在事故发生后，因被保险人未采取必要措施缩小、减少损失或未及时向保险人报险而引发的扩大部分的损失责任；第五，其他不属于该险种责任范围内的一切损失、费用和责任。

（2）根据委托研发保证保险的构想，其保险责任应该是被保险人因技术瓶颈或研发能力限制无法完成保险合同列明的委托研发项目，造成研发项目委托方的经济损失，依法由被保险人承担的经济赔偿责任。该险种的责任免除主要包括以下几点：第一，因被保险人故意不履行或消极履行委托研发义务，而导致委托研发项目失败造成的经济赔偿责任；第二，被保险人在投保时递交给保险人的关于被保险人资质、研发能力以及被委托项目的相关信息存在虚假情况；第三，因研发资金不足而导致的研发项目失败产生的损失责任；第四，因自然灾害、战争、火灾等不可抗力导致研发项目失败而产生的损失责任；第五，委托研发项目本身存在重要缺陷或无法突破的技术瓶颈，且被保险人事先知道而未再投保时告知保险人；第六，被保险人在研发过程中存在分散研发资源、降低自身研发能力的行为；第七，其他不属于该险种责任范围内的一切损失、费用和责任。

（3）根据技术转让质量保证保险的构想，其保险责任应该是投保人购买的保险合同中列明的专利技术成果，在保险期限内因技术淘汰或技术窃取而导致失效或价值下降，保险人依照保险合同约定的保险金额向投保人给予赔偿的责任。该险种的责任免除应包括以下几点：第一，因保险人（包括投保企业内的相关人员）的故意行为或严重过失导致的专利技术成果被窃取；第二，因投保人自行或委托研发的新技术导致被保险专利技术成果被淘汰；第三，被保险专利技术成果在投保前就已经被淘汰或被窃取；第四，投保人未按照保险人要求对专利技术成果采取合理的保密措施；第五，在保险期限内专利技术成果的专利权到期或被取消；第六，专利技术成果在保险期限内因违反法律而被禁用给投保人造成的经济损失；第七，其他不属于该险种责任范围内的一切损失、费用和责任。

3. 保险期限和保险责任开始时间

保险期限是指保险人对被保险人承担保险责任的起讫时间。

（1）研发技术人员职业责任保险，根据该险种的构想和精算设计，其保险期限应当与被保险人从事指定项目的起止时间相同，即从被保险人开始参与指定项目研发工作之日起至被保险人离开指定项目研发工作岗位之日止。

（2）委托研发保证保险，由于该险种的目的是保证委托研发项目成功交付，因此该险种的保险期限应当是从委托研发合同签订之日起至委托研发项目合同结束之日止。

（3）技术转让质量保证保险，由于技术在使用过程中随着时间的推移被更新和窃取的风险会逐步增大，因而该险种的保险期限不宜过长，一般是从技术转让交付之日起的一年内。

责任开始时间是指保险人开始对被保险人承担保险责任的时间点，一般在我国的保险实务中采用的是"零时起保"，即以开始承担保险责任之日的零时为具体的责任开始时间。

4. 保险价值

保险价值是指保险标的的实际价值，它既可以在保险合同中直接注明，也可以在损失发生之后根据市场价值给予评估。

（1）研发技术人员职业责任保险，由于在研发技术人员出现疏忽或过失而导致损失发生之前很难确定损失的价值，因而该险种的保险价值只能在损失发生后依据市场价值进行评估。

（2）委托研发保证保险，由于该险种主要是针对委托研发合同设立的，即用以保证委托合同的实施，因而该险种的保险价值应该是委托科研项目的投资额。

（3）技术转让质量保证保险，该险种保证的对象是被转让技术的价值，即被转让技术在投放市场后预期的收益，因而该险种的价值就是被转让技术的预期市场收益。

5. 保险金额

保险金额是指在合同中载明的，由保险人承担或者给付保险金责任的最高限额，保险金额是在保险价值的基础上确立的。

（1）研发技术人员职业责任保险的保险金额应当与其保险价值相同，即等于技术人员疏忽与过失造成损失的大小，但原则上造成的损失不能超过研发项目的总投资额。

（2）委托研发保证保险的保险金额可以与保险价值相同，也可以依照投保者与保险人的协商结果确定为低于保险价值的某一额度。

（3）技术转让质量保证保险，由于被转让技术的预期市场收益评估往往主观性较强，且风险性较大，因此该险种的保险金额不能等于保险价值，只能通过保险合同双方当事人的约定进行确定，且约定值不能超过其表现价值。

第四章　政府：科技保险的主导力量

第一节　科技保险发展初期的政策探索

政府在发展政策性保险的过程中理应发挥至关重要的作用。本章在总结我国长期以来发展政策性农业保险经验的基础上，深入探讨了政府在科技保险发展中必须担当的角色，同时结合当前形势，就政府的具体工作和可能的政策安排给出了初步建议。我们认为，政府在科技保险推进过程中扮演的角色并非一成不变，政府工作也不能毕其功于一役，即科技保险在发展的不同阶段对政府作用的需求也存在不同。政府只有把握好节奏，承担起分内责任，才能很好地为科技保险的发展服务。

农业保险，是由保险机构经营，对种植业、畜牧业、渔业等农业产业在生产过程中因遭受特大自然灾害、事故或者疫病所造成的经济损失进行赔偿，并由国家给予财政补贴、税收优惠等政策支持的保险活动。类似科技保险，农业保险本身也具有一些特殊性，如广泛伴生性、发生频率高、损失规模大等，这些特点造成了农业保险市场的失灵现象。但农业是国民经济的基础，是民生基础，是国计民生大事，可以视之为准公共产品。政府的合理介入成为保持农业保险制度持续、健康发展的核心和基础。在科技保险的起步时期，我国政策性农业保险的发展经验具有极其重要的参考价值。对其主要做法进行梳理并融入科技保险的发展中，可以减少工作的盲目性，加速科技保险的推动与推广。

自 20 世纪 50 年代至今，我国的农业保险发展经历了开办、撤销、恢复、兴起、萎缩和重新试点等一系列阶段，不断在摸索中前行。我国从 2003 年开始，相继出台涉农保险政策文件，提升农业保险的地位，逐渐加大对政策性农业保险的支持力度，一举扭转了农业保险发展的颓势。2004 年至今，全国各地全面启动了各种农业保险试点模式，同时中国保监会成立了专门的工作小组，在黑龙江、吉林、上海、新疆、内蒙古、湖南、安徽、四川、浙江等 9 个省区市协助农业保险试点工作，积极探索符合各地实际的农业保险经营模式。继上海安信农业保险公司成立之后，黑龙江的阳光农业互助保险公司、吉林的安华保险公司也相继挂牌，同时国际上经营农业保险较为成功的外资公司，如法国的安盟保险公司也在我国落户，为我国农业保险模式探索提供了很好的借鉴经验。2008年年底，我国近90%的省份都已尝试开办农业保险业务，全国农业保险保费收入达16亿美元，约占全球农业保险保费收入的10%，规模已上升至全球第二位，亚洲第一位，我国的农业保险已经走上了正规化、条理化、快速的发展道路。从目前来看，农业保险之所以取得如此巨大的成功，主要源于以下几点。

一、连续出台国家层面的农业保险政策文件，为农业保险的持续发展提供保障

从2004年到2017年，连续14年的中央"一号文件"都提出要推进政策性农业保险，给予农业保险特殊地位，为其发展扫清政策上的障碍，具体的政策内容详见表4-1。具体内容主要围绕两个大的方面：一是在有条件的地方对参加保险的农户给予一定的保费补贴；二是不断扩大政策性农业保险的试点范围，并鼓励商业性保险机构开展农业保险业务。这些文件的出台，对农业保险在农业发展中的积极作用给予高度认可，体现了政府对农业保险的关注和重视，坚定了我国发展农业保险的决心和信心。同时，政策的连续性也很好地保障了农业保险的持续发展。

表4-1 农业保险政策内容（2004—2017）

年　度	"一号文件"中有关农业保险的政策措施
2004	加快建立政策性农业保险制度，选择部分产品和部分地区率先试点，有条件的地方可对参加种养业保险的农户给予一定的保费补贴
2005	扩大农业政策性保险的试点范围，鼓励商业性保险机构开展农业保险业务
2006	稳步推进政策性农业保险试点工作，加快发展多种形式、多种渠道的农业保险
2007	积极发展农业保险，按照政府引导、政策支持、市场运作、农民自愿的原则，建立完善农业保险体系；扩大农业政策性保险试点范围，各级财政对农户参加农业保险给予保费补贴，完善农业巨灾风险转移分摊机制，探索建立中央、地方财政支持的农业再保险体系；鼓励龙头企业、中介组织帮助农户参加农业保险
2008	完善政策性农业保险经营机制和发展模式；建立健全农业再保险体系，逐步形成农业巨灾风险转移分担机制

续　表

年　度	"一号文件"中有关农业保险的政策措施
2009	加快发展政策性农业保险，扩大试点范围、增加险种，加大中央财政对中西部地区保费补贴力度，加快建立农业再保险体系和财政支持的巨灾风险分散机制，鼓励在农村发展互助合作保险和商业保险业务；探索建立农村信贷与农业保险相结合的银保互动机制
2010	积极扩大农业保险保费补贴的品种和区域覆盖范围，加大中央财政对中西部地区保费补贴力度；鼓励各地对特色农业、农房等保险进行保费补贴
2011	聚焦"水利改革发展"，旨在有效缓解水利"基础脆弱、欠账太多、全面吃紧"等问题，加快扭转农业主要"靠天吃饭"局面；提出突出加强农田水利等薄弱环节建设、全面加快水利基础设施建设、建立水利投入稳定增长机制、实行最严格的水资源管理制度、创新水利发展体制机制等重要举措
2012	加快推进农业科技创新，持续增强农产品供给保障能力，聚焦"农业科技创新"，旨在依靠科技进步实现农业增产增收、提质增收、节本增收；强调三农政策的强农、惠农、富农三大指向，提出推进农业科技创新、提升技术推广能力、发展农业社会化服务、加强教育科技培训等系列举措
2013	加快发展现代农业，进一步增强农村发展活力，再次聚焦"现代农业"，核心是创新农业经营体系，旨在解决城镇化进程中谁来种地、怎么种地以及农村社会管理等问题，激活农村和农民自身的活力；要求新增补贴向主产区和优势产区集中、向新型生产经营主体倾斜，培育和壮大新型农业生产经营组织，首次提出发展家庭农场、建立严格的工商企业租赁农户承包耕地的准入和监管制度，强调建立归属清晰、权能完整、流转顺畅、保护严格的农村集体产权制度
2014	全面深化农村改革加快推进农业现代化，聚焦"农村改革"，旨在贯彻落实党的十八届三中全会精神，破除农业农村体制机制弊端，推进四化同步发展；强调确保谷物基本自给、口粮绝对安全，提出建立农产品目标价格制度、最严格的食品安全监管制度、粮食主产区利益补偿与生态补偿机制、农业可持续发展长效机制等重要举措，系统提出农村土地产权改革的要求，确定了开展村庄人居环境整治、推进城乡基本公共服务均等化等重点工作
2015	加大改革创新力度加快农业现代化建设，再次聚焦"农业现代化"，旨在靠改革添动力，以法治作保障，在经济增速放缓背景下继续强化农业基础地位、促进农民持续增收；提出推进农村一二三产业融合发展，明确推进农村集体产权制度改革与农村土地制度改革试点等工作，首次提出完善农产品价格形成机制，加强农村法治建设

续表

年 度	"一号文件"中有关农业保险的政策措施
2016	落实发展新理念，加快农业现代化，实现全面小康目标，继续聚焦"农业现代化"，旨在用发展新理念破解三农新难题，加快补齐农业农村短板。提出推进农业供给侧结构性改革，要求着力构建现代农业产业体系、生产体系、经营体系，实施藏粮于地、藏粮于技战略，提出推进"互联网+"现代农业、加快培育新型职业农民、推动农业绿色发展、培育壮大农村新产业新业态等创新措施
2017	深入推进农业供给侧结构性改革，加快培育农业农村发展新动能，聚焦"农业供给侧结构性改革"，旨在从供给侧入手、在体制机制创新上发力，从根本上解决当前最突出的农业结构性、体制性矛盾。在优化产品产业结构、推行绿色生产方式、壮大新产业新业态、强化科技创新驱动、补齐农业农村短板、加大农村改革力度等方面进行全面部署，提出建设三区三园一体，大规模实施节水工程、盘活利用闲置宅基地，大力培育新型农业经营主体和服务主体，积极发展生产、供销、信用"三位一体"综合合作等创新举措

二、政府从宏观到微观全面介入，促进农业保险有序发展

在宏观层面，政府在农业保险试点开始之前，设计好农业保险发展的总体蓝图，为农业保险的具体工作提供方向性指导。在微观层面，为了促进农业保险在本地区的健康发展，政府（主要是地方政府）采取了以下四个方面的措施。第一，将农业保险列为考核基层政府政绩的主要指标之一，促使地方政府为农业保险产品的销售和推广肩负起责任。例如，吉林省要求，2008—2009年参加农业保险的各县五大作物参保面积要达到本县五大作物播种面积的70%。第二，对保险范围进行明确界定，强化对农业保险风险的控制和管理。农业保险试点的初期，逆选择和道德风险的控制十分重要，如果参保对象更多的是具有一定经营规模的种植大户或者机构，那么对降低逆选择以及管理和控制风险具有很大帮助。第三，对投保、理赔等环节提供各类具体帮助，降低农保的经营管理成本。例如，黑龙江农垦区，农垦总局坚持统一组织、集中投保、预收保费的原则，大大减少了保险经营的人力物力，为保险公司节约了成本。第四，对农业保险经营机构给予以险养险的政策优惠，以提高其承包的积极性，如推动农业保险承保公司在当地发展多种保险业务，建立"以险养险"的补充机制。

三、加大财税支持，提高农业保险覆盖水平

政府的补贴是农业保险快速发展的关键，这是由农业风险的特殊属性所决定的。

在提供财政补贴时，中央、省、地区（市、县）三级政府各有侧重，所起到的作用也各不相同。其中，国家层面成立了巨灾保险基金，发行巨灾保险债券，给发生巨大灾害、造成巨灾损失的保险公司和农民以补偿；省政府成立农业保险风险基金，每年从省财政预算中拨付一定比例资金补充保险风险基金，从民政和税务部门每年安排的救灾防洪费用中划拨一部分，从农产品流动渠道中征收一部分，从社会各界捐赠中拿出一部分，给投保农民一定比例的补贴和超过一定亏损额的保险机构补偿；地区（市、县）政府给农民一定比例的保费补贴。对于补贴力度，从试点的情况看来，经济较为发达、地方财政实力较为雄厚的地区，地方政府为农业保险提供的补贴比例、补贴额度一般较经济欠发达、地方财政能力薄弱的地区要高，而且补贴品种的范围较广。因而，投保率以及农业保险发展深度有着显著差异。

除了直接的财政补贴，税收优惠政策也是体现政府对农业保险发展支持的重要手段之一。政策性农业保险经营主体所涉及的税种主要包括企业所得税、营业税、印花税等。为保障政策性农业保险计划的顺利实施，降低保险经营主体的经营成本，增强其持续经营能力，同时降低保险费率，减轻农业生产者支付保险费的负担，国家又扩大了对政策性农业保险相关经营主体的税收优惠范围和力度。例如，财政部、税务总局2010年联合颁发《关于农村金融有关税收政策的通知》，其中明确规定，自2009年1月1日至2013年12月31日，对保险公司为种植业、养殖业提供保险业务取得的保费收入，在计算应纳税所得额时，按90%比例减计收入；对农村信用社、村镇银行、农村资金互助社、由银行业机构全资发起设立的贷款公司、法人机构所在地在县（含县级市、区、旗）及县以下地区的农村合作银行和农村商业银行的金融保险业收入按3%的税率征收营业税。这些税收优惠政策的出台，使农业保险进入一个新的高速发展阶段。

四、建立各种形式的巨灾风险分担机制

正是因为建立了良好的巨灾风险分担机制，农业保险才得以顺利开展。目前，我国解决农业巨灾风险的做法主要有四种方式：一是省级政府在设计实施方案时对保险公司承担的风险责任制定一个峰顶上限，对超过该限度的风险，由地方政府负担或地方政府与保险公司共同分担；二是当保险公司无力承担超赔风险时，采取削减保额方式按比例降低赔付；三是政府为保险公司购买再保险提供帮助；四是根据财政部文件，从当年保费收入中提取巨灾风险准备金，积存以备巨灾时使用。例如，在江西省，政府分省市县三级建立巨灾风险准备金，巨灾风险准备金实行封顶控制，各级政

府只承担有限责任，有效防止因特大自然灾害给地方财政造成过大的压力，同时也防止风险准备金过度积累。按照再保险原理，实行县级巨灾风险准备金超额递减赔付，既能较好地实现责权利的统一，又能有效减轻县级政府的赔付负担。这样，在遭遇重大自然灾害时，风险在全省范围内得到分散和稀释，大大增强了各级政府应对巨灾风险的能力。

五、银行保险联手，大力推动金融创新

2009年中央"一号文件"提出，要"探索建立农村信贷与农业保险相结合的银保互动机制"，为推动农村金融合作提供有力的政策支持。2010年4月，中国银监会和中国保监会响应中央文件精神，联合出台了《关于加强涉农信贷与涉农保险合作的意见》，提出要加强涉农信贷与涉农保险合作，建立统一的金融服务平台，改善农村金融服务，分散农业生产和农民生活中遇到的风险，推动农村经济发展和新农村建设。在这些政策的引导下，金融机构在涉农信贷和涉农保险中越来越注重合作创新。比如，在安徽，国元农业保险公司与村镇银行合作，在长丰启动的"信贷+保险"项目，解决了众多农户贷款难的问题；在广东佛山三水区，"银政保"创新使不少农民脱贫致富。

农业保险与科技保险具有许多相似点，在我国的现行体制下，都有充分的理由定位为政策性保险。相比之下，农业保险在我国推行的时间更早，取得的成绩也更突出，虽然农业保险自身目前还面临着各种现实挑战，许多政策措施和做法仍须进一步完善，但长期积累下来的发展经验对科技保险而言，极其珍贵。因此，在发展科技保险时，应对农业保险作更深入的研究，特别是探寻政府成功引导市场方面所采用的政策与措施。

第二节 政府在科技保险发展中的角色

科技风险的高损失率和科技保险的正外部性是科技保险作为一种政策性保险的客观依据，其推广工作离不开政府的支持。因此，政府在科技保险市场中如何扮演合适的角色，是事关科技保险开局与未来发展的重要问题。本节将借鉴农业保险的发展经验以及基于科技保险自身的特点，对科技保险发展初期，政府应当承担的责任和将要发挥的作用作初步探讨。

一、理应担当的角色

政府在科技保险发展初期理应担当以下角色。

（一）科技保险的发起者

准公共产品如果完全由市场来提供、调控则可能会导致供给不足、效率低下，因而科技保险市场的相关活动政府必须介入，在某些环节，还需要发挥主导作用，承担主要责任。一个重要原因就是科技保险产品价格在保险公司和投保人之间很难达成一致，一方面保险公司为准备足够的风险基金来承担风险，需要收取相应的保费，而这个完全依据精算原理厘定的价格又很难被市场所接受；另一方面投保人（科技企业）大都已经参加了传统保险，对科技保险这样一个新鲜事物的认知水平极其有限，对其风险管理功能、能力尚存疑虑，因而多抱有观望态度。没有政府牵头，市场很难形成合力，推出有生命力的科技保险产品。在这种情况下，科技保险市场很难自然形成，需要政府发挥作用，牵头相关各方为我国开展科技保险献计献策，为科技保险提供一个"孵化"的平台。比如，由科技部和中国保监会联合主办科技保险的研讨会，参与者包括政府部门、保险机构、科研机构、高校、科技企业、市场中介等各方代表，共同研究开展科技保险工作的各项事宜，充分了解各方的顾虑并寻求解决方案，力争在关键问题上达成广泛共识，为科技保险市场的形成扫清障碍。

（二）起步阶段的推动者

科技保险要真正面向市场，除了在理论上、市场分析上要有所进展，还必须迈出产业化这一关键步伐。在保险公司、保险中介公司对科技保险市场还存在疑虑时，政府应该对科技保险的市场化过程有全盘考虑，并形成一整套行动方案，特别是政府应凭借其强大的财力作为主要出资者创建科技风险基金，成为科技保险的最后也是最坚实的一道风险屏障，以提高保险公司的承保能力，增强科技企业对科技保险管控风险能力的信心，从而提高科技企业、保险公司等相关主体进入科技保险市场的积极性。

（三）市场的激励者

在推行农业保险时，政府的激励政策和措施起到了关键作用。就科技保险而言，来自政府的实实在在的支持尤为重要。一方面，科技保险的市场还处于开发期，远不及农业保险的市场认知度和影响力；另一方面，科技保险的出险率与损失额度相对农业保险可能更高。因此，政府应通过力度较大的财政政策、税收杠杆和宣传手段等来引导市场、刺激市场需求，降低保险公司进入科技保险市场的门槛，为科技保险的长期发展打开良好局面。

(四)市场的规范者

对于保险而言,信息不对称是引起市场混乱的主要原因之一。而影响科技保险风险水平的因素有很多,而且这些因素只有非常专业的人士才能有所判断,因而由于信息不对称导致的道德风险将会更加显现。同时,由于科技保险条款的复杂性,科技企业往往难以完全了解所有的条款,保险公司可能利用这种信息不对称,在保险事件发生后编造种种理由对应当履行的保险责任进行逃避,达到免赔、少赔的目的。另外,由于科技保险产品的消费过程中存在财政资金的补贴,这往往使某些投保人,甚至保险人,通过科技保险手段来骗取财政资金的投机行为,而财政资金使用的好坏,直接关系到科技保险的声誉以及财政资金的使用绩效。因此,从长远发展的角度来看,政府应通过法律、法规等的约束,来防范、打击不法行为,以保障科技保险市场的有序、公平,为科技保险营造良好的市场环境。

二、需要承担的具体工作

(一)总体设计

科技保险的目的是为科技创新提供战略性支持,因而政府有必要从头到尾为科技保险的总体发展设计好一幅蓝图,从而把握科技保险发展的规律与节奏,明确不同阶段的发展目标与重点任务,保证任何一个阶段的工作都"有章可循,有法可依"。科技保险属于新鲜事物,没有足够的经验可循,更没有捷径可走,唯有依靠我们自己不断摸索前行。但是,这种探索性工作并不能是漫无目的的尝试,为了保证工作顺利推进,并最终能够为科技创新起到保驾护航的作用,必须制订科学的行动方案。为此,科技部门和保险监管部门必须整合其他力量,在深入调研的基础上,制订一个纲领性文件,内容包括是否安排试点、如果试点如何组织试点等。

(二)组织协调

科技保险是一个交叉领域,其发展涉及多个部门和组织,需要各部门和各组织间大力协调与配合。同时,科技保险不能只停留在国家层面,要面向市场,必须落实在各地、各区域或者各产业园区,因而这还将涉及地方政府的许多相关部门。为使各部门、各级政府形成合力,必须成立一个强有力的工作领导小组,来全面组织协调科技保险发展过程中的各种资源配置、各参与主体的分工等。为保持工作的持续性、稳定性,要形成一种跨部门的工作联动机制,如定期召开联席会议等。另外,为及时了解科技保险各项政策的落实情况以及科技保险市场变化和业务经营情况,必须形成信息反馈机制。由于科技保险的组织协调工作难度较大,还直接影响科技保险的推进质量,所以必须高度重视。

（三）产品设计

在完全市场化的条件下，科技保险由于科技风险的特殊性很难进退自如。科技保险市场建立起来之后，如果没有政策约束，保险公司自身趋利避害的特性就会使科技保险市场上流通的多为营利性好、安全系数较高的产品，而并不一定是科技企业真正需要的，即使符合企业的需求，也不一定是为科技创新服务的。更有甚者，模糊科技保险和传统保险险种的区别，打着科技保险的旗号，享受科技保险的各项优惠政策，却主营其他保险业务。因此，政府有必要参与科技保险的险种设计，组织科技界与保险界的专家，开发设计科技企业真正需要，又能为科技创新分摊风险的险种和服务。

（四）人才培育

发展科技保险，政策是保障，而人才是关键。与其他行业不同，科技研发具有专业性和复杂性两大特点，因此，开展科技保险需要既懂科学技术、保险业务，又懂市场规律的复合型人才，在科技企业和保险之间建立起沟通的桥梁。唯有一批这样的专业型人才，才能使科技保险市场得以形成和发展。然而，目前保险业中综合素质的人才稀缺与科技保险急需复合型人才的矛盾异常凸显。为解决这一矛盾，当务之急，政府应高度重视对科技保险专业人才的培养，加强与高等院校、科研机构、保险中介机构、再保险公司等机构的合作，承担起组织和建立科技保险人才储备的工作。具体的方式有很多，比如，可以进行定单式人才培养，设置科技保险课程或专业，加强业务培训，提高科技保险相关从业人员的整体素质等。

（五）宣传

开展科技保险宣传工作，有利于推动科技创新企业树立风险防范意识，有利于科技企业深入、客观地了解科技保险，为科技保险发展提供良好的社会环境。由于科技保险具有政策性，对其宣传工作也不再是保险公司独有的责任，政府也应该积极参与其中，发挥应有的作用。首先，应大力支持保险公司针对性地开展科技保险宣传工作，并提供适当的政策优惠。例如，可以对科技保险创新险种的广告宣传给予一定的费用补贴。其次，政府有必要以整个科技保险概念为主题开展宣传活动。例如，在网站开辟"科技保险"专栏，将科技保险的意义和作用、科技保险政策、科技保险产品等内容全部上网公开，或者利用科技活动周等平台集中开展科技保险科普活动。

（六）行业资格评审

政府在科技保险中扮演的角色，最重要的一个就是科技保险发展方向的引导者，因此，政府应该具备了解当前科技保险发展现状，把握科技保险未来发展趋势的能力，唯有如此，才能够科学地制订相关政策。这种能力需要多方面工作的支持，包括对保险公司的经营绩效评估,对科技保险发展的阶段性经验总结等。保险公司是科技保险业务最主要的参与者,同时在推动过程中,还有一定规模的财政投入,如果不顾保险公司的经营能力,一味地扩大科技保险的经营范围,降低科技保险市场的准入门槛,将会影响科技保险的成败,也势必影响财政在科技保险中的效率。因此,在确定科技保险承保公司时,要综合评价保险公司的业绩、创新能力、抗风险能力等,择优选择。

(七)监督市场

前面我们已经介绍了科技保险市场存在道德风险,在科技保险市场还未形成良性运转时,政府有必要采取一定的措施加以控制,以杜绝这种风险。一方面,通过奖惩措施来引导科技保险双方规范自己的行为,如一旦发现保险公司有逃避责任的行为便剥夺其开展科技保险业务的权利,或者勒令其在科技保险条款上做改进,增强易读易懂性;另一方面,要以保险法、商业法等法律法规来惩治违法行为。

(八)中介市场培育

解决由科技创新过程中技术的先进性和复杂性造成的科技企业同保险公司之间的信息不对称问题,仅仅依靠保险公司加强自身核保力量是远远不够的。因此,要充分发挥保险中介组织的作用,维持两方之间的信息平衡,维护双方利益。考虑到科技保险的特殊属性,应该由科技部和保监会共同认定能够专门为高科技企业服务的中介机构,或者政府参与组建科技保险中介机构。比如,为帮助保险公司更准确、客观地认识企业科技创新方面的信息,可以组建一个科技创新项目评定机构,对有投保意向的科技企业的科技创新活动进行专业化的评估,保险公司根据评估报告进行最后的风险测评和审核,决定是否承保。

第三节 科技保险的制度设计

科技保险是科技领域和金融领域的一种新鲜事物,一方面,科技风险作为一种投机风险,如果以整个科技创新过程作为承保标的,以创新项目的失败作为保险赔偿的触发条件,科技保险并不能得以正常运作。但通过科技创新过程的分解和风险的细分,有些风险则具有可保性。这种科技风险整体不可保,分解后则可保的性质,注定了科技保险具有其独特的集成性。另一方面,科技保险作为一种准公共产品,如果完全由市场来提供则必然供给不足或效率低下,因此,政府必须主导其相关活动或支

第四章　政府：科技保险的主导力量

出，承担主要责任。尤其在我国市场经济发育还不完善、保险事业并不发达、科技机构保险意识淡薄、保险能力相对有限的条件下，政府的作用将更加凸显。所以，科技保险的特有属性及在一定外部环境下科技保险推行初期的特殊性，注定了政府应成为科技保险试点运行阶段的主导者，必须通过法律手段、行政措施、财政政策、税收杠杆等来搭建科技保险体系，为科技保险的长期发展打开一个良好的局面。

一方面，保险公司从事经营活动是为了谋求自身利益的最大化，这样就无法避免负向外部性的产生，即保险公司会在追求自身利益最大化的过程中侵害到公众利益，甚至不惜以损害公众利益为手段来谋取自身利益。另一方面，保险公司作为带有公益性功能的商业机构，其具有的正向外部性无疑是十分明显的，政府需要通过正确的引导和扶持，使商业保险功能更多地服务于社会。具体到政府扶持科技保险工作的开展，其具有的正向外部性体现在它完善了科技创新扶持体系，弥补了现有扶持手段的不足，使政府整体扶持效率的提高成为可能。

科技保险的推动，是一项开创性的工程，政府不仅参与宏观政策决策，而且要直接介入微观经营管理活动。如果资源配置于社会，已达到除非损害他人利益，任何人都不可能获得额外福利的状态，那么社会资源的利用就达到了"帕累托有效"。如果资源可以通过某种方式重新配置，以至于在不损害他人利益的情况下，至少有一人获得额外福利，即成为"帕累托改进"。社会资源配置"帕累托有效"与政府的保险利益存在复杂的关系。具体到科技保险而言，一方面，政府作为社会公共利益的代表应当推进科技及金融资源的有效配置，从而达到"帕累托有效"。另一方面，安全利益和政治利益方面的需要使政府必须放弃效率目标，转向寻找社会福利最大化。经济效率最优化与社会福利最大化都影响着政府利益，政府所采取的有效方法之一就是通过科技保险政策寻找平衡点，实现在该领域的"帕累托有效"。

基于我国政府职能的特点和保险的内在规律，科技保险的模式是政府主导下的商业运作模式，即保险公司按市场经济原则来自主经营，以利润最大化为经营目标，自负盈亏、自我约束、自我平衡的运作模式。我国采取这种模式的原因有以下三点：一是政府财力有限，承担全部风险不切实际；二是各地科技发展不平衡，如果保险公司的经营自由度比较大，则可以设计各种不同的适应市场需求的产品；三是保险公司的经营直接与其利益相关，承保的动力比较大。

在这种模式下，政府本身不承担任何风险，但提供保险制度设计、保险产品设计、税收优惠、财政补贴、保险监管方面的行为支持，在此将从这五个方面来研究科技保险的政府行为（如图4-1所示）。

129

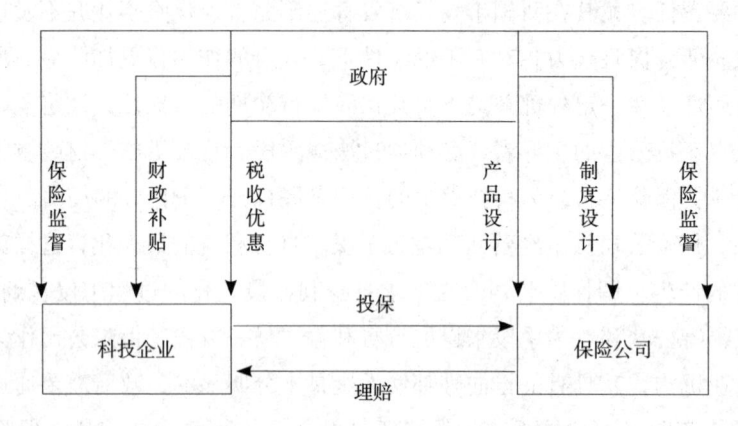

图 4-1 科技保险三方行为示意图

一、科技保险制度设计

图 4-2 给出了政府在引导科技保险实施过程中，其制度设计的理论框架。

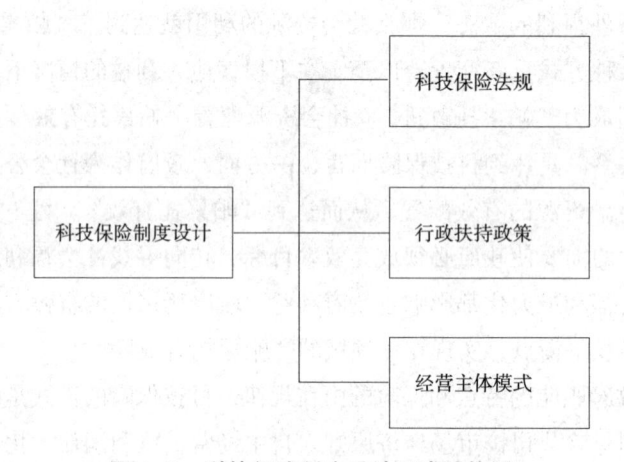

图 4-2 科技保险制度设计组成结构图

（一）科技保险法规

科技保险的发展需要政策支持，更需要法律的规范约束。目前，我国还没有专门关于科技保险的立法，保险业的立法也只有《中华人民共和国保险法》。科技保险作为保险的一个种类，保险法的一般准则同样适用于科技保险领域。但由于科技保险自身的专业性以及信息不对称、科技风险集成性、弱可保性等特殊属性，还应当尽快构建科技保险的专业特有法律体系。

政府需要制订相关配套的法律来保障科技保险的发展，要对科技保险发展的目标、原则、保险责任、保险费率、赔偿方式以及政府在科技保险中的地位给予明确的法律规定。

（二）行政扶持政策

自2006年6月以来，为扶持科技保险的推广和发展，国家相继出台了《国务院关于保险业改革发展的若干意见》《关于加强和改善对高新技术企业保险服务有关问题的通知》《关于进一步支持出口信用保险为高新技术企业提供服务的通知》等相关政策。其中，《国务院关于保险业改革发展的若干意见》中明确指出，要健全以保险企业为主体、以市场需求为导向、引进与自主创新相结合的保险创新机制。发展航空航天、生物医药等高科技保险，为自主创新提供风险保障。

《关于加强和改善对高新技术企业保险服务有关问题的通知》首次提出，要大力推动科技保险创新发展，逐步建立高新技术企业创新产品研发、科技成果转让的保险保障机制，并对科技保险的操作方面提出总体要求。《关于进一步支持出口信用保险为高新技术企业提供服务的通知》则要求，加强出口信用保险对自主创新的支持，进一步促进出口信用保险为高新技术企业提供服务。为落实这些政策，各地方政府也相继开展科技保险政策的研讨，促使科技保险工作的进一步细化。

（三）经营主体模式

在政府主导的商业模式下，科技保险的经营主体可以选择多类保险机构和组织。我国政府对科技保险经营主体的选择是选用资本雄厚、管理先进的商业保险公司。2007年，中国保监会与科技部联合下发的《关于加强和改善对高新技术企业保险服务有关问题的通知》中规定，我国首批科技保险经营主体为华泰财产保险股份有限公司和中国出口信用保险公司。2008年，在科技保险第二批试点中，人保财险成为全国第三家试点经营科技保险的保险公司。

二、科技保险产品设计

图4-3给出了政府在引导科技保险实施过程中，其产品设计的组成结构。

（一）险种设计

政府政策研究部门、科技部门、保险公司应联手合作，根据科技风险的特点，设置科学、合理、可操作性强的险种。2006年年末，我国首批试点推行了6大科技保险险种，2008年第二批试点险种新增了9个。随着科技保险工作的进一步开展，相信更多能为高新技术企业创新"保驾护航"的科技保险新险种将逐步开发。

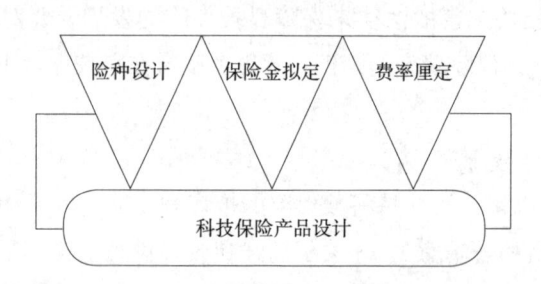

图 4-3 科技保险产品设计组成结构图

（二）费率厘定

科技保险的费率有两种厘定方法：一是利用大数定理，根据预期损失大小，按期望损失比率和投保期限收取保费；二是保险双方根据保险标的特征商定保费和保险金。在缴纳保费时，政府给予适当政策补贴或税收优惠。保费补贴额和补贴率主要取决于纯保险费率、保险保障水平高低、政府的政策目标和财政能力、科技机构或科技人员对保险产品的接受程度和购买能力。

（三）保险金拟定

就科技保险的保险金而言，同样具有两种选择：一种是比率式的，损失发生时，保险金不超过所缴保费的某个倍数；另一种是协商式的，这种方式操作简单，一旦损失发生，保险金就是缴纳保费时共同商定的保险金。在科技保险运行起步阶段，为吸引投保人，政府可以充分发挥国家信用的作用，为经营政策保险的团体进行担保，由国家承担超额赔付的保险责任和再保险责任，以提高保险团体的信用程度和承保能力。

三、税收优惠

为充分调动保险公司和高新技术企业的积极性，在科技保险的启动阶段，各级政府部门必须带头支持，在法规制度上给予明确，财政上给予支持，政策上给予优惠。中国保监会和科技部应积极与财政部、国家税务总局等部门协商，在产品开发、业务经营、机构设立、财政支持、税收优惠等方面出台一系列支持政策。例如，《中华人民共和国企业所得税法》中规定，"开发新技术、新产品、新工艺发生的研究开发费用等可以在计算应纳税所得额时加计扣除"。另外，《中华人民共和国企业所得税法实施条例》《财政部、国家税务总局关于企业技术创新有关企业所得税优惠政策的通知》《财政部关于企业加强研发费用财务管理的若干意见》等文件中均对科技保险的税收筹划进行了论述，试点运行阶段科技保险享受的国家税收优惠政策包括以下几项：① 明确科技保险保费支出纳入企业技术开发费用，而高新技术企业的技术开发费在实行 100% 税前扣除的基础上，允许再按当年实际发生额的 50% 在企业所得税税前加计扣除；② 企业研发费用包括与研发活动直接相关的其他费用，即包括高新科技研发保险费用；③ 高新技术企业关键研发人员团体险可以突破有关团体人数的比例要求，达到投保人数量即可投保。

四、财政补贴

截至 2007 年年末，第一批科技保险试点的"五市一区"中，已有 5 个出台了关于科技保险财政补贴资金的具体政策办法，根据各地情况规定了科技保险保费的补贴条件、补贴方式和补贴比例，已落实的财政补贴资金超过 120 万元。

除此之外，科技保险第二批试点城市（区）也已纷纷制定对科技保险投保企业的财政补贴政策，但为科技保险提供补贴的主要是地方财政，为进一步加大工作力度，中央财政也应积极参与科技保险试点工作，通过补贴等手段支持科技保险试点工作。

五、科技保险监管

由于科技保险融入了财政和税收的支持，因此，对科技保险的监管是必需的。一方面，监督各保险参与者是否在科技保险制度框架内合法地、有效地执行；另一方面，在监管的过程中，积累经验、教训，收集相关数据，为进一步改进保险产品、完善运营方式提供依据。

目前，我国科技保险相关工作主要是由保监会来监管，但由于保监会自身职能权限有限，需要对保监会的职能进行扩充。除此之外，还可以联合科技部、财政部、国家发展改革委、保监会等部门，成立专门的政策性科技保险的监管机构。

综上分析，科技保险是一种通过政府引导和补贴，运用市场机制和金融工具服务于高新技术企业的保险经营新模式，其存在的基础是保监会与科技部的有关政策。一方面，从试行阶段业务发展过程分析，良好的政府合作关系和有力的保险监管推动是其运行发展的先决条件；另一方面，补贴政策是开展科技保险工作的决定性因素。在科技保险运行的政策核心内容上，下一步应争取"三提高"，即提高补贴总额、提高补贴比例、提高单家补贴限额，从而更有效地增强企业对科技保险补贴政策的信任度，使其积极参与其中。

第五章 保险公司：科技保险的重要参与者

第一节 以多元化方式提高保险公司经营业绩

风险是保险公司的经营对象，收益是其目标所在，保险公司必然在风险和收益之间寻求一个平衡，如何减小保险公司的风险、降低经营成本和费用、提升公司绩效，一直是各保险公司坚持不懈的追求，而多元化经营已经成为我国保险公司实现上述目标的重要战略选择，保险公司多元化经营包含两个方面的内容：一是产品多元化，即在众多保险险种中根据公司战略规划进行经营产品的选择；二是地域多元化，即在不同省、自治区、直辖市等地域间进行空间经营战略的布局。根据资产组合理论，只要将不完全相关的业务进行组合就能够降低风险，所以多元化经营能够分散保险公司的风险，同时多元化经营能够实现范围经济，降低保险公司的经营成本，从而实现公司收益的提升。但因财产保险承保标的数量众多、类型各异，加之我国地域辽阔，不同险种、不同区域发生风险的概率和损失程度存在明显的差异。更突出的现实状况是大多数保险公司采取"赶超式"发展战略，不断地跑马圈地，重规模轻效益、重产业轻经营，多元化战略已经成为各家公司重要的战略选择。这一战略的选择并不一定严格围绕减小风险、降低成本和增加收益等目标，盲目的多元化不但不能带来绩效的提升，反而还会降低公司绩效。所以，多元化经营对于保险公司绩效的实际影响可能和理论上并不一致。虽然一些学者开展了保险公司多元化经营与公司绩效关系的研究，但是这些研究均存在一定的不足。开展保险公司多元化研究，对提升我国保险公司经营效率和竞争力、保证我国保险业科学健康持续地发展都具有重要的理论意义和现实意义。

多元化经营一直以来是理论界和实务界在公司发展战略选择方面研究的重点。从理论角度进行分析，多元化能够产生规模经济和范围经济，不同产品线、经营区域之间能够发挥协同效应，从而更好地促进公司的发展、规模的增加和市场竞争力的提升。但从另一个角度来讲，多元化势必会带来不同部门、不同区域之间协同沟通成本的加大、管理难度及资源配置决策成本的增加，如此则会增加成本投入、降低公司绩效。多元化正反两方面效应孰强孰弱至今仍无一致性的结论。

一、多元化经营与总绩效的关系

保险业是否开展多元化经营不但要取决于公司的发展战略，更应该取决于多元化策略对公司经营绩效的影响。对于保险公司为什么选择多元化战略，张强春发现财产保险公司利润驱动是其追求多元化的主要原因。一些学者从保险业经营风险这一特性方面展开了研究，Fiegenbaum 和 Thomas 发现多元化能够分散保险公司的风险；Berry-Stolzle 等研究发现保险公司多元化能够降低公司的经营风险，且多元化是保险公司经营战略的需要；高海霞发现多元化经营有助于分散风险；金博轶和闫庆悦发现保险公司产品多元化与公司风险承担呈显著的 U 形关系，意味着适度多元化有助于降低公司风险。但也有学者得出了不同的研究结论，Hoyt 和 Trieschmann 发现专业化经营的美国上市保险公司较混业经营的上市公司收益更高而风险更低；Berger 和 Cummunis 的研究发现，无论是对于保险公司的经营成本、保费收入还是利润获取，保险业并不存在明显的范围经济或不经济现象。

国内外学者对于保险业多元化与公司绩效的关系展开了相应的研究，大多数学者的研究主要集中于产品多元化与公司绩效的关系，只有少数学者就地域多元化与公司绩效的关系展开了研究，但是研究结果却并不一致，研究结论主要包括正相关、负相关和非线性相关等多种结论。崔患贤发现区域多元化会降低保险公司绩效，但产品多元化会提升保险公司绩效；孙祁祥等实证分析发现，产品集中度、地理集中度均对中资寿险公司的利润产生负面影响，而对外资寿险公司却呈正面影响。高海霞、Luhnen、Pavic 和 Pervan、Shim 等发现保险公司多元化对公司绩效具有负面影响。Liebenberg 和 Sommer、Cummins 等、Shim 却发现产品多元化公司的绩效低于只经营一种产品的专业化公司，所以专业化经营较分散化经营是更好的发展战略。此外，更多学者发现多元化与公司绩效呈非线性关系，王志芳和张强春发现财产保险公司产品多元化与公司绩效正相关，而区域多元化与公司绩效不相关；Elango 等发现财险公司多元化经营与绩效之间呈非线性关系；许莉等发现财产保险产品多元化与绩效呈非线性关系，而区域多元化对绩效呈显著正相关关系；金博轶和闫庆悦发现财险公司业务多元化和公司绩效呈显著的倒 U 形关系。

二、多元化经营对保险公司经营费用和经营成本的影响

现有关于保险业多元化与公司绩效关系的研究存在以下不足：首先，研究基本都忽视了刚成立的处于过渡期内的保险公司，因业绩不稳定对回归结果稳健性的影响；其次，绩效指标选择范围过小，学者均是选择了托宾Q值、总资产收益率（ROA）或净资产收益率（ROE），这些指标均是研究一般公司绩效时的通用指标，未能体现出保险业经营的特殊性；再次，已有研究文献更多侧重于产品多元化对公司绩效的影响，而较少对地域多元化与公司绩效间的关系展开研究。

以往学者在检验多元化与公司绩效关系时，均是直接开展了多元化变量与ROA或ROE等绩效指标关系的研究，这些研究均忽略了多元化对保险公司经营费用和经营成本等变量的影响。保险公司收益由承保收益和投资收益两种收益。多元化战略选择包含两个重要方面：一是通过多元化经营能够借助于范围经济和规模经济分散风险，降低保险公司保费费用率、综合费用率和综合成本率等绩效，从而获得更多的承保利润；二是保险公司通过多元化战略能够获取更大的保险规模，从而获取更多的投资资金。通过投资运作实现更高的投资收益、获取更大的保费规模也是目前众多保险公司"跑马圈地"的根本原因所在。以往大多学者的分析直接关注了多元化对公司最终绩效（如ROA或ROE）的直接影响，而忽视了多元化战略对公司经营成本费用类绩效的分析。

目前，我国财产保险险种细分程度越来越高，保险公司共计可经营的险种多达16个。产品多元化战略对公司成本和费用类绩效将在正反两个方面产生影响，产品多元化能够满足消费者的更多需求。在公司人力及规模既定的情况下，多元化能够通过交叉销售等营销策略实现更多的保费收入、提升保险公司的市场占有率，通过范围经济降低保险公司经营费用和成本、增加公司经营绩效。但多元化经营相对于专业化经营，在产品设计、承保理赔、风险管理等方面的经验积累和能力提升可能会有所减弱，同时多元化也需要投入更多的人力、物力和财力，造成费用和成本的增加，这将在一定限度上减弱保险公司的收益能力。地域多元化同样对公司的成本和费用类绩效产生正反两方面的影响：一方面，因我国地域辽阔，不同地域资源、社会文化等存在显著的差异。在更多区域开展业务，不仅能够更好地分散风险，而且也能够通过差异化产品满足市场需求、实现保费收入的快速增加，也能享受规模经济获取更多更稳定的承保利润。另一个方面，地域多元化势必需要开设更多的分支机构、招募更多的工作人员、需要更多的费用投入，不利于公司绩效的提升。我国保险公司成立时间较

短、保险公司经营管理能力及风险控制能力较弱,同时我国大多数保险公司目前秉持"赶超式"发展战略,高度关注公司保费规模而轻视公司经营效益。所以,过度多元化给公司带来的成本将会超过收益的增加。综上所述,多元化带来的范围经济和规模经济将会减少保险公司单位保费的费用和成本,从而提升公司的承保利润;过度多元化会直接增加公司的成本和费用,从而降低公司承保利润,而承保利润是保险公司获取收益的两轮之一,对公司绩效具有显著影响。

研究表明:第一,财产保险公司产品多元化与总绩效呈显著的U形关系,而与成本费用类绩效指标间的关系并不显著;第二,财产保险公司地域多元化与成本费用类绩效均呈显著的U形关系,说明地域多元化战略的选择会对公司的绩效产生显著的影响;但其对总绩效的影响并不显著;第三,多元化战略将通过规模经济对保险公司的经营成本费用类等中介变量产生直接的影响,并对公司最终绩效产生显著影响。

基于此,我们可得到如下启示:首先,我国财产保险业务结构单一,保费收入结构极为不合理,所以保险公司均是重规模、轻效益,重短期、轻长期,致使保险公司产品经营战略围绕规模目标而不是效益目标。其次,规模经济在保险公司效果显著。目前各家保险公司之间展开的是以规模为代表的市场份额的竞争,为达到提升保费规模而不惜展开激烈甚至自杀式的价格竞争,致使保险公司综合成本率过高,财产保险业整体处于承保亏损状态。再次,保险公司的收益主要依赖于通过获取更大规模的保费进行投资运作获取投资收益。

第二节 科技保险产品创新

一、科技保险产品种类创新

(一)委托研发保证保险

委托研发保证保险属于保证保险,保证保险是被保险人根据权利人的要求,请求保险人担保自己信用的保险。保证保险的保险人被保证人向权利人提供担保,如果由于被保险人不履行合同义务或者有其他犯罪行为,导致权利人发生经济损失,由保险人承担赔偿责任。目前,科技保险市场上已经存在的高新技术企业产品质量保证保险和高新技术企业小额贷款保证保险均属于这一类保险。

就我国企业目前的研发模式来看,委托研发是一种常用的合作研发模式。企业拥有资金资源，且对于技术有需求，但苦于人员和设备不足，然而科研单位拥有高科技人才和研发设备，却没有足够的资金支持，于是企业出资，委托科研单位进行科技研发，并支付委托金。另外，企业的研发能力各有所长，企业对于非自身所擅长领域的研发项目也可能采取委托的形式外包给其他企业。虽然委托研发的模式有效地整合了资源，提高了研发的效率，但是委托行为本身存在风险，如被委托人泄露技术信息出现道德风险，被委托人因种种原因无法完成研发，或者被委托人所交付的研发成果无法产生收益等。这些风险的存在时常给委托方造成严重损失，致使委托研发模式难以施行。委托研发保证保险可以将保险公司作为担保方引入委托合同，一旦委托研发合同出现风险，保险公司承担损失赔偿。委托研发保证保险有效地降低了委托研发企业的风险，在对委托方进行损失赔偿的同时，保险公司从自身利益出发，还会对被委托方的研发过程起到监督控制作用，进而提高研发项目的成功率。

（二）技术转让质量保证保险

技术转让质量保证保险也属于保证保险中的一种，是当技术成果作为产品进行转让和销售时，将技术成果的质量作为标的的一种产品质量保险。产品质量保险是指因被保险人制造或销售了丧失或不能达到合同规定效能的产品给使用者造成了经济损失时，由保险人对有缺陷的产品本身以及由此引发的有关损失和费用承担赔偿责任。目前，技术交易是我国科学技术在研发单位与企业以及企业与企业间流通的重要方式。在技术交易过程中，技术被作为一种商品进行买卖，但技术本身与普通商品存在巨大的差异，由于技术的专业性强、复杂程度高，买方企业很难全面了解其质量，另外，技术成果转化和市场销售都存在很大的不确定性，一旦发生风险，则买方企业将承担全部损失。因此，技术成果的质量风险成为阻碍技术交易的重要障碍，而解除这一障碍的根本办法就是通过保险进行风险转移。技术转让质量保险将技术成果的质量风险由买方企业转嫁给保险公司，一旦投保的技术成果在交易后无法达到保险合同所列明的效果，则由保险公司负责赔偿买方企业的相关损失。

（三）研发技术人员职业责任保险

研发技术人员作为科技创新实施者，对科研项目起到了至关重要的作用，也承担着重大的责任与风险。依照法律责任，研发技术人员造成损失应当由造成损失的个人及其单位承担，显然凭借个人的经济实力根本无力承担高额的赔偿责任，而负有连带责任的研发项目承担单位也会面临巨大危机。职业责任保险是一种保障专业人员职业责任的保险。目前科技保险市场上存在董事会监事会高级管理人员职业责任保险，但与高级管理人员决策风险相对的技术人员的执行风险却没有相应的险种,因而研发技术人员职业责任保险存在市场需求。研发技术人员职业责任保险的实质是将技术人员的职业责任风险转嫁给保险公司,在发生风险后,由保险公司帮助研发技术人员或研发单位承担这笔损失,使研发项目及时获得经济补偿以赔偿项目投资者,保障研发项目继续进行,从而降低各方主体的风险和损失。研发技术人员职业责任保险的作用主要有两点:其一,降低了研发技术人员的风险,间接地提高了研发技术人员的保障与福利;其二,降低了研发项目的风险,提高了研发投资者和研发单位的积极性。

(四)科技保险子产品

科技保险应该针对研发中的科技风险分摊来进行产品创新,但科技风险具有较强的行业特征,不同行业的企业面对的科技风险是不同的,而当前科技保险产品的设计并未考虑到这一点,不同行业的企业只能选择投保相同的产品,这显然是不合理的。为此,应该将现有的科技保险产品进行细化,设计出服务于不同行业的子产品类型,其风险保障的目标可以相同,但考虑到不同行业的特点,在投保条件、保障范围、保险费率等方面,应有所差别。这样不仅可以满足不同的投保需求,而且在一定限度上也可以减少逆选择。以研发设备保险为例,可以将其细化为几款子产品,每款子产品对应于适用的行业,如电子信息行业、生物制药行业、新材料行业等,各行业的企业则有针对性地投保相应的子产品。

(五)投资联结科技保险产品

科技保险发展趋势之一是完善参与型模式,包括半参与及全参与型模式,即企业向保险公司投保科技保险,保险公司对企业及科研项目投资,双方实现风险共担,利润共享。这种模式下的科技保险产品就是投资联结科技保险产品。投资联结科技保险产品可打破传统投保—理赔型的保险关系,使企业的科研风险不仅得到有效分摊,而且获得了保险公司的直接投资,科研的成功性大为提高。同样对于保险公司,投资联结科技保险产品为其带来的不仅是保费收入,如果投资的科研项目能够成功,保险公司会得到额外利润分成,科技保险经营效益也会大为提高。另外,在科技保险经营机制上,承保人应从科技保险运行之初就采用经营主体和经营产品双授权的专业化经营管理思路,利用产品创新拓展科技保险服务范围,从而有针对性地为企业提供个性化解决方案,帮助企业合理转移风险。同时,应深入研究高新技术产业风险管理的规律,全面梳理科技企业提出的各种风险转移需求,加强对基础数据的研究和积累,以提高产品和服务的针对性与有效性。

二、产品定价创新

科技创新活动中不断出现新型风险或巨灾风险，给保险公司的承保能力和偿付能力都造成很大的压力。为了突破一般保险产品的局限性，寻找新的方法来拓展保险业的空间，同时满足企业更好地处理和控制风险的需求。对于世界各国来讲，科技保险存在的共同问题就是定价过高、风险太大。从我国科技保险的试点情况来看，由于科技风险的弱可保性、不确定性等特性，加之科技保险承保率低，逆选择和道德风险问题突出，导致科技保险业务风险大、赔付率高，保险公司出现亏损可能性比较大。考虑到我国的具体情况，完全依赖政府财政补贴需求巨大而风险较高的科技保险，恐怕也不现实，因此需要同时考虑其他途径。

首先，可以开发损失敏感性保单。损失敏感性合同是指投保人最终支付的保费依赖于保单有效期内发生或支付的损失。经验费率保单是以被保险人过去的损失经验为依据，设计保单，确定保单的缴费。经验费率保单可以有效减少道德风险，保险人也可以根据投保人过去的损失经验来修改和预测未来损失期望值，在实际过程中结合实际损失大小，对经验保费进行实时的调整，这样既可避免保费过高影响投保人的积极性和保费过低使保险公司出现整体性亏损而不愿供给保险产品，同时还能使投保人风险管控意识增强。

例如，对于短期信用出口保险，可以采取保单满一周年评审一次，根据投保人过去一年发生的违约风险损失情况、投保出口总额情况、出口经验情况和出口产品种类情况制订不同的保险费率。

其次，可以对科技保险采取多险种产品（MMP：multiline，multiyear products）。MMP产品可以在一个单独的计划中对不同数量和类型的风险提供保障。例如，火灾、营业中断、责任保险、利率波动、汇率、商品价格变动等风险的捆绑。最新的MMP还可以包括那些传统保险上认为不可保的风险，如政治风险和商业风险等。MMP可以将不相关风险进行保险组合，提供有效的风险转移，避免过度保险。通过对客户的风险组合和风险承受力进行详尽分析，制订具有针对性的保险产品，投保企业还能与保险产品的提供方协商降低保费。

例如，Beclo石油公司在向秘鲁投资石油开采时购买一份MMP，此份保单的触发石油价格和政治风险作为触发原因。石油价格的风险有财务采取套期或期权处理，对于政治风险的管理由风险管理经理进行。Belco石油公司曾在美国投保了美国国际集团（AIG）的政治风险保险，在资产被征收后，该公司向AIG提出2.3亿美元的索赔，

第五章 保险公司：科技保险的重要参与者

这是当时金额最大的一笔政治风险索赔案件。

第三，国际保险市场在20世纪90年代出现了非传统的选择性风险转移方式（Alternative Risk Transfer，简称ART方式）。随着我国社会的转型，科技风险也不断涌现，其发生频率也不断攀升，损失程度也不尽相同，保险标的存在高度相关的特点，参照巨灾风险应对方法的做法，发行科技风险债券、购买科技风险的期货期权。这样，科技风险也可以被转移至资本市场，保险公司作为保险市场和资本市场的中介，不直接承担风险，从而避免保险公司因不堪风险打击而遭遇破产。同时，一方面可以将科技风险造成的损失在较长的时期内加以控制，另一方面可以利用不同行业的基础分散科技巨灾风险，这样保险公司的财务稳定性就能够得到大大加强，从而为降低科技保险费率奠定基础，最终走出保险公司担心经营科技保险业务亏损而企业又不愿购买科技保险的怪圈。例如，柯达在传统产业上原本有强大的领导地位，却从市值300亿美元跌落到了1.7亿美元。这样的企业不是没有技术创新也不是技术研发失败造成的，而是被苹果这样的替代产品所淘汰的。当为柯达这样的企业承保时，保险公司可以在资本市场进行转移风险（如购买苹果等新兴企业的股票等），通过获得利益来补偿因为承保而遭受的损失。

第四，分层保险。分层保险是指被保险人可以从不同的保险公司分层购买保险，即对不同的风险种类和程度使用不同的保单。在超额赔款保险实务中，需要另订保险费率，这是为企业获得较为低廉的保险费率留有余地。并且，超赔保险费率的厘定是以过去经验为依据，核计赔款成本即赔款与净保费收入的比率，也就是超赔保险的纯保费率。但是因为科技风险往往缺乏统计数据，而只能参照市场上以前承保的其他类似超赔保险费率，并综合其他各方面的有关资料，推测出保险费率。而企业采用分层保险，把保险责任分成若干层次，区别不同的层次，分别从不同的保险公司那里分层购买相应层次的保险，这样为得到较低廉保险费率有十分积极的意义。

以美国的F-35战机联合研发项目制订的保单为例。JSF最大的变革集中在研发风险和国际国防工业的合作。美国及其他国家均感到，单纯依靠F-15等这样的高性能、高价格的战斗机，在财政上难以承受。因此，美国各军种改变以往各自研制战斗机的传统，联合起来，共同研制一种用途广泛、性能先进且价格可承受的低档战斗机，便于制造、维修和保养。美国在PSFD阶段共投资347亿美元，其他国际合作伙伴共分三个层次：第一层次是完全合作伙伴，在联合打击战斗机项目办公室具有完全代表权，参与选择机型和评估进程，投资额占总投资的10%。目前只有英国是第一层次合作伙伴，共出资25亿美元。第二层次的合作伙伴出资约10亿美元，占总投资的

141

3%到4%，目前荷兰、意大利属于这一层次。荷兰出资8亿美元，意大利出资10亿美元。第三层次的合作伙伴拥有有限代表权，是出资在2～4亿美元之间的国家，投资额是总投资的1%到2%。目前，加拿大、丹麦和挪威等国属于这一层次。加拿大出资4.4亿美元，丹麦出资1.1亿美元，挪威出资1.22亿美元，土耳其出资1.75亿美元，澳大利亚政府出资1.44亿美元。处于不同层次的合作伙伴可以根据自身的投入和权益向国际再保险公司投保。

第三节 科技风险评估机制创新

一、保险公司的风险评估机制创新

全面系统地反映保险公司经营管理科技风险的全过程，使各级公司、各部门达到信息共享，为各级分公司科学决策提供综合的数据信息，保险公司应在全系统建立综合统计数据库。原专业统计仍由各专业部门负责统计，计划部门负责汇总各专业统计数据，构建综合统计数据库。建立完善的保险数据库使保险企业在以下方面控制风险。

（一）前风险评估

保险经营是以大数法则为基础，根据自身承保能力承保大量的可保风险，以此建立充足的保险基金，确保经营稳定性。各类承保数据、理赔数据以及财务数据是保险经营的数理基础，在此基础上的数理应用就是通过对这些数据进行计算、比较和分析，统计损失概率、赔付率、经营成本以及承保利润，从而对各类科技风险进行评估，选择可保风险，以达到风险控制的目的。具体来说，我们可以利用数据库，在承保前进行项目的风险评估，根据既往经验数据对风险标的的危险因素、出险概率、最大可能损失进行统计分析，以便做出承保决策和控制承保条件。因此，保险机构应该建立一个完整的数据库，更好地对保险数据进行积累、分析和利用。

（二）客户防灾防损

防灾防损，就是为预防和减少灾害事故的发生及其所造成的损失而采取的有效措施和技术手段。在承保以后，积极指导并协助客户进行防灾防损工作是保险公司预防风险事故、化解经营风险的重要手段。特别是对于一些长期保险业务，如专利保险、项目投资损失保险及信用保险等，通过利用数据库对历史赔付数据进行挖掘和分析，能够有效判断不同时间段、不同行业的出险概率、危险因素，以此指导防灾防损工作。

（三）产品开发与更新

随着保险市场的发展变化，为了适应新的保险需求，保险产品需要不断创新和发展。例如，随着我国十二五规划的深入，产业转型对新技术、新工艺及新设备等需求不断增加，科技创新活动中无论是在工艺流程还是技术人才的引进，导致各个环节呈现出复杂性的科技风险。在这种形势下，为了适应业务发展需要，保险公司就要对传统保险产品进行调整和组合。而对这些产品的调整更新、组合应用以及新产品的开发，都必须建立在对历史业务数据分析和挖掘的基础上。同时，在产品更新与开发过程中，还要以类似风险标的的经验数据为基础，测算保险费率和产品经营成果，以确保产品的市场适用性，提高经营稳定性。

（四）客户管理和市场开发

数据库通过对大量承保数据的分析，能够锁定优质客户群体，明确潜在的保险需求者，从而有效地加强客户管理，使保险公司在瞬息万变的保险市场中增强竞争力。各保险公司通过对数据库里客户的风险评估，推出自己的特色条款以吸引客户。如果能够对既往承保的客户资料和出险记录进行详尽的分析，可以发现项目的可行性、赢利性的关系，进而制订更加细分的条款和费率政策，鼓励优质客户，控制承保风险。

（五）保费管理

保险公司应收保费的管理对于提取各类准备金、保障偿付能力至关重要。通过数据库对客户缴费记录的整合，可以快速发现欠费的客户，指导保费催缴工作。在客户资料比较全面时，可以提取客户的欠费行为特征，分析恶意欠费的发生概率，以便采取有效措施控制道德风险。

（六）风险管理

随着国家监管机构对保险资金运用的放开，保险资金入市的呼声越来越高，保险公司的资金运用方式、投资渠道正在逐步扩大。积极稳妥地运用保险资金，不仅可以使保险公司获得良好的收益，扩大承保能力，促进保险经营和资金运用的良性循环，还可以支援国家建设，促进经济发展。但是，收益总是与风险伴随而生，保险资金运用的放开必然加大保险公司的金融风险。利用数据库对各机构财务数据进行及时采集、整合与分析，对控制各类金融风险，提高保险资金运用的安全性、流动性和收益性，确保保险公司偿付能力具有重要意义。

二、再保险公司的风险评估机制创新

由于历史原因，目前国内再保险业务与直保业务分类标准尚未建立有机的联系，分出公司与分入公司的交易观念在一定限度上还存在"收付实现制"下，信息壁垒到处可见，如再保险市场对直保市场的调控作用远未实现，公司内部再保险信息系统和直保信息系统相互隔离等。这些问题的存在，制约着再保险信息化的发展以及统一高效的再保险市场的形成。由于我国专业再保险公司只有中国再保险集团一家，因此，建立具有统一的运营平台、统一性的技术标准的数据库具有可行性。

一个完整的再保险市场必须配备有一定数量的保险公司、再保险公司与再保险经纪公司。随着国际再保险业的发展，再保险公司与再保险经纪公司已经成为国际保险市场的技术领先者，成为保险公司的技术后盾。在某些特殊领域，如航空航天、石油勘探开发以及高科技等领域，没有再保险经纪人的技术支持，保险公司很难对这些项目进行承保与再保险安排。尽管我国各家保险经纪公司的经营业务范围里有再保险业务一项，但是其主要以直接业务为主，很少涉足再保险业务。在大项目与特殊风险领域，国内保险经纪人由于技术能力的差异加之缺乏再保险市场的充分沟通而不得不把许多业务拱手让给国外的再保险经纪人。因此，建立再保险数据库既能为再保险公司和再保险经纪人承接再保险业务提供数据支持，又能为保险公司开发新产品承保具有高风险、复杂性的科技风险项目提供技术支持。

目前，科技保险推广工作刚刚开始，中国再保险集团能从科技保险试点阶段收集整理相关数据，为及时建立科技保险数据库提供了有利条件。一个完整的再保险数据库包含10项内容，分别是指引、客户关系、合同（财产险）、大风险合同、再保险账户树立、赔款、转分、预估和准备金以及再保险结算。

三、建立科技风险评估中介

1. 必要性

20世纪我国从计划经济体制转变为社会主义市场经济体制基本完成和21世纪经济体制不断地完善的大背景下，社会中介组织在社会主义市场经济中所发挥的作用日趋明显，由于它具有服务性、权威性和社会性的基本特征，与企业、政府并列发展成为三大社会组织之一。在我国现阶段试点的科技保险中，由于科技保险的复杂性、弱可保性等特点，探索引入风险评估中介机构具有十分重要的意义。建立风险评估中介，为保险人和投保人提高专业的风险评估与技术咨询服务，已经成为当前推广科技保险工作的重要环节。

对于保险公司来说，风险评估机构可以提供专业的技术咨询和帮助，实现科学、合理的厘定科技保险保费，同时由于不再雇佣专业人才组建一支属于自己的专业承保团队；在制定适当的费率后，可以根据风险评估报告和企业的风险管理状况调整企业的保费费率，达到与经济利益挂钩，最终督促和激励企业采取更及时有效的风险控制手段降低企业的科技风险。

对于企业来说，延伸科技风险评估机构的技术服务领域，提高改善企业科技创新活动的风险控制，以客观的科技风险评估结果，促使企业加强科研过程中的风险控制，有针对性地改善科技创新活动，从而达到提高本质安全度，降低科研失败的频率和损失程度。

2. 体系构想

责任体系：评估中介机构由政府主导，采取与科技部、科技局、科协以及一些研究机构与院校合作的形式。在经费管理方面，可以采取事业单位性质拨付，根据单位实际承担的科技风险评估工作量确定经费支付；同时科技保险的承保人根据每年的需要委托相应的科技风险评估机构进行风险评估，并支付一定费用。一方面，政府部门下属的评估机构实行独立预算，由中央政府直接拨款；另一方面，政府积极鼓励和支持社会独立的评估机构建立。这样做可以最大限度地保证保险公司、企业、评估机构之间的独立性，避免三者之间的利益往来造成的利益冲突，同时也保证评估报告的可用性和真实性；评估机构应当对评估结论和结果承担相应的行政和经济责任。

监督管理：对于科技风险评估机构，可以采取科技部、科技局为主要监管，科协等其他组织协助监督；对于机构在开展业务过程中出现违规违纪甚至违法行为，要根据现行的相关法律法规，进行严肃查处，无论是机构还是个人在承揽业务或者评估过程中出具评估报告时，没有按照规章操作的都要严格追求责任，达到监管有机构，执法有依据。科技保险管理机构也可以对违法违规的从业机构，取消委托承担此类工作的资格，并追究其虚假服务的法律责任。

评估结果：科技保险管理部门可根据评估的结果和专家的技术咨询建议，根据企业以往科技风险发生的频率和损失程度以及科技风险评估结果，确定其科技保险缴费费率。同时，督促企业加强科研项目的风险控制；对没有有效控制科研项目风险的，可通过风险评估提高其缴费费率，从而达到利用费率调整的经济杠杆作用。

四、发挥后评估机制的作用

在保险事业发展过程中,无论是在寿险还是非寿险的经营时一直存在着一个"买保险后,风险意识降低"的现象。有的参保单位和科研人员为了能顺利投保和获得财政补贴税收优惠,往往提交的项目风险预防材料都非常详细、专业、认真,但是购买保险以后风险防范意识反而下降甚至无视风险的存在,也有的参保企业提交的承保项目材料和实际开发的项目严重不符。例如,在后期由于其他原因导致项目所需的关键设备、技术人员等缺乏,最终导致研发失败。鉴于此,科技风险防范不仅在承保阶段需要做好风险评估,在进入实质性开发阶段也要进行有效的后评估机制。风险评估在整个科研过程中都应该具备,才能有效抑制上述现象。

只有形成有效的后评估机制,对参保企业的投保项目进行有效的评估跟踪,才能形成一种有效的督导机制,使企业做好风险管理,提高企业和科研人员的责任心,同时也可以对项目、机构、责任人等实现优胜劣汰,形成竞争机制,降低道德风险的发生。

与此同时,在国家层面上,保险公司应加强同科技创新活动有关方面(科技部、财政部)的合作。国际上有许多有关评估与后评估值得学习和借鉴的经验,一些发达国家也很注意后评估工作。在法国,科技评估是一个由国会(科技评估局)、政府(国家评估委员会)和科研机构组成的三层次的评估体系,对科技发展目标、科技政策和财政投入进行监督。美国国会设有技术评估办公室,这个办公室是国会的四个决策支持机构之一。日本1995年颁布的《科学技术基本法》中将技术评估作为管理和推进科研开发活动的手段,并规定不能随意设立和撤销评估机构。

现实分析篇

第六章 我国科技保险的发展现状

第一节 我国科技保险发展的整体状况

一、我国科技保险发展的现状

(一) 科技保险试点情况回顾

保监会和科技部于 2006 年 12 月联合下发《关于加强和改善对高新技术企业保险服务有关问题的通知》，要求大力推动科技保险创新发展，这标志着我国科技保险正式启动。2007 年 7 月，科技部和保监会正式联合推动科技保险产品试点工作，北京、天津、重庆、武汉、深圳和苏州高新区成为首批科技保险创新试点城市（区），科技保险试点进入实质性阶段。2008 年 9 月，科技部确定成都、上海、沈阳、无锡和西安国家高新区、合肥国家高新区为第二批科技保险创新试点城市（区），要求努力做好对高新技术企业的保险服务工作。

自 2007 年启动科技保险试点工作以来的 3 年时间里，华泰财险、中国出口信用保险、平安寿险、人保财险 4 家保险公司开发出了高新技术企业产品研发责任保险和关键研发设备保险近 30 个险种，科技保险的险种不断丰富。另外，科技保险保费也有所突破，截至 2017 年上半年，科技保险保费已达 1248.3 亿元。从保险公司承保角度看，截至 2017 年底，互联网保险签单件数 124.91 亿件，增长 102.60%，其中退货运费险 68.19 亿件，增长 51.91%；保证保险 16.61 亿件，增长 107.45%；意外险 15.92 亿件，增长 539.26%；责任保险 10.32 亿件，增长 438.25%。从试点城市发展情况看，北京、天津、重庆和无锡市政府比较重视试点工作，政府扶持力度较大，保险业务发展较好。例如，北京市科委成立了科技金融促进会，目的是加强保险公司和科技企业之间的交流沟通；天津市和重庆市分别指定天津市高新技术成果转化中心和重庆市生产力促进中心作为科技保险的专门服务机构，负责其补贴资金申请和审查等工作；无锡市则将财政补贴资金提高至 200 万元，有力促进了科技保险业务的迅速发展。

（二）我国科技保险发展的现状分析

第一，我国科技保险发展速度较快，在短短五年的试点过程中，科技保险保费收入稳步上涨。2008年1月1日，在六个试点地区内，有102家高新技术企业投保了科技保险，保险费收入12025.36万元，承保金额达156.23亿元。2008年底，随着第二批科技保险试点地区的加入（已达12个省市），实现保费收入12亿元，风险保额600亿元，赔付额12亿元。到2009年底，科技保险保费已成功突破13亿元，已决赔款达7.2亿元。从试点地区的科技保险发展情况来看，企业对科技保险的认识水平越来越高。试点实行五年以来，无论是保费收入、风险保额还是参保企业的数量，都呈现出快速递增趋势。

第二，政府财政补贴不断加大，引导力度不断加强。从开始试点以来，财政补贴不断攀升。但是，部分试点地区和城市对科技保险的财政补贴还存在补贴政策不稳定、补贴额度较低、补贴范围较窄、补贴申请手续繁杂以及补贴资金不能完全到位等问题，不仅损害了政府在推动科技保险工作中所树立的威信，而且影响了企业参保的积极性，致使部分科技企业对科技保险持观望态度。

第三，在促进科技创新活动方面发挥了一定的积极作用。保险赔款使被保险企业的风险损失获得部分赔偿，对于企业继续购买设备技术、聘请科技人员从事科技活动创新发挥了一定作用，对于某些企业来说，这种作用还是相当大的。此外科技保险的范围也在不断扩大，覆盖范围也在不断扩大。科技保险从无到有，险种呈不断增加之势，截至2010年底，市场上已近30种科技保险产品。

但是，在全国范围内，从整体上来讲，科技保险的发展还是缓慢的。投保科技保险的高新科技企业占总的高新科技企业的比率不足3%。就目前情况而言，我国科技保险发展水平还十分低下，承保面相当小，市场供需不对称，所起的作用还十分有限。

二、我国科技保险发展的绩效评价

我们可以基于绩效评价的指标体系进行实证分析评价，尤其是从保费收入比较、渗透度两个方面对我国科技保险发展现状进行简要分析。

（一）保费收入的比较

科技保险保费的增长率一直处于较低水平，波动性不大。随着第二批试点城市的加入，科技保险保费没有出现明显的上涨，反而下跌，同期试点城市的财产保险保费收入则不断攀升。由此可以看出，我国的科技保险自我发展程度还处在初级阶段，科技保险业务的低迷与国家科技创新活动政策调整目标和科技发展环境的变化形成了强烈的反差。一般研究表明，保险业与经济发展程度是相关的，但是现实数据反映出来科技保险的发展受经济发展的带动因素较小。

(二) 渗透度分析

保险深度和保险密度是衡量一个国家或地区保险业发展程度的重要指标。科技保险深度是科技保险的保费收入与科技活动 GDP（此处用高技术产业大中型工业企业科技活动产出）。从我国试点情况看，我国科技保险的保险深度还处在一个很低的水平。

再看科技保险密度，它是科技保险保费收入与科技活动人员（R&D 人员）之比。科技保险密度有下降趋势，主要是因为科技活动人员不断增加而保费收入不增反降。如此低的数字说明了我国科技保险渗透度不强，自我发展程度低，政策性依赖强。这些都主要是由于经济发展水平低，科技保险的有效供给和需求严重不足。

第二节　我国发展科技保险的政策支持

自《国家中长期科学和技术发展规划纲要（2006—2020 年）》（国发〔2005〕44 号）和《国务院关于保险业改革发展的若干意见》（国发〔2006〕23 号）出台以来，中国保监会、科技部采取大量措施以推动科技保险的发展。2006 年末，保监会与科技部在北京联合召开科技保险创新研讨会，提出了发展科技保险的三项原则：一是坚持政府引导与市场推动相结合的原则；二是坚持以服务科技创新为主、兼顾相关风险分担的原则；三是坚持先试点、后推广的原则。在该原则的指导下，科技部和保监会又相继制定了一系列具体政策，包括 2006 年 12 月的《关于加强和改善对高新技术企业保险服务有关问题的通知》，2007 年 3 月的《科技部、中国保监会关于开展科技保险创新试点工作的通知》和 2007 年 5 月的《关于进一步发挥信用保险作用支持高新技术企业发展有关问题的通知》，并于 2007 年 7 月和 2008 年 11 月先后确定了两批科技保险创新试点城市（区）。这些政策的出台有力地激励了我国科技保险的发展。

2006 年 12 月出台的《关于加强和改善对高新技术企业保险服务有关问题的通知》中，科技部和保监会提出了五项激励政策：第一，确立 6 个险种为第一批科技保险险种，并将其保费支出纳入企业技术开发费用，享受国家规定的税收优惠政策；第二，由保监会、科技部在国家高新技术产业开发区、保险创新试点城市和火炬创新试验城市中选择科技保险试点地区，开展科技保险发展新模式的试点；第三，将中国出口信用保险公司对列入《中国高新技术产品出口目录》的产品提供出口信用保险业务，在限额审批方面，同等条件下实行限额优先，在保险费率方面，给予公司规定的最高优惠；第四，鼓励高新技术企业和保险公司采用保险中介服务，支持设立专门为高新技术企业服务的保险中介机构，以及在国家高新技术产业开发区内设立保险中介机构及其分支机构，同时鼓励保险经纪公司参与科技保险产品创新，专门为高新技术企业服务的保险中介机构享受科技中介机构有关优惠政策；第五，加强保险机构和保险中介机构对高新技术企业的风险管理工作，为高新技术企业提供方便快捷的保险服务，提高理赔服务质量，建立高新技术企业保险理赔快速通道，提高理赔效率，加快理赔速度，同时建立科技保险风险数据库，科学制订科技保险产品费率。

为推动科技保险事业的发展，2007年3月出台了《科技部、中国保监会关于开展科技保险创新试点工作的通知》，科技部、中国保监会提出，在国家高新技术产业开发区、保险创新试点城市和火炬创新试验城市中选择科技保险试点地区，并在此通知中制定了详细的申报条件和申报程序，为试点工作的开展打下了良好的基础。

在2007年5月出台的《关于进一步发挥信用保险作用支持高新技术企业发展有关问题的通知》中，政府为了进一步发挥出口信用保险作用，支持高新技术企业发展，要求"各科技主管部门和国家高新技术产业开发区要高度重视信用保险在支持高新技术产品出口、高新技术企业'走出去'以及高新技术企业融资等方面的作用，发挥科技部门了解熟悉科技项目和高新技术企业的优势，采取政策和资金等多种方式，加强引导和宣传，指导、帮助和扶持高新技术企业运用信用保险工具"，并要求"中国出口信用保险公司及其各分支机构要注重发挥政策性保险机构的职能，积极参与和支持国家自主创新战略的实施，为投保信用保险的高新技术企业提供优惠保险费率和保险条件，并按最低成本价计收资信调查费，进而为投保的高新技术企业提供承保和理赔绿色通道。同时，充分发挥信用保险的便利融资功能，拓宽高新技术企业的融资渠道，帮助高新技术企业利用信用保险获得融资便利"。

此后，科技部于2008年4月召开座谈会，对第一批试点城市（区）的推行效果进行总结分析，并于2008年9月推出了第二批试点城市（区）——成都、上海、沈阳、无锡和西安国家高新区、合肥国家高新区。经过为期4年的科技保险试点工作，科技保险在我国已基本得以有序地推广和发展，之后国家又相继出台了一系列科技金融扶持和发展政策，将科技保险也涵盖其中，使我国科技保险步入一个可持续发展的良好态势。

第七章 我国首批科技保险试点的发展分析

科技保险是一项新生事物，目前国内尚处于探索创新发展阶段，无成熟经验可资借鉴。欧美、日本等发达国家，对科技保险的理论研究虽然还处在起步阶段，但在实践中已探索设置了一些较为完善的险种，且整体发展态势较好。例如，知识产权险在我国基本属于空白，被称为"另类保险"，而在美国应用已较广泛。知识产权险既可以当"矛"使用，提供原创者打官司时需要支付的费用；又可以当"盾"处理，为担心侵权的模仿者支付法律费用。出口信用险，已有80多年历史，起源于英国，发展于德国，成熟于法国，目前法国出口信用保险已在全球60多个国家建立信息联盟和信用联盟。互联网保险，在一些发达国家和地区，业务成倍增长，英国和美国保险公司甚至已推出"黑客保险"业务。总体来看，发达国家对发展科技保险日益重视，随着科技保险实践的不断丰富，对其理论研究也在逐步深入。

我国提出到2020年建成创新型国家的宏伟目标，为解决企业自主创新的后顾之忧，国家开始探索推行科技保险。2007年下半年，北京市、天津市、重庆市、武汉市、深圳市、苏州高新区等"五市一区"成为首批国家科技保险创新试点。各试点单位"八仙过海、各显神通"，积极创新政策举措，不断丰富发展模式，推动试点工作蓬勃开展。仅一年时间，全国科技保险投保企业就已超过1100家，并探索出了不少成功模式。比如，苏州市高新区与保险中介、保险公司诚信合作，推行"政府信用＋商业信用＋专业保险经纪服务"的运作模式，2007年该区投保企业就达9家，保费收入219.7万元，可转移风险近50亿元。

第一节 重庆市科技保险发展状况分析

一、重庆科技保险创新试点发展情况

重庆作为国家科技保险试点单位以来，全市已有投保企业20多家，保费200余

第七章　我国首批科技保险试点的发展分析

万元，投保金额近 8 亿元；发生赔案 11 起，赔付金额 14.8 万元。但是，相比其他试点城市，重庆发展科技保险较为滞后，目前投保企业数低于北京、深圳 2007 年的水平，投保金额仅为北京的 1/2、深圳的 1/10。分析对比，影响重庆科技保险发展的主要原因有以下几点。

（1）从社会氛围看，存在认识不到位的问题。科技保险作为一项新生事物，全社会对其重要作用的认识很不够。部门缺乏常态的会商机制，遇到问题时，部门、地方政府和保险公司相互衔接少，尚未形成合力推进的格局。一些高新技术企业，错误地把科技保险误解为解决企业未参加社保的补充或作为一般员工的福利，把最高两年的保险期限（与复核有效期一致）理解为保费补贴仅两年。区县科委对科技保险知之更少。另外，有保险需求的大型科技企业基本投保了相应的常规保险，不愿意重新办理科技保险。

（2）从市场发育看，因市场成熟度偏低而产生制约。科技保险是一个全新的事物，市场培育还很不充分。一是缺乏数据积累。保险公司在科技保险承保、理赔、费率厘定等环节缺乏历史数据支撑，费率的科学性、合理性难以确定。同时，缺乏对全市高新技术企业有关数据的积累。二是存在高风险隐患。目前，保险"大数法则"还没形成，一旦某企业发生重大损失，200 多万元保费难以化解高风险。三是市场推广传统。普遍采用推销式售险，企业比较反感，效果难以保证。比如，某保险公司走访高新技术企业 200 多家，成功率只有 1.5%。四是人才严重匮乏。目前熟谙科技保险的高端人才很少。比如，市内保险公司在签订科技保险项目前，往往求援总公司派员进行标的可保鉴定。

（3）从险种设置看，不能满足企业风险保障需求。现有科技保险只有高新技术企业产品研发责任险、关键研发设备保险等 15 种，远不能满足为企业科技创新提供全方位、多角度保障的需要。比如，全市高新技术交易增长迅速，2007 年共签订相关技术合同 3770 项，完成合同成交金额 39.8 亿元，其中技术交易额 29.3 亿元。但目前尚无技术交易险这一险种。

（4）从政策支持看，引导推动的力度不强。一是科技保险财政补贴政策不健全。目前财政补贴只针对取得认证、有效期两年内、年销售收入 1 亿元以下的高新技术企业，拥有高科技产品的大量企业和年销售收入 1 亿元以上的 131 家大型高新技术企业被排斥在补贴之外，符合条件的高新技术企业仅 400 多家，即使全部投保"大数"法则也难形成。最高补贴额度低，目前深圳、成都年计划补贴资金 1000 万元、补贴上限 100 万元，而重庆为 300 万元、上限 10 万元，分别为深圳的 1/3、1/10。二是税收优惠政策尚未落实。中央明确规定,科技保险保费支出纳入企业技术开发费用,享受国家规定的税收优惠政策,在企业所得税税前按150%加计扣除。

二、重庆市促进科技保险发展的政策

为扎实推进科技保险事业的发展,有效分散、化解科技创新创业风险,营造良好的创新创业环境,促进重庆市自主创新战略的实施,根据中国保险监督管理委员会、科技部《关于加强和改善对高新技术企业保险服务有关问题的通知》和科技部办公厅、中国保险监督管理委员会办公厅《关于开展科技保险创新试点工作的通知》,重庆市特别制定了促进科技保险发展的办法。

对于科技保险的具体补贴方式和条件如下。

(1)科技保险保费补贴方式为按年度定额补贴。即按投保险种对参加科技保险的高新技术企业年度科技保险保费总额按30%~70%比例给予补贴。每个企业每年最高补贴额度一般不超过10万元。

(2)企业申请科技保险补贴资金资助,应具备以下条件:①经国家或市级科技行政管理部门认定的在渝高新技术企业;②投保险种未列入其他财政保险资金补贴计划;③单位管理规范,财务制度健全;④有明确的研究开发方向。

(3)有关险种标的的边界条件国家有关部门有规定从其规定,没有规定以重庆市财政局、市科委公布为准。

(4)企业一次性投保期限最长为2年,可每年投保,也可2年一次性投保。2年期限结束后可重新申请确定。

第二节 天津市科技保险发展状况分析

一、天津市科技保险发展状况

2007年7月,科技部和中国保监会批准天津市成为全国首批科技保险创新试点城市。作为贯彻落实国家和天津市中长期科技发展规划纲要和配套政策的具体措施,天津市科委高度重视科技保险创新工作的开展,建立了由保险公司和相关单位组成的天津市科技保险试点工作推动工作小组,与相关保险公司建立了合作机制,并在深入企业调研了解需求的基础上,会同市财政局等有关部门,制定了相关的优惠政策和具体措施。一是设立科技保险试点的专项资金,对于企业的科技保险,按照一定的比例,予以财政性的资金补贴;二是企业科技保险费用可在财政拨款资助的天津市科技计划项目经费中列支;三是科技保险经费支出可纳入企业技术研发费用,享受国家规定的税收优惠政策。高新技术开发、转化和产业化过程中,具有较高的风险性。截止到2007年10月,启动了高新技术企业产品研发责任保险、关键研发设备保险、营业中断保险、高管人员和关键研发人员团体健康保险及意外保险、出口信用保险、高新技术企业特殊人员团体意外伤害保险和重大疾病保险8个科技保险险种和相关政策的出台,为企业提供了分担和降低创新过程中遭遇风险损失的新机制,进一步促进了科技与金融的结合,成为企业技术创新的保护伞。

截至2011年底,先后有15家企业签订了19份科技保险专项合同,包括6份短期出口信用保险合同,4份高新技术企业财产保险合同,4份高新技术企业产品责任险合同,5份高新技术企业关键研发设备保险合同,保费总额超过400万元,获得了高达240万元的政府专项保费补贴。保险公司主要有人保公司,财产保险公司以及出口信用保险公司。

二、天津市科技保险促进政策

为加快落实国家实施中长期科技发展规划纲要的配套政策,天津市科委组织召开了天津市科技保险创新试点工作推动会。中国出口信用保险公司、华泰财产保险公司、平安人寿保险公司以及相关保险经纪机构的领导以及全市60多家高新技术企业代表出席了会议。天津市科委条财处以及华泰财产保险公司、中国出口信用保险公司、平安人寿保险公司等就开展科技保险政策、险种内容等进行了专题发布。会上,市科委下发了开展科技保险试点工作的文件,明确将首批选择100家高新技术企业开展科技保险试点工作。

第三节　北京市科技保险发展状况分析

在首批试点城市中,北京市以雄厚的科技实力及发达的金融行业为基础,于1995年由北京市科委发起了科技金融促进会,旨在以金融保险为工具将科学技术推向市场化,进一步提高城市综合科研能力。

北京作为科技保险试点城市的领军城市,对于科技保险工作做出了巨大的支持。

北京市政府、保监会以及科技部门在科技保险的各环节以及相关政策支持方面倾其心力，颁布一系列相关意见法规等文件，成立特别项目基金，对科技保险的补贴进行特批特办，支持保险公司进行专项科技保险相关业务，健全后勤保障机制，使得北京的科技保险工作进展顺利，成为全国范围内的楷模。

一、北京市科技保险发展现状

自2007年国家确定首批科技保险试点以来，北京市科技保险业获得了长足的发展。截止到2012年，北京市累计参保企业数量427家，累计缴纳科技保险保费0.589亿元，科技保险金额达到520亿元；北京市科学技术委员会共完成科技保险保费补贴超过了0.31亿元；其中2010年共有127家高技术企业与保险公司签署了相关协议，共缴纳保费1605万元，科技保险金额达到177亿元；2012年，共有159家企业参与了投保科技保险，投保金额高达396亿元。北京市除了不断创新增加新的保险险种外，还不断拓宽新的试点行业。2012年，北京市在生物医药领域内选取262家科创新型企业试点开展了金融激励的工作，一共17家金融机构参加试点，合计发放贷款103亿元。与此同时，引导金融机构加大对科技创新型企业的支持力度。

二、北京市促进科技保险发展的政策

为贯彻落实《科技保险创新试点城市（区）备忘录》精神，北京市积极引导高新技术企业参与科技保险，分散高新技术企业经营风险，鼓励研发和创新。市科委设立"科技保险专项资金"，对参保科技保险的企业进行专项补贴，引导企业建立创新产品研发、科技成果产业化的保险保障机制。在《北京市高新技术企业科技保险专项资金》申报指南中明确了申报科技保险保费补贴的企业应具备的条件以及科技保险支持方式等内容。规定了凡在北京注册的近三年内无重大违法犯罪行为记录的高技术企业都可以参加申请科技保险补贴，还规定了科技保险保费支持方式。

（1）专项资金采取后补贴的形式，从市财政的科技经费中列支。企业保费后补贴比例为保费支出的50%，每家企业每年的补贴总额最高不超过15万元。

（2）已投保高新技术保险的企业可以按《北京市高新技术企业科技保险专项资金申请指南》的要求提出"科技保险保费专项资金"申请补贴。

2009年，北京市委、市政府发布实施《"科技北京"行动计划（2009-2012）——促进自主创新行动》，强调要落实金融财税政策，科技金融服务体系不断健全。2010年，北京市下发了《北京市人民政府关于推进首都科技金融创新发展的意见》（京政发〔2010〕32号），其中（十七）和（十八）条意见分别重点强调了完善创新科技保险产品、加大对中关村自主创新产品的保险支持力度，加快推进中关村科技保险创新试点工作。建立并逐步健全政府采购首台（套）重大技术装备、加大对中关村自主创新产品的保险支持力度、健全自主创新产品首购风险的保险补偿机制，通过投保、政府保费补贴、招投标评分相结合等手段，降低首台（套）使用方风险；（十九）条意见则强调要发挥高新技术企业出口信用保险的作用，引导中国出口信用保险公司加大对高新技术企业的支持力度，不仅要提供专业、高效的风险管理咨询和评估服务，还要对企业自身信用评级和海外买家资信的调查费用给予优惠，对购买统保保险的高新技术企业给予保险费率优惠。按支持企业短期出口信用险的相关规定，对有关投保企业给予一定的保费补助。

第四节 武汉市科技保险发展状况分析

一、武汉市科技保险发展现状

近几年来，武汉的科技保险业取得了快速稳步的发展。2007年，武汉市由科技局直接对科技保险进行管理，出台了专门的管理规定办法，该办法对国家科技部首批规定的6个科技险种进行了明确，并对补贴资金来源、用途以及申请条件进行了详细规定，推动了科技保险的发展。

2007年，21家企业共投保科技保险25单，涉及除企业产品研发责任险外的其他5个险种，保额超过20亿元，企业共缴纳保费约300万元。武汉市政府将对每个险种首单合同的保费支出给予全额补贴，补贴额达130万余元。至2012年底，武汉市参与投保科技保险的企业/单位超过400家，科技保险总额超过500亿元，累计保险费用支出约为6500万元。2014年，武汉市科技保险金额达到207亿元，武汉市对42家企业的科技保险费用进行了补贴，补贴资金高达487万元。

有数据显示，财产综合险及意外伤害险的保费收入占比最高，占到了全部险种的75%，产品责任险的保费收入比例最低，仅占全部保费收入的0.8%，其他险种的保费收入所占比例也并不高。这种情况可能是由两方面原因造成的，一方面是企业并未对研发形成一个正确的认识，研发投入过低；另一方面是由于政府的保费补贴方式不能满足企业的实际情况，仍有待改进。

截至2011年，包括信息、药学、化工等在内的多个领域共32家高新技术企业购买了科技保险，由于不同领域可能遇到的风险不同，各企业所购买的险种也差异较大。从企业经营范围角度来看，中小型企业的投保比例要远远大于大型企业，2010年，武汉市百强民营科技企业中只有8家企业购买了科技保险，且无一是挤进十强的企业。

武汉市政府采取了一系列措施支持参加科技保险的企业，前两年的科技保险费专项补贴预算额达800万元，并给予相关企业一定的税收优惠，允许其发生的科技保险费用计入研发费用，按实际发生额的150%加计扣除。

二、武汉市促进科技保险发展的政策

自2007年，武汉市先后下发了《武汉市科技保险费补贴资金使用管理办法》《中小企业信用保险E计划》《武汉市科学技术研究与开发资金管理办法》《武汉市科技金融结合试点方案》及《关于下达2014年科技保险费补贴计划的通知》等，不断规范和完善科技保险补贴政策。其中，《武汉市科技保险费补贴资金使用管理办法》规定了科技保险补贴资金支持的对象为在武汉地区注册的国家高新技术企业、高新技术产品登记备案企业、科技园区及科技企业孵化器内科技型企业，具有良好的信誉，拥有自主知识产权，具有较强的创新性和较高的技术水平，近三年内无不良信用记录。同时该办法还确定了武汉市科技保险补贴的比例和限额。

（一）保费补贴比例

（1）研发责任险、关键研发设备险、研发营业中断险、专利险、产品责任险、产品质量保证险等险种补贴比例原则上控制在企业缴纳保费的50%~70%。其他险种补贴比例控制在企业缴纳保费的20%~50%，具体标准根据年度科技保险保费补贴资金预算额度及当年申报补贴企业缴纳保费总数确定。

（2）核定后的补贴额不足1万元的企业，不予补贴。

（3）年出口1000万美元以下的高新技术企业，购买出口信用风险全覆盖险给予全额补贴。

（4）其他符合政策导向的科技保险险种，经科技部门认定后，按照以上险种归类及创新程度，给予适当比例补贴。

（二）保费补贴限额

（1）每个企业当年度科技保险费补贴总额实行限额。根据科技型企业年度高新技术产业产值控制补贴资金最高限额。企业年产值在5000万元及5000万元以下的，补贴控制在 10 万元以内；企业年产值在 5000 万元至 1 亿元（含 1 亿元）的，补贴控制在 15 万元以内；企业年产值在 1 亿元至 1.5 亿元（含 1.5 亿元）的，补贴控制在 20 万元以内，依此类推，最高补贴额不得超过 35 万元。

（2）企业当年获得除市本级以外的科技保险补贴的，按差额原则执行。

第五节　深圳市科技保险发展状况分析

一、深圳市科技保险发展现状

2012 年，深圳市对政府机构进行了重组优化，组建了全国首个科技创新委员会。科技创新委员会在职能上有所转变，主要负责企业科技创新以及科技保险的工作，在科技资源配置方面有所优化，促进了各产业的协调发展。

为了促进科技保险的发展，深圳市政府于 2012 年出台了具有针对性的政策措施文件，措施强调，将以保费补贴的方式对符合条件的高新技术企业予以资助，鼓励企业购买科技保险。同时，将对科技保险的产品品种进行创新，在国家科技部发布的首批 6 个险种之外，探讨关键研发设备险、知识产权质押贷款保险、企业债保险、成果转化险等新险种的可实施性，扩大险种覆盖范围，完善科技保险风险分担机制。

2017 年，深圳市科技保险项目是市政府为提高政府专项资金使用效率，建设国家创新型城市和现代化国际化城市而设立的一项科技创新的项目计划。该项目重点支持战略性新兴产业和民生科技领域，每家企业资助最高 50 万元，且不超过企业实际保费支出的 50%。

二、深圳市促进科技保险发展的政策

（一）支持科技保险试点

对高新技术企业购买创新科技保险产品予以保费资助。探索利用保险资金参与重大科技基础设施建设制度。

（二）创新科技保险产品

支持保险机构为高新技术企业开发知识产权保险、首台（套）产品保险、产品研发责任险、关键研发设备险、成果转化险等创新保险产品。支持保险机构与银行、小额贷款公司等合作开发知识产权质押贷款保险、信用贷款保险、企业债保险、小额贷

款保证保险等为高新技术企业融资服务的新险种。

（三）完善科技保险风险分担机制

畅通政府、保险机构、企业之间的信息共享渠道，支持保险机构、银行、再保险机构和担保机构等共同参与科技保险新产品风险管理工作。

第六节 苏州国家高新区科技保险发展状况分析

一、苏州高新区科技保险发展现状

作为第一批科技保险试点中唯一的一个国家高新区——苏州高新区的科技保险发展得到了长足的发展。至 2009 年底，苏州高新区已有 17 家高新技术企业参保科技保险，总计保险费用约为 1228 万元，总投保金额为 58.8 亿元，其中苏州高新区财政已向参保企业发放保费补贴约为 150 万元。截至 2012 年，苏州高新区已经获得了 56 家高新技术企业参与科技保险项目，参与业务种类有 4 大类，覆盖范围较广，保险费用总额为 1836 万元，投保金额约为 208 亿元，其中苏州高新区对科技保险的补贴约为 234 万元。截至 2013 年底，苏州高新区累计共有 92 家（次）高新技术企业投保科技保险，获批保费补贴累计超过 400 万；保险险种包括财产一切险、关键研发设备险、高管人员和关键研发人员团体意外伤害保险、雇主责任险和出口信用险等，总计缴纳保费达 3725 万，总保险金额达到 646 亿元。2009 年至 2013 年，苏州高新区保险费用年均增长率为 31.97%。

二、苏州高新区促进科技保险发展的政策

为了促进科技保险业的快速发展，苏州高新区下发了《高新区科技保险补贴企业保费实施办法》（简称《办法》）。《办法》明确规定：①凡符合条件的企业，年最高可获得 30 万元的保险补贴。②投保出口信用保险的企业，将获得保费支出 30% 的补贴；投保其他险种的，将获得保费支出 20% 至 80% 的补贴。③环境责任及职业责任类和科技金融类保险补贴比例从高享受。④研发类保险、可享受补贴的对象包括高新区注册的科技型企业、近三年在各级主管部门科技项目计划中获得立项企业、苏州科技城及区内孵化器基地内的科技企业、各级领军人才计划项目企业和经认定的服务外包企业。另外，该《办法》还明确规定各险种期限不得超过 2 年，对分期付款投保

的企业，须在付清保费后才可提出补贴申请。

  2013年，在中国保监会、江苏省保监局和苏州市政府的大力支持下，苏州高新区被确定为全国首家"保险与科技结合"的综合创新的试点。此次苏州高新区获得科技保险先行先试的机遇，对于苏州市高新区的科技保险试点工作具有里程碑式的意义，使其成为所有科技保险试点城市中首个进行特别"创新试点"的地区，在试点过程中有多个创新尝试供业内学习效仿：首先，在科研机构的建立方面，成立科技保险信息储蓄库；其次，对于科技保险的相关补贴或基金储备方面作出单独批示；再次，对于服务高新企业的险种方面进行了多样化配置；最后，尝试科技保险与科技金融的其他模块进行配合协调，全方位多角度共同发挥其试点的优势。2014年，苏州高新区举办了科技保险座谈会，共同探讨了苏州高新区保险与科技结合综合创新情况和科技保险险种的推广，以及保险资金如何更好地服务支持科技企业，与会人员集思广益、畅所欲言，凝聚共识。

第八章 科技保险对科技型企业发展产生的影响研究

第一节 科技型企业对科技保险的需求研究

高新技术企业是一个国家或地区实现未来经济持续增长的先导企业，对国民经济发展和产业结构转换具有决定性的促进作用和导向作用，关系到国家的经济命脉和产业安全。积极推动和培育高新技术企业，是实现经济社会全面、协调、可持续发展的重大战略举措。由于该领域的大部分企业都是以科研、开发为先导的高投入、高风险企业，所以面临着复杂的科技风险。企业科技风险源于外部环境的不确定性、项目本身的复杂性以及企业能力与实力的有限性。科技风险可能导致企业的研发项目失败并发生损失，从而妨碍技术创新。基于科技风险的特殊性，科技保险便应运而生。科技保险是为了规避科研开发过程中由于诸多不确定的外部影响而导致科研开发项目失败、中止、达不到预期的风险而设置的保险。加快科技保险体系建设，不仅能为高新技术企业科技创新活动提供量体裁衣的保险产品，而且可以为科技事业的蓬勃发展保驾护航，成为实施自主创新工程的一个关键环节。

科技保险是国家科技部与中国保监会于 2006 年联合推出的一项以保险服务于高新技术企业的活动，自 2007 年试点以来，科技保险化解科技创新风险、支持高新技术企业自主创新的作用稳步提高。但当前科技保险发展过程中还存在诸如政策落实难、行政效率低、产品创新能力弱、企业参保率低等突出问题。综合国内外相关研究发现，科技保险要发展，增加有效需求是关键。科技保险的参保主体是高新技术企业，高新技术企业行为是理性的。了解高新技术企业对科技保险的认知度和投保意识、研究其对科技保险需求的影响因素将有助于科技保险政策的制订和科技保险的实施。尽管政府部门和相关学术部门对于科技保险的呼声很高，综观目前国内外对于科技保险的研究，主要是围绕科技保险的基础理论展开，并集中于科技保险的内涵、特点、功能、原则、模式与体系构建等方面。基础理论的研究成果为科技保险进一步研究打下了坚实的基础，也为我国科技保险前一阶段的发展提供了理论指导。但总起来

第八章 科技保险对科技型企业发展产生的影响研究

看,目前国内该领域的研究还显得比较零碎和分散,尤其关于对高新技术企业科技保险需求的程度及其影响因素研究缺乏实证。

近些年来,在建立以高新技术企业为主体、以市场为导向、产学研结合的技术创新体系上取得了新的进展,特别是围绕电子信息、生物技术与现代医药、新材料、新能源和先进制造五大领域进行了技术升级,高新技术企业自主创新的现代产业体系正逐渐形成,并取得了显著成绩。

一、高新技术产业科技保险需求的影响因素描述性分析

(一)企业对科技保险的认知程度与科技保险需求分布

目前,我国科技保险的发展还处于初级阶段,其功能和作用都远未发挥出来,高新技术企业对科技保险的认知程度必然影响科技保险的需求。高新技术企业购买科技保险是为了降低科技风险,只有在对科技保险有了基本了解之后才会自愿购买科技保险。对科技保险的了解程度越深,可能更愿意购买科技保险。

(二)企业管理者受教育水平与科技保险需求

一家高新技术企业是否购买科技保险很大程度上取决于企业管理者的决策。企业管理者本身的科技风险意识决定了其直接购买科技保险的积极性。企业管理者受教育程度越高,对新事物的认知程度和接受程度就越高,也就能够更好地理解科技保险的作用和特点,从而其购买意愿也相应就越大。也就是说,企业管理者受教育水平和购买科技保险的意愿应该成正比。

(三)企业对科技风险的认知程度与科技保险需求分布

高新技术企业经营过程中必然面对各种类型的科技风险,然而科技风险对每家企业的影响程度不一样,每家企业对科技风险的认知程度也不一样,每家企业的风险态度直接决定着其对科技保险的购买意愿。当企业认为科技风险能够承受或者对自己影响不是很大时,购买意愿不强烈;企业认为科技风险对自己影响程度越大,其购买意愿也就越强烈。因此,高新技术企业对科技风险的认知程度与其对科技保险的参保意愿正相关。

(四)不同政府保费补贴水平与科技保险需求分布

科技保险的保险对象是科技风险,而科技风险与传统保险的可保风险存在较大的差异性。首先,从保险条件角度看,科技风险具有投机性、受主观因素影响较大等特点,而根据可保条件,可保风险发生必须是偶然的、客观的,因此科技保险具有弱可保性;其次,科技保险为科技创新主体从事科技活动提供了重要的保障,从而提高

了科技创新主体从事科技活动的积极性，同时提高了科技项目的成功率，表明科技保险对于社会经济具有较强正外部性。科技保险是科技领域和金融领域相结合的一种新鲜事物，是一种准公共产品，如果完全由市场来提供则必然供给不足或效率低下，因此政府必须主导其相关活动或支出，承担主要责任。尤其在我国市场经济发育还不完善、保险事业并不发达、科技机构保险意识淡薄、保险能力有限的条件下，政府的作用将更加凸显。随着政府保费补贴比例的提高，愿意投保的企业占比迅速上升，说明建立科学完善的政府保费补贴政策对发展我国科技保险事业具有重要作用。

（五）保单保障水平与科技保险需求分布

作为保险受益人与投保者，高新技术企业当然希望得到尽可能大的收益。科技保险的目的在于转移科技风险，高新技术企业以科技创新为灵魂，是科技创新与产业的结合，新技术、新产业和战略性是其最关键的三个方面。高新技术企业作为新兴产业，技术成果的开发和产业化都处于不成熟阶段，这些项目的发展存在着巨大的经济效益，也伴随着巨大的科技风险。科技风险可能导致高新技术企业的研发项目失败并产生损失，从而妨碍技术创新。如果保险的保障水平不高，高新技术企业不能从中得到恢复生产所需的资金，科技保险的意义也就不存在了。

（六）承保理赔满意度与科技保险需求分布

科技风险相对于其他保险风险来说，专业化程度更高，风险不确定性更加突出，因此对保险公司承保和理赔带来了更大的难度。承保理赔服务是体现保险公司价值链管理水平的重要环节，承保理赔服务已经成为扩张科技保险业务的"瓶颈"。随着承保理赔满意度的提升，企业愿意投保的比例迅速增加。但"非常满意"占比仅有7.52%，说明目前科技保险理赔服务状况还不很理想，还需要大力加强承保理赔服务工作。

（七）企业经营高新技术时间长短与科技保险需求分布

一方面，企业经营高新技术时间越长，对科技风险认知程度就越深，对科技保险需求也就越强烈；另一方面，经营时间越长，对抗科技风险的办法也就越多，对科技保险需求也就减弱。

二、科技保险需求的影响因素

经过以上分析，科技保险需求主要受以下几个因素影响。①对科技风险、科技保险的认知程度。调查研究显示，高新技术企业的很多员工没有接受过专业培训，对保险认知相对有限，对增强企业抗风险能力认识不到位；对科技保险缺乏足够认识，积极性不高，持观望态度，甚至误解了科技保险的功能，把科技保险作为员工福利或

第八章 科技保险对科技型企业发展产生的影响研究

者社会保险的补充。因此，政府和保险公司应加大对科技保险的宣传力度，提升高新技术企业对科技风险和科技保险的认知水平。②管理者受教育水平。高新技术企业管理者素质普遍较高，在信息接收渠道和信息消化能力上具有优势。但颇出人意料的是，调查研究显示，高新技术企业对科技保险的认知十分有限。在较多的高新技术企业中，保险需求测试和保险购买一般是通过财务部门和研发部门经办，加强这些具体经办部门人员对科技保险的认知非常重要。高新技术企业对科技保险的有限认知是当前制约科技保险市场发展的首要问题。③出台优惠的补贴政策，提高保单保障水平，降低企业承担保费水平可以刺激企业对保险的需求。④为企业提供及时、便捷、高效的承保理赔服务可以刺激高新技术企业对科技保险的需求。目前，科技保险承保理赔服务环节存在诸多缺陷，已经成为扩张科技保险业务的"瓶颈"。⑤风险指标中人均技术装备值、新产品研发成功率、企业资信度、顾客美誉度、新产品销售比率、市场占有率这六项指标与科技保险需求负相关。这些指标越大，说明企业面临科技风险越小，对科技保险的需求就越弱。社会公众投诉率越高，企业面临科技风险就越大，对科技保险需求就越强烈。⑥经济类指标中人均资产额、人均利润额两项指标与科技保险需求正相关。人均资产额反映企业资产情况，其值越高，抗风险能力越强，科技保险需求越弱，但是随着其值增加，面临的科技风险种类和数量急剧增加，科技保险需求就越强烈，甚至超过前者，因此实证结果和预期相反。人均利润额与科技保险需求正相关，与预期结果相符。⑦环境类指标的产业平均利润率、R&D人员占比两项指标与科技保险需求正相关，与预期结果相符。

三、高新技术产业科技保险需求影响因素的相关建议

通过分析高新技术企业科技保险的需求因素，得出结论：对科技风险、科技保险的认知程度、管理者受教育水平、保费补贴水平、保单保障水平、承保理赔满意度等定类指标与科技保险需求正相关。风险指标中人均技术装备值、新产品研发成功率、企业资信度、顾客美誉度、新产品销售比率、市场占有率这六项指标与科技保险需求负相关，社会公众投诉率与科技保险需求正相关。经济类指标中人均资产额、人均利润额两项指标与科技保险需求正相关。环境类指标产业平均利润率、R&D人员占比两项指标与科技保险需求正相关。根据以上分析结论，从影响高新技术企业购买科技保险角度提出如下建议。

（1）从提高高新技术企业保险意识方面增加科技保险需求。政府应借助自己的特殊地位，加大培训和宣传力度，提高企业对科技保险与科技风险的认知水平。首

先，培训方案因人而异。对科技界尤其地方科技部门侧重开展保险知识培训；对保险机构、保险中介以及保险监管者侧重开展科技创新、科技风险等方面的培训；对高新技术企业和研发人员侧重开展科技风险管理与科技保险政策等方面的培训。其次，宣传方面采取各种喜闻乐见的形式讲解保险合同、责任范围及赔偿标准。编写一批全面、易懂的科技保险宣传材料，充分利用电视、广播、网络、报纸等媒体，由省科技厅、省保监局、保险公司等单位联动，持续、立体式地大力宣传科技保险的社会作用、优惠政策和发展形势，提高全社会对其知晓程度。对已投保企业进行深度挖掘，尤其通过以往典型案例的宣传，加深高新技术企业对科技保险的了解，增强其投保的积极性。政府在做好宣传工作的同时，应该把科技保险同科技创新、科技文化、科技金融、风险投资、投资环境建设、市场开拓等方面有效结合起来，形成政府、保险公司、社会与高新技术企业共同推动科技保险稳健发展的"四位一体"格局。

（2）从实证结果可以看出，高新技术企业对科技保险需求受到其自身财务状况、环境等因素影响，不同行业类型高新技术企业、同一行业类型不同高新技术企业对科技保险需求存在很大差异。目前，我国科技保险的试点险种难以满足高新技术企业的全部需求。保险公司应深入了解高新技术企业的保险需求，建立市场反馈机制，完善科技保险产品体系，加大保险技术研发投入，针对不同行业的高新技术企业，给予专业性的投保选择。针对同一行业类型的高新技术企业在研发、生产、销售、售后等环节所面临的不同风险进行险种设计，让企业有所选择，以此吸引企业积极参与科技保险。同时，企业由于经营产品不同，资产规模、盈利能力有很大差异，对科技保险的保障水平有不同的要求，对保费的承担能力也不同，建议针对不同的保障需求设计分段的保障水平，并对应不同的保费水平，更好地满足高新技术企业多样性的投保需求。

（3）保险机构提供灵活多样的科技保险投保方式。给予优质客户一定的投保优惠，提高其购买科技保险的积极性；根据高新技术企业产业群分布情况，抓重点企业，大力拓展效益好、技术人员多、资产大的大中型企业，以带动其他企业投保的积极性；针对发展规模弱小、资金不足高新技术企业，设计一种可供投保企业分期缴纳保费的投保方式；对于高新技术企业比较集中的园区，开展团购参保优惠活动；创新合作模式，保险机构与高新技术企业建立长期战略合作关系，成为企业全方位的风险管理顾问，为其制定行之有效的风险控制体系。

（4）为高新技术企业提供及时、高效、便捷的承保理赔服务。承保理赔服务是体现保险公司价值链管理水平的重要环节，尤其科技风险相对于其他保险风险来说，风险不确定性更加突出，专业化程度更高，因此对保险公司承保理赔带来了更大的难度。一方面，保险公司需要培养精通科技领域核保理赔专业知识的复合型保险从业人员，另一方面，应着手建立关于高新技术企业的多层次数据库，记录高新技术企业的相关特征和经验信息，以提供有针对性的保险服务。最后，保险机构要积极为企业的科研项目提供风险防范、化解和再保险服务，有效分散其运营中的各类风险。一旦保险事故发生，要迅速采取行动，积极协助受灾企业开展救灾减损工作，帮助企业迅速恢复生产，最大限度地降低风险损失。

5. 政府综合利用财政、金融、税收及再保险等手段提高高新技术企业科技保险需求水平。首先，建立多样化的补贴方式：税收优惠、保险费补贴、利息补贴、担保补贴、再保险补贴等。政府对于科技保险的各参与主体，不论是保险公司还是高新技术企业，对所涉及的科技保险业务可以减免一定比例的税收，甚至对于高新技术企业参保积极性不高、风险较大的险种可以采取免税待遇，并将高新技术企业按照行业、资产规模、利润、科技研发投入的比例等分类，设定不同的税收优惠比例；利息补贴，即"财政贴息"，资金由财政直接拨给银行，对于高新技术企业投入科技创新项目的资金给予银行信贷利息补贴，是财政间接补贴科技创新活动的一种方式，可以按照最高补贴限额或者比例法进行补贴；担保补贴就是对于符合国家产业政策的高新技术企业研发项目，在企业向银行进行信贷申请时，政府可以为这些企业提供项目资金担保。其次，确定合理补贴标准。对于不同行业高新技术企业应实行不同的补贴水平。既要考虑不同企业技术创新水平、科技风险与保险费率的差异，又要考虑不同企业的支付能力差异，以确定不同的保费补贴比例和补贴递增率。根据高新技术企业科技创新等级划分对应层级补贴，对那些易受外界因素影响的重点险种提供较高的补贴水平，从而通过调整保险费补贴标准来优化高新技术企业产业结构。最后，简化审批流程，提高行政效率。建立多方协调机制，成立省政府牵头的科技保险工作领导小组，协调推进科技保险工作；政府相关部门要提前参与科技保险，在企业与保险公司商议科技保险方案过程中，相关部门的有关人员就可完成相关科技保险资料的收集、审核和初审手续。

第二节　科技保险对科技企业创新盈利能力影响研究

近年来，随着我国创新型国家战略的深入实施，政府越来越重视对高新技术研发保险的支持。为了分散和转移科技企业在技术研发和经营管理中面临的高风险，我国开展了科技保险试点和推广工作。2007年,保监会选定北京、武汉、深圳、天津、重庆和苏州高新区为第一批科技保险试点地区,并于2010年发布了《关于进一步做好科技保险有关工作的通知》,正式推出科技保险制度。

科技保险推广是全面促进科技与金融相结合的一项重大举措,目前已经对众多科技企业的持续快速发展产生了积极作用。衡量科技保险对我国科技企业创新能力和盈利能力提升产生的影响以及如何加强这一保险对科技企业的支持作用等问题均有待深入探讨。

研究发现,科技保险对于科技企业创新能力有正向影响,一定程度上提升了创新能力,为高技术产品的成功研发提供了有力保障。Reyes采用皮尔逊相关分析法研究了1985年至1994年美国高技术企业专利获准数、研发设备投保金额、产品质量投保金额数据之间的关系。结果发现,研发设备投保金额、产品质量投保金融对专利获准数有正向影响。Tether将企业高技术产品种类、关键研发人员医疗健康保险额分别作为被解释变量与解释变量,依据1990年至1997年以色列139家科技企业数据,分析了科技保险中人身险的作用,研究发现被解释变量与解释变量同方向变动,投保人身险的企业研发人员稳定,更容易开发出新产品。此外,有研究发现科技保险能够提高科技企业的盈利能力。Stueber采用案例分析法,研究了科技保险中财产险给奔驰公司带来的潜在盈利优势,通过访谈该公司员工和高层管理者发现,投保财产险能够在实验设备损坏时及时得以赔付,保证了实验的连续性,提升了新技术成功的概率,最终增强了企业的盈利能力。Tiller和Bedigian对微软公司开展问卷调查,将高技术软件盈利额作为被解释变量,研发责任保险额、销售责任保险额作为解释变量,运用多元回归进行研究发现,研发责任保险额对被解释变量有显著正向影响,销售责任保险额对被解释变量影响不显著。

以上研究尚存在以下不足:①没有区分科技保险中人身险与财产险,无法说明两类险对于科技企业创新和盈利能力所起的不同作用;②没有充分考虑保险公司这一承保主体的地位和作用,局限于科技企业与保险公司合作利用新险种积极影响创新和盈利能力。本节从区分人身险与财产险入手,提出若干研究假设,采用问卷调查法在试点地区收集相关数据,运用结构方程模型研究科技保险对科技企业创新与盈利能力的影响。

一、相关理论研究

目前,我国已经推出的科技保险可归纳为人身险和财产险两大类。人身险主要针对科技企业研发人员和高层管理者，包括关键研发人员和高层管理者医疗健康保险、关键研发人员（特殊实验人员）意外伤害保险等；财产险主要针对科技企业研发（实验）设备和最终产品，包括关键研发（实验）设备损失保险、最终产品质量保证保险、最终产品专利保险等。这两类保险在科技企业研制、生产及销售阶段发挥着不同的作用，对企业创新与盈利能力提升产生不同影响。图8-1描绘了科技保险、合作机制以及企业创新与盈利能力提升三者关系的理论框架。首先，科技保险中人身险对科技企业创新能力提升有直接影响，并通过科技企业与保险公司的合作、保险公司开发新险种间接影响企业盈利能力；其次，科技保险中财产险对科技企业盈利能力提升有直接影响，并通过科技企业与保险公司的合作、保险公司开发新险种间接影响企业创新能力。

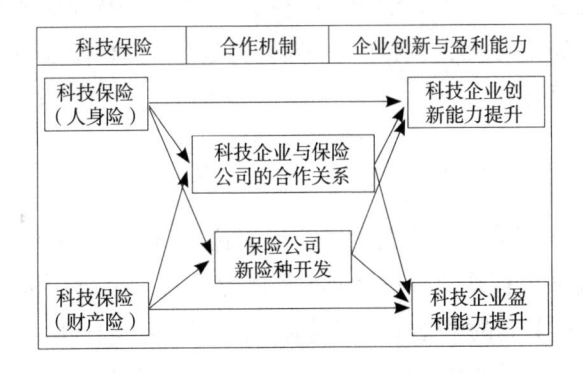

图 8-1 研究的理论框架

二、科技保险对企业能力提升的直接影响

科技保险中人身险能够吸引高技术人才和管理人才加入企业、稳定研发团队和高层管理梯队，进而提升企业创新能力，主要体现在两方面：首先，科技企业员工大多从事脑力劳动，工作压力大、身体素质要求高，如果企业能为高技术人才和管理人才提供优厚的医疗保险和健康保险，可以在招聘时引起优秀人才注意，增加引进人才的优势，为创新能力提升形成潜在动力；其次，在科技企业中很多研发工作（如生物、医药、化学实验等）健康风险较大，如果企业为这些临险员工投保，能减轻员工心理压力，直接推动企业创新能力提升。

科技保险中财产险为关键研发（实验）设备、最终产品质量和专利获取提供物质保障。与非科技企业相比，科技企业面临的环境更复杂、风险更多，一旦险情发生

（如实验设备损坏或报废），容易造成科学技术实验中断等严重后果。如果投保财产险，企业能在第一时间获得赔偿，从而保证研发实验过程的连续性和完整性，为产品或专利顺利盈利提供有力保障。

三、合作机制的中介作用

合作机制是指科技企业通过创造并维持与保险公司之间紧密的合作关系，合作开发新险种，从而促进科技企业创新与盈利能力提升。从科技企业角度看，其对支持企业创新的科技保险有很大需求，迫切需要同保险公司合作投保或开发新险种，借助保险的大数定理为企业高风险的科技活动分担风险，在发生险情时更需要保险公司出手相救，将损失降至最低。从保险公司角度看，其能够供给一系列险种以满足市场上的科技保险需求，通过收取保费并进行融资达到增值目的，从而实现自身收入和利润最大化。保险作为市场化的风险分摊平台，需要科技企业与保险公司紧密合作，最终实现创新与盈利能力提升。

四、启示

研究发现：① 科技保险（人身险）不能直接拉动科技企业创新能力提升，科技保险（财产险）能够直接推动科技企业盈利能力提升；② 合作机制在科技保险与科技企业创新能力之间起到的中介作用不明显，科技保险（财产险）可以通过保险公司新险种开发间接作用于企业盈利能力，但不能通过企业与保险公司的简单合作影响盈利能力。

综上所述，可以得到如下启示：

（1）科技保险中财产险可以显著提高科技企业盈利能力，颠覆了过去只重视研发人员和企业高管人身保险，忽视研发设备和产品财产保险的常规观念，企业应当在今后的科技保险管理过程中出台一系列措施，加大财产保险力度，不仅要重视对"人"的保险，同时要重视对"物"的保险。

（2）科技企业和保险公司不应当只是投保人与承保人的简单合作关系，应当加强互动与沟通，由科技企业结合自身实际提出需求，保险公司按需提供订制式服务，开发出更多更好的新险种，对科技企业进行及时、有效的保险补偿。

虽然我国科技保险制度已取得了一定成效，但仍然存在一些矛盾和问题，未来应当从四个方面推动科技保险业务发展。一是增加科技保险险种。高新技术企业运营过程中面临的风险因素较多，涉及研发、生产、销售、售后服务等多个环节，目前已发

第八章　科技保险对科技型企业发展产生的影响研究

布的科技保险试点险种范围还较窄，品种不够丰富，尚不能满足企业控制风险、全面保障的需求，应当从科技企业创新和盈利层面深入考察企业的保险需求，扩大保障范围。二是加强保险机构组织工作。部分试点保险公司总公司的业务政策缺乏针对性，考核激励措施尚不完善，总公司与分公司之间沟通协调不够紧密，个别分公司领导对科技保险创新发展工作存在疑虑，需要进一步提高认识，深入开展科技保险服务工作。三是加强科技保险宣传。部分企业对科技保险的认识还存在一定偏差，大多数企业对科技保险积极性不高，持观望态度，甚至有些企业误解了科技保险的功能，将其作为解决企业没有参加社保的补充或作为一般员工的福利，违背了科技保险的初衷。应从政府与保险公司两方面入手，提升企业对科技保险的认识深度。四是学习借鉴国外先进技术和经验。开展经验交流，培养专业人才，积累技术数据，逐步形成产品开发、精算基础、数据积累、理赔管理等一整套完整的技术服务体系。

第三节　科技型企业参保意愿的影响因素分析

一、科技保险财政补贴与参保意愿

外部效应是指某一个体的效用函数所包含的变量受另一个体控制的情形。从这一定义出发，国内学者普遍认为科技保险具有正外部性，原因有二：首先，科技保险的正外部性来自科技的外部性。科技活动除了能直接产生科学理论、技术专利和科技产品以外，还以知识溢出或技术溢出的方式影响国防能力、产业整体水平、环境保护、百姓生活水平等。因此，对科技风险提供保障，就是为科技发展提供动力。其次，从供给的角度看，保险公司开发科技保险产品，不仅为科技创新企业提供专业、系统的风险保障，而且完善了科技创新的扶持体系，为科技信贷、科技担保、风险投资、天使投资等创新扶持手段提供了风险分散机制，使整个体系更有效率地运作。

由于外部效应不能在价格信号中得到充分反应，自由市场下，科技保险会出现市场失灵。为解决市场失灵问题，应当引入政府这只"有形之手"，采用财政补贴的形式进行市场干预。同时，由于高科技企业普遍面临资金短缺问题，保费补贴产生的"收入效应"可以增加有效需求，带动科技保险的发展。在试点期间，保费补贴一直是各地政府推动科技保险事业发展的核心手段。在第一批试点的几个城市无一例外都采用高额补贴的方式推动科技保险发展。但是随着实践的发展，业界对科技保险财政补贴的效率产生了分歧。天津、北京先后终止了政府对科技保险的财政支持,结果是科技保险业务急速萎缩。

二、科技保险产品创新与参保意愿

科技保险是科技与金融相结合的创新性尝试,其产品开发和业务拓展仍处于探索阶段。现阶段,保监会和科技部认可的科技保险产品仅包括四大类共15种。邵学清认为,现有险种科技含量严重不足,大都是传统险种的简单改进。彭志文和宋旺基于中关村高新技术企业的调研发现,产品创新不足是制约企业参保意愿的重要原因,如现有科技险种与其他一般险种的覆盖范围重叠(占15.69%)、试点险种不能满足实际需要(占2.94%)、费率不合适(占6.86%)等。赵杨和吕文栋对北京的大样本问卷调查显示,高新技术企业中认为现有险种创新不足、作用有限的比例高达60%以上。

三、破产成本与科技保险购买意愿

企业破产会引致高昂直接成本和间接成本,减少股东价值。而通过购买保险,企业因意外灾害导致破产的概率会降低,随之而来的是破产成本期望值的减少,进而提升公司价值。在实证研究中,有关破产成本的常用变量主要包括以下三个。①风险水平。企业可以通过购买保险规避因意外损失而引致的破产成本。此外,中国保监会对保险公司的经营具有监督权,不仅对绝大部分保险产品设置了一个基准费率,还针对企业财产保险设计了规范化的保单条款,这些监管措施限制了保险公司承保条件的浮动空间,会进一步刺激高风险企业的保险购买意愿。②企业规模。破产成本与企业规模并不呈线性比例关系。相对于规模大的企业,小企业可以从保险公司得到更多的增值服务,因此小企业有更强的动机去购买保险。③成长性。市场对高成长企业价值的评估主要基于其发展前景,而一旦企业陷入财务困境,其价值会迅速蒸发。这意味着对高成长性企业而言,财务困境的期望成本会更高,因此其有更强的保险需求动机。此外,从抑制投资不足的视角看,高成长性企业同样会更倾向于购买保险。

四、代理成本与科技保险购买意愿

代理问题会产生两类成本:投资不足和资产替代。投资不足假说认为,经理人可能出于自利动机减少净现值为正的项目的投资,而股东预想到经理人的上述行为后,会通过薪酬结构的调整来反映这种预期。此时,经理人出于自身利益最大化的考虑,有动机通过外部监督(购买保险)作出可信的承诺,保证不从事上述自利行为。资产

第八章　科技保险对科技型企业发展产生的影响研究

替代假说认为,企业存在将资金从低风险项目向高风险项目转移的动机,以牺牲债权人利益为代价提升股东价值。而潜在的债权人预期到上述自利行为后,会将这一预期反映到债权定价中。此时,公司就有动机通过购买保险的方式作出可信的承诺,抑制资产替代动机。

研究发现:① 以财政补贴政策为代表的制度供给与高新技术企业科技保险购买意愿正相关;② 以产品性能评价为代表的产品供给也与高新技术企业科技保险购买意愿正相关;③ 公司资本结构和风险水平也会影响科技保险有效需求。

总之,现阶段科技保险发展问题的重点不是要不要提供财政补贴,而是如何设计更高效的财政补贴结构和补贴机制,从而更好地发挥财政资金在提升企业自主创新能力方面的引导和支持作用。同时,要加强基础数据的积累和共享,加速推动科技保险产品的持续创新。

第九章　我国科技保险发展面临的问题及未来的发展趋势

第一节　我国科技保险可持续发展中遇到的问题

一、优惠政策难以落实到位

（一）补贴不到位

科技保险试点城市的地方政府在当初进行申报时，都承诺了给予科技保险优惠政策（表9-1）。

表9-1　试点城市地方政府承诺科技保险优惠政策一览表

试点单位	投保企业数量	保费（万元）	保险金额（亿元）	赔付笔数	赔付数目（万元）	财政补贴比率（%）	补贴情况（万元）	政策出台情况
北京市	27	3 125.57	14.92	0	0	50		《科技保险专项资金管理办法》尚未出台
天津市	6	186.83	1.40	0	0		已着手保费补贴	《关于开展科技保险创新试点工作通知》
重庆市	8	52.30	2.44	2	5.98	60	31.36	《重庆市科技保险补贴资金》
深圳市	31	8 123.08	82.62	0	0	50	61.1（另有128.7待发）	《深圳市科技保险补贴资金补贴暂行办法》

第九章 我国科技保险发展面临的问题及未来的发展趋势

续 表

试点单位	投保企业数量	保费（万元）	保险金额（亿元）	赔付笔数	赔付数目（万元）	财政补贴比率(%)	补贴情况（万元）	政策出台情况
武汉市	21	317.88	6.25	0	0		134（待发）	《武汉市科技保险补贴资金使用管理办法》其中5个险种的首单给予了全额补贴
苏州高新区	9	219.70	50	1	0.38	30（信保）50（其他）	31.24	《关于支持科技保险试点补贴企业保费的通知》
总计	102	12 025.36	156.23	3	6.36		386.4	

从上述表格中可以看出，在参保的企业数量方面，北京市参保的高新技术企业最多，其次是深圳市，参保企业最少的城市是天津市。可见参保企业数量的多少与城市发达水平高低有关。在发达城市，如北京和深圳，高新技术企业数量比较多，自然参保的数量也比较多。但总体参保率还是相当低的，投保企业总计也就只有102家。在保费收入方面，北京市和深圳市实现的保费收入稳居前位，但是保费收入最低的城市已经不是天津市，而是重庆市。试点区域内实现总的保费收入达到12 025.36万元。在保险金额方面，深圳市和苏州高新区名列前茅，分别是82.62亿元和50亿元，试点地区的保险金额总计153.23亿元。在赔付数目方面，总共发生3起赔付，其中北京市、天津市、深圳市、武汉市并没有发生赔付案件，赔付总数目为6.36万元。财政补贴方面，补贴比率最高的是重庆市，已达到60%，其他试点城市的补贴比率一般也在50%以上。补贴比率虽高，但是补贴的具体情况却不乐观，很多补贴难以到位，有些市区刚开始着手保费补贴，还有些补贴处于待发状态。比如，深圳市已补贴61.1万元，待发的补贴却有128.7万元，武汉市134万元的补贴处于待发当中。由此可见，各大试点市区虽然都相继出台了一些补贴资金管理的办法，但是真正落实起来，还是遇到一些问题。

（二）补贴的机会不均等

1. 企业规模差异导致补贴机会不均

根据国家财税〔2006〕88号文件，目前财政补贴的对象只局限于取得认证、有效期两年内、年销售收入1亿元以下的高新技术企业,而把那些大规模的年销售在1亿元以上的高新技术企业排除在外。同样是高新技术企业,却要因为年销售收入的不同而遭受不同的待遇,这显然是有失公允的。

2. 城市差异导致补贴机会不均

深圳、成都年计划补贴资金为1 000万元,补贴上限100万元,而重庆年计划补贴资金为300万元,上限10万元。可见,城市不同,享受的补贴额度和补贴上限均不同。即使是同一地区,补贴也存在差异。比如,在天津市,投保科技保险的前100家试点企业,给予保险费用50%的补贴,第100家以后的企业,给予不超过30%的补贴,每一企业每年享受的补贴额度不超过50万元。

3. 主营业务收入差异导致补贴机会不均

科技保险保费的补贴方式是按年度定额补贴的。一般来说,每一企业每年的科技保险费补贴上限为10万元,参加科技保险的企业会享受年度科技保险保费总额的40%到60%比例的补贴。其中,主营业务收入在2 000万元以下(包含2 000万元)的企业,按科技保险费总额的60%给予补贴;年主营业务收入在2 000万元以上5 000万元以下(包含5 000万元)的企业,按科技保险费总额的50%给予补贴;年主营业务收入在5 000万元以上的企业,按科技保险费总额的40%给予补贴。可见,企业年主营业务收入被分为三个级别,相应地,补贴比例也被分为三个等级。企业年主营业务收入不同,享受的补贴比例也不同。企业的年主营业务收入越高,享受的补贴比例越低,相反,年主营业务收入越低的企业享受的补贴比例越高。

4. 险种差异导致补贴机会不均

不是所有的险种都能享受到专项资金的补贴,能享受专项资金补贴的科技保险险种是由国家科技部、中国保监会确定的。第一批享受补贴的险种包括高新技术企业产品研发责任保险、关键研发设备保险、出口信用保险、营业中断保险、高管人员和关键研发人员团体健康保险和人身意外伤害保险6个险种。各险种享受补贴的顺序也不一样,营业中断保险、高新技术企业产品研发责任保险、关键研发设备保险的补贴优先于出口信用保险、高管人员和关键研发人员团体健康保险和意外保险。

(三)未制定实施细则

根据国家财税〔2006〕88号文件,我国对科技保险采取的税收优惠政策如下:

高新技术企业的技术开发费在实行100%税前扣除的基础上,还可以再按当年实际发生额的50%在企业所得税前加计扣除。财企194号明确规定,企业研发费用不仅包括与研发活动直接相关的费用,还包括科技保险的保险费用。所以,将以上两个

第九章 我国科技保险发展面临的问题及未来的发展趋势

文件有机结合在一起，企业的科技保险费用可以享受更多的税收优惠。

险种不同，保险费税前扣除情况也会有差异。如果科技企业投保产品研发责任保险、关键研发设备保险、营业中断保险的保险费合计达到100万元，根据上述两个文件，这项保费可以100%在企业所得税税前扣除，还可以加计50%扣除，也就是还可以减少所得税支出12.5万元。如果是高管人员、关键研发人员团体健康保险和意外保险的保费合计为100万元，这项保险费却不能在税前扣除，但根据上述文件规定也可以减少所得税支出37.5万元。

无论是补贴政策还是税收优惠政策，在实施过程中都没有达到理想的效果。专项资金的补贴难以到位，税收优惠政策也因无具体实施细则而大打折扣。

二、科技保险需求与供给受阻

根据市场的价格决定理论，需求和供给决定价格。同样的道理，合理的保险费率也取决于保险的需求和供给。但现实当中，科技保险的需求和供给均受到抑制，合理的费率无法形成，费率不能合理厘定又进一步抑制科技保险的需求和供给，从而形成恶性循环局面。

（一）科技保险有效需求不足

全国高新技术企业多达19 161家，而真正投保科技保险的企业却少之又少。从不足3%的参保率就可以看出，企业对科技保险的热情并不高，造成这种局面的原因有很多：第一，宣传不到位，对于科技保险，国家目前只是出台了一些优惠政策，并没有大范围宣传；第二，企业风险意识不强，许多企业对待科技风险总是抱着一种侥幸的心理，甚至还有企业将科技保险、财产保险、人身保险混为一谈，没有形成对科技保险的正确认识，他们不知道科技保险能给自己带来什么好处，只能持观望态度；第三，供给动力不足导致需求疲软，科技保险毕竟是一项新生事物，而科技保险的数据相对缺乏，保险公司无法合理厘定费率，无法有效进行风险管理。在这种情况下，保险公司在科技保险这个领域内获利的可能性较小，导致其宣传动力不足，产品研发动力不足，这样必然会影响企业对科技保险的需求。

（二）科技保险有效供给不足

科技保险供给不足，原因是多方面的：①科技风险难以管理，它不同于一般风险，它的载体是企业非常重要的数据、软件、知识产权等，这些标的显示出无形性特征；②科技风险管理中蕴藏着大量的道德风险，因为保险公司的风险管理技术远远赶不上技术创新的速度，这样就容易出现信息不对称问题；③科技风险事故发生的原因极其复杂，不仅有不确定的客观因素，如技术限制、市场需求变化、政策变化等，还有创新过程中人力资源的主观因素；④科技保险需求不足，参保的风险单元数量非常有限，且科技风险的传染性、复杂性导致其在很大程度上不符合独立同分布特性，致使大数法则的应用前提条件不足，风险的损失概率难以确定，科技保险费率就难以合理厘定。

表9-2 科技保险险种及经营科技保险的机构

保险机构	险　种
华泰财产保险股份有限公司	高新技术企业产品研发责任保险 高新技术企业关键研发设备物质损失险 高新技术企业研发营业中断保险 高新技术企业高管人员和关键研发人员团体人身意外伤害险 高新技术企业高管人员和关键研发人员住院医疗费用团体保险
中国出口信用保险公司	短期出口信用保险 中长期出口信用保险 投资保险 国内贸易信用保险 担保业务 商账追收 资信评估
中国平安人寿保险股份有限公司	平安高新技术企业特殊人员团体意外伤害保险条款 平安附加高新技术企业特殊人员意外伤害团体医疗保险条款 平安高新技术企业特殊人员团体重大疾病保险条款
中国人民财产保险股份有限公司	高新技术企业财产保险（一切险） 高新技术企业财产保险（综合险） 高新技术企业关键研发设备保险 高新技术企业营业中断保险（A款-研发中断保险） 高新技术企业产品研发责任保险 高新技术企业产品责任保险 高新技术企业董事会监事会高级管理人员职业责任保险 高新技术企业雇主责任保险 高新技术企业环境污染责任保险 高新技术企业产品质量保证保险 高新技术企业小额贷款保证保险 高新技术企业高管人员和关键研发人员团体意外伤害保险 高新技术企业高管人员和关键研发人员团体健康保险

表9-2显示,科技保险的险种并不多。除了中国出口信用保险公司经营的关于进出口方面的险种,其余三家保险公司经营的险种总计也就十几种,险种内容一般涉及人身和财产两方面。几个重要的险种也就局限于高新技术企业关键研发设备保险、高新技术企业营业中断险、高新技术企业高管人员和关键人员团体意外伤害保险、高新技术企业高管人员和关键人员团体健康保险。其中,中国平安人寿保险公司侧重经营高新技术企业高管人员和关键研发人员团体意外伤害险、意外伤害团体医疗保险、团体重大疾病保险。

从表9-2中可知,目前科技保险产品呈现出少而不精的局面(公司经营的险种具有同质性,而且大部分产品具有同质性),大多数是在传统险种的基础上改造而来的,设计比较粗糙,缺乏针对性。众所周知,创新过程中遇到的风险是复杂多样的,目前险种的数量和质量显然不能满足企业转移科技风险的要求。

科技保险的重要性和经营科技保险机构的数量是非常不匹配的。目前,经营科技保险的机构从数量上很难满足科技保险的可持续发展。

从表9-2中我们发现科技保险险种具有同质性,缺乏创新,原因有二:第一,研发一个新险种,要做大量的调研,要投入相当多的人力、财力和物力,成本是相当高昂的;第二,研发出来的新产品很容易被别的保险公司模仿。研发的新产品是公司的一项专利,如果对这项专利的保护力度不够,"搭便车"现象严重,就会削弱保险公司进行产品创新的积极性。

三、科技保险混淆于人身保险和财产保险

从科技保险的定义来看,其似乎跟财产保险和人身保险没有什么区别,但事实上,科技保险有自身的特性。目前,我国试运行的科技保险与传统的人身保险和财产保险的区分度并不大(表9-3)。

表9-3 科技保险与财产保险、人身保险的比较

项目类别	投保人	保险人	政策优惠	投保标的
财产保险	一般企业和个人	财产保险公司	不享受	各种财产本身或其有关的利益或责任
人身保险	一般企业和个人	人寿保险公司	不享受	人的身体、生命

续 表

项目类别	投保人	保险人	政策优惠	投保标的
科技保险	新科技企业	特定的保险公司	享受	财产本身或其有关的利益或责任，人的身体、生命

从表9-3中发现：在保险标的方面，科技保险的涵盖范围比较广；在投保人方面，财产保险和人身保险的投保人既有企业，也有个人，企业是指一般的企业，而科技保险的投保人一般是高新技术企业；在保险人方面，承保财产保险的是财产保险公司，承保人身保险的是人寿保险公司，而承保科技保险的是少数的符合条件的保险公司，目前我国只有四家保险公司可以开展科技保险业务；在政策优惠方面，一般的保险是无法享受保费补贴、税收优惠的，而科技保险却享受专项资金补贴和税收优惠。

在实践中，科技保险往往与财产保险和人身保险混为一谈，这种情况会导致一些不良后果。第一，险种转化困难。在科技保险没有实施以前，许多企业已经为其员工、财产购买了相关保险。在科技保险实施以后，一些已购买的保险实际上具有科技保险的特点，完全可以被转化为科技保险。因为科技保险是可以享受保费补贴、税收优惠的，进行转化后可以节约投保成本。一些企业想将传统企业财产保险转化为科技保险，但目前我国商业保险公司没有开展这种转换功能。第二，过渡期会出现重复保险问题。买了传统企业财产保险责任还未到期的企业再购买科技保险，就会出现对同一风险、同一保险标的重复投保现象，这样就提高了企业的投保成本，造成资源浪费。

四、风险分担机制和利益分配机制单一

表9-4 投保—理赔模式的程序

投保过程	科技风险的存在，企业向保险公司提出投保意向，转移科技风险 准备材料，企业向保险公司递交相关材料不足则需要补充
核保过程	资料齐全的条件下，保险公司开始审查企业，评估项目风险 符合承保条件的，保险公司与企业协商保险方案，不符合条件的拒绝承保 保险公司审核方案，不合理提出修改意见
保单形成过程	方案合理条件下，保险公司出具保单

第九章　我国科技保险发展面临的问题及未来的发展趋势

续　表

理赔过程	合同约定的保险事故发生，保险公司组织企业施救，并保留向事故责任方的追偿权。理赔人员调查事故发生原因，并进行勘损定损 企业向保险公司提供索赔文件 保险公司审核索赔文件并与企业商定理赔金额 保险公司支付赔偿金并结案

目前，我国科技保险的运行机制是比较单一的，采取的都是传统的"投保—理赔"模式，如表9-4所示。风险分担和利益分配仅局限于企业和保险公司之间，见表9-5。

表9-5　传统"投保—理赔"模式的风险分担和利益分配

相关方\项目	利　益	风　险
保险公司	保费收入	保险事故发生后，负赔偿责任
企业	保险事故发生后，获得损失赔偿	保费支出

如表9-5所示，对保险公司来说，获得相关的利益就是保费收入，承担的相关风险就是一旦发生了合同中约定的保险事故，就要承担向企业赔偿的责任。对企业来说，相关利益就是一旦发生保险事故，可获得相应的损失赔偿，承担的风险就是固定的保费支出。这种模式程序简单，但是科技风险只能在很小的范围内分散。

五、科技保险的经营模式单一

目前，我国科技保险采取政府加商业保险经营模式。该模式是商业保险公司在自负盈亏的原则下经营科技保险，政府不直接参与科技保险的经营，但是必须在政策上给予支持，如保费补贴和税收优惠等。

政府加商业保险公司经营这种模式在我国现阶段具有一定的优势。保险公司在管理风险上比较专业，由保险公司经营科技保险是合理的。但是在科技保险实施的初级阶段，企业对其认识还不足，保险公司无实践经验可寻，保险需求和供给均受抑制。此时，政府需在政策上加以引导，给予支持，只有这样，才能促进科技保险快速发展。

随着科技保险的普及，单一的经营模式显然是不利于其可持续发展的，只要有利于科技保险发展的经营模式，我们都应该去尝试。

第二节 我国科技保险发展的未来趋势

科技保险的服务对象是科技创新,因而科技的发展直接决定对科技保险的需求。本节首先从长远的眼光展望未来我国科技发展的总体态势:依靠科技创新来支撑我国经济社会发展是未来唯一的出路。基于这种判断,我们认为,未来需要科技保险进一步发挥作用,并在巩固原有基本功能的基础上积极创新,开发出更多的有助于科技创新活动的风险保障服务。此外,本节还探讨未来科技与保险之间的互动,科技与保险相互促进发展。

一、未来我国科技发展的新挑战

(一)依靠科技创新已成为我国经济社会发展的唯一出路

1. 我国的经济发展已经进入一个新的重要阶段

改革开放以来,我国抓住了发展的历史机遇,锐意改革,不断进取,经济和社会得到了快速发展,国内的经济结构、社会结构和制度体系都发生了深刻的变化,这些变化正将我国推向新的发展阶段。

从经济发展来看,2008年国内人均国民收入突破了3 000美元大关,2009年接近4 000美元。这个变化意味着我国经济社会发展进入了一个重要的转折时期,逐渐由生存型社会进入发展型社会,经济增长由数量型增长向质量型增长转变,国家赢利模式也将出现重大转型。在产业结构上,2009年我国国民经济总量中,第一产业占10.6%,第二、第三产业分别占比46.8%和42.6%,经历了几十年的发展与调整,我国产业结构日趋合理。在消费结构上,据统计,城镇居民恩格尔系数由1978年的57.5%下降到2008年的37.9%,下降了19.6个百分点。农村居民恩格尔系数由1978年的67.7%下降到2008年的43.7%,下降了24个百分点。中国城乡居民生活水平已由温饱迈向小康,食物消费支出在居民家庭消费支出总额中所占比重相比改革开放初期大幅下降。在就业结构上,2007年我国农业劳动力比重下降至41%,根据国际通行标准,工业化初期结束的标志之一就是农业劳动力比重不超过50%。在城镇化进程上,2008年全国城镇人口已经超过6亿,占总人口的比重达到45.68%。

从历史经验和国际研究上看,以上几个方面的变化表明我国正处于发展的分水岭。欧美发达国家的经济发展在20世纪相继跨过人均4 000美元大关,虽然国与国

第九章 我国科技保险发展面临的问题及未来的发展趋势

之间存在较大的差异，但经济发展有许多共性特征，如从经济增长动力转换看，技术创新已成为世界各国经济社会发展的主要驱动力，逐渐放弃"以资源促发展""以市场换技术"（如改革开放初期的我国）、"以利润换资本"等为特征的要素驱动和投资驱动，逐步转向主要依靠创新驱动的发展方式。因此，科技创新也将会成为我国向高收入国家和地区行列迈进的时代特征。

从消费需求的角度来看，我国当前的经济水平已经能够满足国民的基本需求，在此基础上，民众对消费品（包括普通商品、医疗卫生、公共安全、生产生活安全等）的品质都有了更高的追求，且需求日益呈现个性化、新潮化。一些融入高新技术的电子产品逐渐走进人们的生活，电脑、手机等通信工具更新换代的频率也越来越快。此外，随着人们生活水平的上升，普通百姓的发展理念和价值观也发生了深刻变化，追求绿色环保消费品，践行低碳生活，反对污染环境、破坏生态平衡的生产生活方式日渐成为大众的行为准则。例如，在购买汽车时，越来越多的消费者倾向选择低排放、低油耗的车型，甚至新型电动车的出现也正引领人们消费生活的另一种新时尚。众多的类似需求新变化促使企业生产的方向和模式正悄然发生变化，通过技术创新来实现产品升级已成为自发行为。同时，为营造良好的环境，支持企业以及全民的创新活动，政府正积极调整和完善创新政策。总而言之，科技创新已经成为新形势下经济发展的客观需要。

2.资源环境瓶颈促使我国经济发展转型，科技创新是重要突破口

首先，资源的稀缺同经济发展的高能耗之间已经形成尖锐的矛盾。虽然我国资源总量比较丰富，但人均资源占有量低，水资源、耕地人均拥有量仅分别为世界平均水平的28%、43%，石油、天然气人均储量不到世界平均水平的10%。能源的紧缺正逐步成为制约中国经济发展的"瓶颈"，石油、煤炭、电力供应面临严峻的挑战，能源对经济发展的制约作用开始显现。2008年，电、煤、钢材等主要能源和原材料生产增长迅猛，但消费量增长更快，全国共有13个省区市出现了拉闸限电现象，对当地的工业生产造成了影响。2007年，我国年石油进口量就已经接近2亿吨，石油进口依存度已达到50%，也就是说，我国石油对外高依赖度局面已经显现。此外，虽然我国的经济总量发展速度令世人瞩目，但发展的质量和效率却不容乐观。资料显示，目前，我国创造1美元GDP，能耗相当于德国的5倍、日本的4倍。2001—2008年，我国年均经济增长率与前一阶段（1996—2000年）相比只提高了1.6个百分点，但是资源代价和污染代价都是巨大的，如能源消费的增长率比前一阶段提高了，达到9.4%，被称为"高代价的高增长"。以上情况进一步表明，我国经济发展面临前所未

183

有的压力，科技创新将成为我国为发展寻求出路的重要突破口——通过技术创新克服资源约束，开辟出一条可持续发展之路。科技创新作为解决资源问题的重要途径，在未来经济发展新阶段必将发挥越来越重要的作用。

其次，从环境问题来看，原有经济增长模式对自然环境的破坏性影响日益突出。以往很长时期，我国的发展模式都是"以物为本"，将经济的高速发展建立在资源高投入和生产的规模化之上，重视短期发展的经济效益，而忽视对环境的影响，最终在享受经济发展成果的同时，不得不面对环境恶化的苦果：工业废水、废气和固体废弃物排放量保持较高的增长，给生态环境造成很大压力；主要江河湖泊水质恶化；水土流失、荒漠化严重；大规模矿产资源开采造成土地沉陷，水位下降，植被破坏；等等。此外，环境问题造成的损害群众健康的问题时有发生。同时，全球气候变化已经成为不争的事实，成为21世纪人类发展的最大挑战之一，也为当前的发展模式敲响了警钟。在"十一五"规划中，我国政府明确提出了节能减排的定量指标，并且首次将其作为政府的约束性指标，通过法定程序在2006年由全国人大通过并正式开始实施，低碳经济越来越受到重视。这些举措也显示了我国改变经济增长模式的决心，为实现这些目标，必须大力开发节能环保技术，大力推广节能环保产品。

最后，从生产成本来看，原材料、劳动力成本提升，物流费用增加，令原本价格低廉、产量巨大的中国制造优势不再明显。另外，从以往产业梯度转移的路径可以看出，随着生产成本的提高，依靠低廉劳动力的低端产业会逐渐转移到其他国家和地区，随着我国这一成本优势的改变，东南亚以及拉美等地区的低端产业吸引力越来越增强，投资在我国的部分产业已经陆续转移到这些国家和地区，为避免出现"工业废墟"，必须主动改变发展模式，追求创新带动发展，培育一批有潜力的新兴产业，以获取更多高端附加价值和就业机会。

3. 国外科技发展带来的挑战迫使我国在科技创新上增强赶超意识

2008年的金融危机让世界各国充分认识到虚拟经济、传统出口导向型经济、高能耗经济都难以为继，次贷危机导致的全球性金融危机本质上是发展方式和科技创新的危机。危机发生之后，世界主要国家纷纷将科技创新提升为国家发展的核心战略。美国出台了《美国创新战略：推动可持续增长和高质量就业》，旨在进一步提高美国的持续创新能力；法国出台了一系列发展新能源和科技创新的政策，使自身受益匪浅，并有望在未来重振经济的过程中发挥积极作用；欧盟也把加强科技创新的研发作为应对金融危机的选择。当前，发达国家的科学技术水平在绝大多数领域领先于我国，现在又加大对科技的支持力度，将科技创新确立为国家发展战略的核心，同时制

第九章 我国科技保险发展面临的问题及未来的发展趋势

定系列鼓励新兴产业发展的政策措施,以期借助科技优势来扩大经济竞争的优势。在这种形势下,我国更没有理由迟疑,更应把握当前难得的科技、经济发展机遇,必须整合全球优势科技资源,通过科技创新拓展发展空间,走出一条科技强国的新型工业化道路。

(二) 走自主创新道路也是必然选择

新中国成立以后,我国的科技、经济发展主要依赖自力更生。第一代领导集体高度重视科技的发展和工业体系的布局,取得了巨大成就。但随着国内政治环境的改变,这种良好的发展势头未能延续。改革开放后,新一轮发展拉开了序幕,但此时,为了尽快融入全球市场,加快发展步伐,在很长一个时期内,我国实施了大规模技术引进战略,技术引进方式主要以专有技术、成套设备/关键部件/生产线、技术服务为主,其他技术引进方式为辅。到20世纪末,这种技术引进收到了一定成效,产业基础得到加强,科技水平也得到逐步提升。然而,从国际格局和科技发展的规律来看,单纯的技术引进已经不能满足发展的需求,也无法真正提升自己的科技创新能力,这可以从以下几个方面看出。

1. 单凭引进难以获得高端技术

首先,从技术引进的策略来看,我国当初实施的是被称为"以市场换技术"的技术发展路径,即通过吸引外国直接投资,出让一部分市场作交换来引入世界先进技术,进而提高我国整体技术水平。然而,实践证明,这种策略的成效并未完全达到初始目标,主要是由于跨国公司逐利性的本质决定了其只会根据自身利益需要向我国转让有关技术,再加上跨国公司的技术主要在内部转移,使我国获取技术的难度较大。因此,很多高端技术虽然进入国内市场,但是实际上并没有真正转移到我国企业身上。典型的案例是上海大众。1985年3月,合资企业上海大众公司成立。桑塔纳组装3年后,产量已上万台,但国产化率只达到2.7%。20世纪80年代,中国外汇短缺,长期依赖进口的CDK生产方式有悖于国家的政策目标。1987年,中央政府对上海市和上汽大众施加了空前的压力,明确表示如果3年之内国产化率达不到40%,上海大众就得关门。在这种压力下,上海市于1987年启动了桑塔纳国产化项目,并立下了3年内国产化率要达到60%的军令状。到1997年,零部件国产化率达到90%以上,但是,为取得对引进产品进行国产化的成就却付出了另一种代价:上海汽车工业丧失了自己原有的整车产品、自主品牌和开发平台。而大众在中国投资占全球约20%,在中国市场获得的利润占全球80%。像上海大众这样的以市场换技术案例在我国比比皆是这一度引发国人的广泛思考,为什么合资不能带来技术扩散和能力成长?以市场换技术是否就是一个陷阱?

185

其次，由于发达国家维护自身的技术垄断优势，一些高端技术，尤其是那些涉及军事、国家安全层次的技术，发展中国家往往很难通过技术引进实现发展。最直接的例子就是欧盟对华军售的禁止，如果仅依靠引进的方式来提升我国的国防科技水平，我国的国防事业恐怕很难发展到今天的水平。随着全球竞争的加剧，贸易壁垒、技术封锁将成为常态。例如，现今美国对我国还存在一定额度的贸易逆差，且其国内就业与经济复苏都面临很大的压力，但美国并没有轻易放弃对我国的技术封锁，技术交易依旧难以规模化。

最后，一般来讲，越是先进的技术，往往越需要高水平的科技人员、管理人员、操作人员去掌握和有效使用，并加以消化吸收，进行创新。所以，在引进技术时应注意与现有技术条件相适应，以期使引进效用最大化。目前，我国很多技术引进后并没有能够创造出期望中的价值，或者技术引进完成后还要依赖国外专家的后续支持，缺乏对技术的独立掌控能力，即技术引进后仍没有真正消化吸收和掌握，其中缺乏相适应的技术水平和相关经验就是主要原因。因此，技术引进并非简单地从国外带回一些高端技术或者设备，而是强调对技术能力的消化和掌控，并最终能够化为己用，服务于国家和社会建设。唯有如此，才能说是真正获得了高端技术。

2.单靠引进不利于提高自身的创新能力

过度依赖直接从别人手中获得新技术的方式忽视了技术的消化吸收和再创造，忽视了原始创新和集成创新，会严重抑制自身创新能力的发展。有数据显示，跻身"世界创新型国家"行列的有20多个国家，技术对外依赖度都在30%以下，所拥有的发明专利占世界总量的99%。反观国内，目前科技对我国经济发展的贡献率还相对较低，一半以上的技术要靠引进，只有万分之三的国内企业真正具有自主知识产权。自身科技创新乏力一方面导致发展成本高昂，如由于没有核心技术，国内企业不得不将每部国产手机售价的20%、计算机售价的30%、数控机床售价的20%~40%支付给国外专利持有者，另一方面直接威胁企业甚至国家的安全。没有一个企业、一个国家真正愿意将自己的命运寄托在别人身上，一旦技术提供方终止合作，自身又缺乏科技创新能力，就会陷入技术恐慌，发展也就要受到威胁。

（三）当前科技支持政策的挑战

科技创新发展已经受到我国政府的高度重视，其在政策上提供了多种支持方式。2006年，国务院发布《国家中长期科学和技术发展规划纲要（2006—2020年）》，并相继制定了若干配套政策，涉及财政、税收、金融、政府采购、知识产权、人才、教育、基本建设等许多方面。不可否认，这些政策在鼓励科技创新活动中发挥了重要而

第九章　我国科技保险发展面临的问题及未来的发展趋势

关键的作用，但这些政策安排还不能完全满足科技创新发展需要。

1. 支持科技创新的政策有局限性

目前，我国的科技支持政策以财政、税收、科技金融等手段为主，直接或间接依赖国家财政投入。20 世纪 90 年代以来，通过实施 973 计划、863 计划、科技攻关计划、知识创新工程、自然科学基金资助项目等一系列科技计划以及其他政策措施，政府加大科技投入力度，有力地促进了科技发展和"科教兴国"战略的贯彻。但是，我们也要注意到，目前我国在科技上的投入占 GDP 比重约为 1.62%，发达国家全社会研发投入占 GDP 的比例大都在 2.6% ~ 2.7%，有的甚至达 3%，这说明我国在财政科技投入的直接拨款与引导性支持上与发达国家相比仍有很大差距，并且科技补贴的总量相对科技创新发展的需求来说，还只能算是杯水车薪。同时，从公共财政的职能来看，各级政府也不能无限扩大对科技创新的直接支持。因此，科技支持政策的局限性越来越突出。

2. 支持科技创新的政策空间越来越小

通过国家政策来支持企业的科技创新活动，无疑是一种比较直接、有效的手段。然而，在经济全球化的今天，很多支持科技创新的政策将受到更多的贸易规则限制，以及受到越来越多的国外挤压，进一步的财政支持等政策空间也变得越来越小。

2001 年，我国加入世界贸易组织后享受了经济全球化带来的发展机遇，也面临着各种贸易规则的制约。例如，我国随着市场经济体制的逐步完善以及加入 WTO 后国际贸易广泛深入地开展，对外贸易政策中的补贴政策也将受到《补贴与反补贴措施协议》（SCM 协议）的制约。SCM 协议对"补贴"的定义：如果有政府提供的财政资助或收入或价格支持，并且因此给予了利益，则可认定存在补贴。当前，在国外竞争对手看来，我国实行的某些科技创新补贴优惠政策有可能使国外企业陷入不公平竞争地位而受到挑战。例如，我国的科技创新激励政策包含激励自主创新的政府首购和订购制度，即"国内企业或科研机构生产或开发的试制品和首次投向市场的产品，且符合国民经济发展要求和先进技术发展方向，具有较大市场潜力并需要重点扶持的，经认定，政府进行首购，由采购人直接购买或政府出资购买"。国外竞争者认为，这种政策可能使国外在华企业陷入不利的竞争地位，因此提出了较多的异议。2010 年，美国拟通过 WTO 框架来要求我国改变自主创新政策，并且不断通过国会来向中国施压。因此，我们应该充分认识到，支持本国企业创新的直接的政策性手段在未来将会受到更多的非议，积极探索包括科技保险在内的其他科技支持途径已经成为以后一个较长时期的重点任务。

二、科技保险作用的进一步发挥

从最开始的鲜为人知，到现在经多年试点后逐渐为业界知晓，科技保险的关键作用已经在实践中得到证明，并逐渐为更多的人所认识和认可。然而，毕竟科技保险的发展历程还很短，其深远的社会意义和重要的行业价值尚未得到充分体现。当前，我们应该以推进科技保险常态化发展为契机，进一步提高科技保险服务的深度和广度，为其创造更好的发展环境，也要努力进一步发掘科技保险的新型功能，为科技进步、经济社会发展做出更大贡献。

（一）充分发挥科技保险的基本功能

尽管经过了前期较为全面的理论和实务研讨，并且在试点过程中不断调整、完善，也取得了阶段性成果，然而到目前为止，科技保险实际上还处于探索发展阶段，难免存在一些不足，这些都不利于科技保险充分发挥其为科技创新保驾护航的作用。因此，我们应该对科技保险的总体设计方案进行大胆创新，打破常规体制机制的束缚，最大限度地发挥其风险分摊与管理的重要作用。

第一，进一步开拓科技保险市场，提高投保广度和深度。没有足够的市场空间，科技保险的功能难以充分发挥。我国从事技术创新活动的企业大都是高新技术企业。但在试点期内，大部分高新技术企业尚未购买保险，参保企业不到全国高新技术企业总数的3%，而且在已投保的科技企业中，也存在投保不充分的情况，即出于各种原因，科技企业仅仅将很小比例的科技风险通过科技保险的形式进行管理，而将大部分风险自留，科技保险的服务深度不够。

第二，继续开发设计新的科技保险品种，满足科技创新的现实需求。没有合适的险种，企业投保的热情自然就会减退。目前，在我国已正式发布的15件科技保险产品中，某些险种被投保人认为是原有传统企业保险的简单"变形"，并没有真正做到为高新技术企业量身定制。

第三，在保险机制设计方面需进一步创新。对比国外保险公司的先进产品，我国的科技保险还只是单一险种的简单保障，没有进行多险种/多年期的组合，尤其是在投保、理赔等过程中，更不能做到为不同行业、企业定制运营方式。

（二）发展新形式的科技保险服务

1. 开展科技保险单贷款服务

传统保险主要以分担风险、消化损失为目的，保险业在经历了长期发展，特别是近半个世纪以来的迅猛发展之后，保险的功能也有所拓展，逐渐具有了储蓄、投资等

第九章　我国科技保险发展面临的问题及未来的发展趋势

多重功能。保单贷款就是保险的一种创新功能，主要依附于长期寿险，本质上以保单的现金价值为基础，投保人可以向保险公司申请适当额度的贷款，保单贷款拓宽了投保人的融资渠道。考虑到广大中小型企业在进行科技创新活动时往往要面对融资难的问题，发展科技保险的辅助融资功能极具现实意义。科技保险的保单贷款功能实现可以从两个角度进行思考：

（1）对于投保期限较长的科技保险险种，情况类似于寿险，保单自身也具有现金价值，可以适当参考寿险产品贷款的经验来运作科技保险保单贷款。科技保险保单贷款可以有两种模式：一种是投保人把保单直接抵押给保险公司，直接从保险公司取得贷款，如果借款人到期不能履行债务，当贷款本息达到退保金额时，保险公司终止其保险合同效力；另一种是投保人将保单抵押给银行，由银行支付贷款给借款人，当借款人到期不能履行债务时，银行可依据合同凭保单由保险公司偿还贷款本息。具体操作可以灵活掌握，原则是将总体风险水平控制在一定范围之内，尽可能发挥科技保险保单贷款的功能，从资金投入上支持企业的创新活动。

（2）对于投保期限较短的科技保险险种，很难形成保单现金价值，也就很难参考寿险的经验，直接开展保单贷款。但是，可以借助保险的风险分担功能来投保科技企业增信，从而在银行获得更多融资。另外，还可以通过投保科技保险和联合担保公司来更大幅度地为科技企业增信，这样更便于科技企业在银行得到贷款。不过这样就需要保险公司自身的风险管理能力受到广泛认可，同时需要与银行、担保公司间能够就该活动的可行性和重要意义达成共识，这样才能保证这些新形式的"保单贷款"顺利开展。

2. 科技保险促首台（套）

近年来，装备企业通过技术引进和国家重大工程建设，得到不少与国外一流企业合作开发、制造的机会，引进消化吸收创新和集成创新能力有了极大提高，一些企业已经具备了提供国产首台（套）装备的研制能力。然而，很多企业苦于难以打开国内市场，用户大都对国内研制的首台（套）装备缺乏认知与信赖，宁愿花费更多的资金购买国外装备，失去了培育自主创新能力的机会。用户和制造企业陷入引进—落后—再引进—再落后的恶性循环，影响了国家的经济安全、产业安全和国家综合实力的提升。为了解决以上问题，国内保险公司很有必要推出首台（套）自主创新产品质量保险，为企业新产品提供一种有效风险分散方式，这样有助于新产品的市场推广，也为探索政府扶持资金的应用方式提供了新思路，有助于放大政府财政资金的效用。为以后有效开展该项工作，我们提出以下建议：

（1）政府引导，市场化运作。科技部门、国家高新区通过制定自主创新产品目录，出台鼓励政策，开展推广、宣传和培训活动，建立科技部门、保险机构和企业多方参与的工作体系，形成科技部门、保险机构和企业共同参与的自主研发首台（套）产品的风险分散机制，保险机构按照市场化原则向企业提供风险保障产品和服务。

（2）明确责任，分工协作。加强与保监会、财政部的沟通与联系，制订保险支持和财政引导政策，充分调动和发挥部门、地方、行业协会、保险机构、企业、中介机构的积极性，统筹国家与地方的科技和金融资源，形成推动建立自主创新首台（套）产品风险分散机制的合力。

（3）协调财政部和地方科技部门，安排专项资金，对参与企业进行补贴。科技部通过重大专项、科技计划等途径获取财政资源，与地方共同对参与首台（套）科技保险的企业进行保费补贴，并研究设立对重大装备首台（套）自主创新产品的科技保险风险补偿资金。

三、未来科技与保险的深层次合作

前面已经提到过，科技业和保险业之间是一种互相促进的关系。一方面，科技创新为保险开辟新的市场，支持保险的进一步发展；另一方面，保险为科技创新提供重要的风险转移服务，为科技的未来发展解除后顾之忧。除了这些基本的相互促进作用外，我们还期望在未来，科技与保险之间能够开展更深层次的合作。

（一）科技支持保险业发展

科技活动具有很强的外部性，先进的科技能够服务整个社会的发展，其中当然也包括保险业。保险业自身管理能力的提高与科技的发展紧密相关，保险公司作为专门经营风险的企业，要关注高科技发展带来的风险，及时提供高质量科技保险产品以满足市场需求，同时要利用信息技术等高科技改进管理模式，不断提高服务效率和管理水平。

1. 支持保险数据库建设，提升管理水平

数据的维护与管理贯穿于保险经营的每个环节，而保险公司的业务往往覆盖多个省市地区，每个险种的数据繁多复杂。如果能建立健全的、覆盖全系统的业务数据库，使分散于全国各地的业务数据进入统一的管理体系，无疑将极大地稳定保险业的经营。这项工程的完成早已无须单纯依靠人力就能够解决，计算机的出现极大地方便了保险公司的运营管理。保险公司内部管理对计算机系统的依赖主要体现在：为提高工作效率而设计的办公自动化系统；为加强工作流程管理、提高工作质量而设计的业务、财务、人事等管理系统；为便于成本核算、风险管理和客户服务而设计的数据库

第九章　我国科技保险发展面临的问题及未来的发展趋势

系统；各种辅助性、关联性的软件系统；等等。可以说，计算机运用水平的高低已成为衡量保险公司经营管理水平和市场竞争能力乃至发展后劲的一个重要指标。未来，科技界可以通过立项，支持保险行业内部管理系统的改造和提升，使管理系统体系更加完善，容量更大，效率更高，更加智能化。

2. 开展电子商务，拓宽保险营销渠道

利用互联网发布和获取信息，处理保险业务，已成为保险公司业务发展的一个方向。通过互联网进行保险营销可以拉近保险公司与投保人之间的距离，使保险公司突破时空约束，直接向客户提供保险商品，并降低交易成本。客户可以异地投保，跨国投保，享受保险公司全天候的在线服务。客户可以对各公司提供的产品进行在线比较，以选择最佳的保险商品。电子商务平台便于保险公司向客户提供高质量、全天候的跟踪服务，延伸服务价值链，提高客户的忠诚度。科技部门同样可以通过科技创新，提高保险业务系统的智能化水平和纠错能力。

3. 借助先进的信息处理技术，提高风险分析能力

借助高新技术，保险公司能提高风险分析与控制能力，有利于其实施差异化的经营战略。保险公司可利用电脑模拟客户的风险状况，进行风险识别、度量与评估，选择最佳的风险处理手段。保险公司还可用电脑进行核保，提高承保质量。根据消费者的风险偏好、资本市场的成熟程度、保险公司的技术能力和监管部门的监管政策，保险公司能够面向客户推出更多更好的产品，其产品的设计、开发、推销和创新能力不断提高。运用高科技手段，保险公司还可分析客户在高新科技环境下的风险水平，对过时的产品进行改造，如在传统财产保险的除外责任中增加电子系统差错或服务器等造成的损失；同时，可按照客户的需求设计个性化产品，解决传统保险产品对高科技风险保障不足的难题。随着"三网融合"的推进，保险公司可以更广阔地了解用户的需求，以及各类潜在标的的风险，增强保险公司的产品创新能力和风险规避能力。

（二）保险业深度参与科技创新

1. 深入企业内部，提升企业自身的风险管理能力

科技风险具有可变性且弹性较强的特点，采用传统的模式会使保险公司面临较大的经营风险，且经营过程具有盲目性和被动性。最有效的解决办法就是积极主动地参与科技企业和项目的风险管理过程，尤其是重视事前参与。通过保险公司的专业化介入，可以全面提高企业和项目的风险管理能力，从根本上降低风险暴露水平。这点刚好与保险的终极目标——全面提高社会风险管理水平相契合。如果保险只满足于风险分散的功能，那么对于保险业的发展无疑将是非常危险的。投保人的风险管理能力直

接决定了其自身的风险水平,如果通过保险公司的专业帮助,提升投保人的风险意识和风险管理能力,那么投保人的风险从开始就能够得到控制,保险人承保风险水平也就会有所下降,最终实现双赢。因此,保险作为支持科技的一个重要手段,保险公司应该为投保科技企业的风险管理承担力所能及的责任,通过提供专业化的咨询服务,提升科技企业的风险管理能力,为企业未来的发展提供重要保障。

2. 建立创新战略联盟,实现科技与保险的和谐发展

在科技保险领域,保险公司与参保科技企业是重要的利益相关方。高新技术企业向保险公司支付科技保险保费,获得对其科技创新活动的风险保障。保险公司收取保费之后,如果科技企业风险管理得当,创新活动没有发生事故,就无须给予赔付,而且还有望在后续年份得到该科技使用的续保。它们之间的和谐发展,事关我国科技保险乃至科技创新的可持续发展。保险公司和高新技术企业可以在保持自身独立性的前提下,为实现各自战略目标而进行合作,通过股权参与或契约协议达成一种创新战略联盟,形成全方位的合作关系,双方共享利益、共担风险,实现双方的和谐发展。

科技与保险的创新战略联盟的成立具有两层意义。首先,创新战略联盟丰富了科技企业的融资和风险分散手段。保险公司参股直接为科技企业注入资本金,从根本上解决了企业部分融资问题,在某种程度上解放了对企业创新活动的束缚。同时,能将企业部分经营风险转移给保险公司,降低企业自身的风险水平。其次,创新战略联盟能扩展保险基金的投资渠道。从目前来看,国内保险公司的投资渠道还受到较为严格的限制,不过无论是投资范围还是投资比例都有逐步放宽的趋势,这已经是不争的事实。当前,保监会规定对保险资金投资于股票和股票型基金的比例上限已经提高到20%,按照2009年末总资产4万亿元来计算,将会有4 000亿元保险资金进入股市,如科技企业能融资到其中的10%,那么将有400亿元资金投入到科技企业,这笔资金将极大地促进科技企业的产业扩张和创新能力的提升。

对策措施篇

第十章 促进科技保险发展的企业做法

第一节 创新融资方式降低企业科技风险

通过研究发达国家高新企业发展轨迹，发现发达国家高新技术产业强大的创新能力和快速的发展能力与其完善的金融市场融资体系是分不开的。我国高新企业发展时间短，规模较小，中小型高新企业占据主体，但是近几年随着国家创新驱动发展战略的提出及高新技术产业园区的建设，政府出台相关优惠政策扶持高新技术产业，高新企业创新能力进一步加强，对于经济与进出口起到了很大的拉动作用。但是我国金融市场与国外相比较为落后，银行占据主导地位，融资体系不完善，高新企业研发投资本身具有的高风险、信息不对称、抵押品缺乏等特点使其不受银行贷款信赖，其他融资渠道又因融资体系不完善而没有那么通畅。高新企业发展依赖知识、技术创新成果，首先必须进行研发投入，包括资金投入、研发人员投入、设备投入等，研发投入不同阶段又有不同的融资需求特点，企业不同发展阶段也有不同的融资特点。研发投入是企业发展的基础，是高新技术产业发展的根基。区别于传统产业，高新技术产业研发投资的显著特点就是高风险。但是投资者中爱冒险的又居于少数，再加上高新技术产业很难达到上市条件进行股权融资，银行贷款不受商业银行青睐，内源融资有限、其他融资渠道不通畅，高新企业研发投入面临较大的资金缺口。要解决高新技术产业研发融资缺口问题，需要从三个方面入手，首先是高新企业自身，立足自身实力，突破自身局限性，加强银企合作，提升企业信用水平。其次是政府层面，政府要发挥宏观调控作用，为高新技术产业发展提供良好的法律与税收制度环境。另外，政府要积极发挥引导作用，引导社会资本流入高新技术研发领域。最后是金融市场融资体系建设。应积极汲取发达国家金融市场运行机制与融资体系经验，不断完善我国金融市场机制，为高新企业发展营造良好的融资氛围，为国家经济发展做好资本后盾。

第十章　促进科技保险发展的企业做法

一、高新产业行业特点限制自身研发融资水平

高新企业研究领域一般是比较高端的领域，属于知识密集型、人才密集型行业，而且出于对科研成果的保护，高新企业一般不对外公布企业内部研发信息或项目计划，存在较高的信息不对称，即使是高收益的投资项目也使投资者望而却步。在我国高新技术产业中，中小型企业占据主体，成熟大型国有高新企业只占少数。中小型企业规模有限、企业资金实力不强、财务披露与企业管理制度不健全，一般不受银行青睐而又很难达到上市要求，成立时间短，内部积累资金规模有限。此外，高新企业固定资产有限，仅限于研发设备、实验室，办公楼多为租用，拥有较多的科研成果、专利设备等无形资产。在向银行贷款时因没有合适的抵押品而融不到资金或者融到的资金不足，虽然企业动产，如设备、存货，也可以作为抵押品，但是抵押率较低，很难满足企业融资需要。高新企业在一定条件下可以考虑质押贷款。

二、政府扶持政策缓解高新企业研发融资约束

自习近平在十八大会议上作出创新驱动发展战略工作部署以来，国务院与各级政府高度重视高新技术产业的发展，相继出台了相关的法律条文，发布了高新企业税收优惠，制定高新企业发展规划，完善金融市场，以及优化信用体系，为高新企业发展创造舒适的融资环境。在今后的工作中，政府要继续加强对知识产权的保护，知识产权包括著作权与工业产权（发明专利权、商标等）。知识产权保护是对智力劳动成果的一种保护，随着知识产权国际竞争的加剧，以及知识产权盗用、滥用情形的发生，各个国家都在加强知识产权的保护法律建设。随着我国开放程度越来越高及互联网技术的全球化，知识跨国境传播，知识产权被盗用的风险随之增高，加强知识产权法律保护有利于激励高新企业研发成果，激励企业研发动力与创新水平。另外，政府在税收方面要向高新企业倾斜，制订税收优惠，鼓励高新企业发展。要不断完善我国中小企业信用体系建设，中小型高新企业对于经济发展贡献巨大，但是也普遍存在信用缺失、信用管理滞后等问题，严重阻碍了企业融资。最后要发挥政府虹吸与引导作用，引导社会资本进入高新企业研发领域。

三、金融市场对于高新企业研发融资的重要性

当前我国经济金融运行总体平稳，但是世界经济仍处于经济危机后的深度调整期，国际金融市场形势错综复杂，要密切关注国际国内经济运行趋势和国际资本流动

方向变化，坚持稳中求进、改革创新，继续实施积极的财政政策和稳健的货币政策，改善和优化融资结构和信贷结构，提高直接融资比例，降低社会融资成本。要继续深化金融市场体制改革，提高金融市场运行效率和服务实体经济的能力，加强完善风险管理体系。我国与发达国家金融市场最大的区别在于，在我国金融市场银行居于主导地位。银行属于间接融资体系，对于高新企业来说，银行贷款审批环节多、流程慢。另外，大型国有银行一般不愿意向高新企业提供资金。随着金融市场银行机构的增加，市场竞争加剧，当前我国经济处于"调结构、保增长"的重要战略转型期，经济增长从粗放型增长向集约型方式转变，经济增长重心从传统产业向新兴产业转移，逼迫银行业不断加大改革力度，越来越多的社区银行、科技银行出现在大街小巷。与大型国有商业银行相比，这些小型社区银行、科技银行的出现有助于促进中小型高新企业研发融资。直接融资体系包括上市融资、债券融资、创业投资，上市融资和债券融资对于企业规模、资金实力、财务制度有一定的要求，创业投资较适合初创期中小企业融资。创业投资来源一般包括风险投资基金、风投公司及天使投资者，政府应当不断拓宽创业投资资金来源渠道，积极引导养老金、保险金等进入创业投资领域，为中小型高新企业融资加油助力。

近年来，我国高新企业的发展取得了飞跃式的进步，为国民经济贡献越来越大，对于国家经济结构调整、转变经济增长方式有重要的战略意义。政府要大力支持高新企业发展，不断建立健全金融市场融资体系与管理制度，为高新企业提供多元化的融资渠道，创造良好的企业成长环境，切实解决高新企业融资难、融资贵的问题，为高新企业发展提供动力，让高新企业研发创新带动中国经济实现质的飞跃。也希望以后学者加大对企业融资问题的研究，尤其是高新企业地区发展不均衡的问题，为全面提高我国高新企业在全球的竞争力做出努力。

四、对策建议

我国高新企业风险高、投资回报期长、内外部信息不对称等一系列原因导致外部融资成本较高，面临融资难、融资贵的问题。此外，我国资本市场发展不够完善，从而造成一方融资难、一方投资无门的情形，这就是高新企业融资的市场大环境问题，即不能有效地将资金供方与需方联系在一起。还有一个原因就是国内风险投资发展还不够完善。

从国外高新技术产业发展来看，完善的融资体系对于高新技术产业的发展至关重要。通过建立多元化、多层次的高新企业融资体系，为高新企业提供多方面的资金来源，让企业在初创期、成长期、扩张期和成熟期分别根据企业不同的资金需求特点选择恰当的融资渠道。借鉴国外先进经验，结合国内金融市场现状、高新企业融资现状，我国应该构建一个能使高新企业与金融市场环境和谐共生、相互促进的融资体系（如图9-1）。

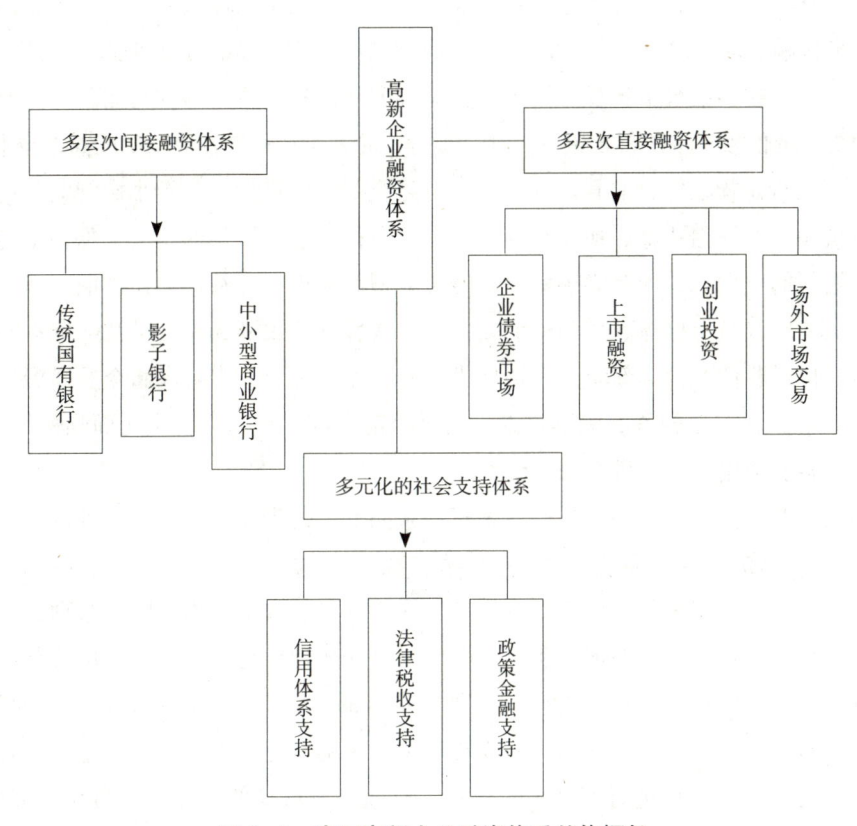

图 9-1　我国高新企业融资体系总体框架

在现代市场经济机制中，结合高新企业行业特点及企业发展的阶段性不同的融资特征，银行融资渠道较为狭窄，以银行为主导的间接融资被证明是效率低下的。国外先进高新技术产业发展经验证明，高新企业融资应该以市场为主导，直接融资体系涵盖不同的融资渠道，可结合高新企业发展阶段特征及行业特点选择不同的融资渠道。在融资效率、风险偏好、资金属性等方面，直接融资都优于间接融资，因此我国的高新企业融资体系应该以直接融资体系为主导，以多元化的社会支持体系为辅助功能，共同支持我国高新企业的发展。

在直接融资体系中，上市融资、创业投资为不同发展阶段高新企业提供不同选择，资本市场的发达对于创业投资有巨大的推动作用。企业债券市场与场外交易市场则为上市企业提供融资渠道。在间接融资体系中，根据信贷配给理论，大银行倾向于为规模以上企业提供融资服务，另外大型国有银行贷款环节多、审核慢、期限长。随着我国银行业的改革，银行业市场细分，更多的民营银行、社区银行及科技银行将遍地开花，而且社区银行与科技银行等小型商业银行一般网点多，深入社区，对中小型高新企业业务接触更多，比较容易获取企业"内部消息"，从而降低了银企间信息不对称程度。另外，这些小银行审批程序简单，也能较方便地进行贷后追踪与监督。因此，高新企业更多地依赖于这些科技银行、社区银行，尤其是初创期及成长期的高新企业。

影子银行是指在银行监管之外却行银行之实的金融机构，包括小额贷款公司、民间借贷机构、融资租赁等，他们涉足大型商业银行不愿意涉足的领域，弥补了传统大型商业银行的空白点，因此影子银行与传统大型商业银行互补，为初创期高新企业提供融资服务。政策金融体系作为辅助支持的组成部分，主要起到引导社会资本和虹吸效应。法律税收体系为高新企业融资提供完善的宏观环境，支持高新企业发展。企业信用是影响高新企业融资的关键要素，而且目前我国大部分高新企业面临信用缺失，因此加强企业信用体系建设至关重要。

要缓解我国高新企业面临的研发融资约束问题，还需要从以下方面进行。

（一）提高我国高新企业发展水平，吸引投资

高新企业要赢得银行的信任与支持，首先必须加强自身的内部财务管理，建立健全有效的企业监督机制，保证企业财务会计信息的合理性与合法性，严格按照银行贷款流程进行，按时还款，维持好信用水平，良好的企业信用是一笔非常重要的财富。此外，高新企业要注重内部积累，企业资金不能全部靠外部融资。高新企业只有加强企业内部管理、不断地进行产品技术研发，形成企业自身的核心竞争力与内部积累，才能成为真正的市场主体。企业也要主动加强与银行等金融机构之间的沟通，让他们了解企业良好的发展前景及经营状况，提高企业信用，树立良好企业形象，增进银企关系，从而降低外部融资成本。高新企业要加大人才培养力度，建立高层次创新人才与高技能人才引进方案，采用人才持股、参与企业分红的激励机制，让科研人员取得合理回报，使为企业做出创新贡献的人名利双收。本质上讲，高新企业只有通过不断的研发带动创新，生产出新的产品，以强大的发展实力与高收益的市场前景吸引资本。

（二）借鉴国外经验，不断完善我国金融市场融资体系

1. 加强我国金融市场制度建设

随着我国经济体制改革，计划经济向市场经济转变，资源配置也由行政指令向市

场调节转化。改革的主要目的是让市场发挥主动作用，现存金融市场不完善之处在于市场机制不能有效地将资金配置到需要的高新企业中。高新企业研发资金不足不是绝对的，而相对的，市场资金供给总量是充足的只是无法有效地转移到需要资金的企业中，而资金转移的桥梁就是金融市场。如今全球技术金融一体化的程度越来越高，技术创新与金融发展相互促进，技术创新离不开金融资本的支持，金融改革依靠技术创新的进步。金融市场的繁荣与否是影响技术创新资本的重要因素，而现代金融的发展也离不开互联网、云计算等信息技术。因此，要实现金融市场与技术创新之间的高度融合，以金融市场为后盾支持技术创新，反过来技术创新的进步拉动金融市场的改革与发展。金融市场作为重要的资金融通市场，将资金的供应者与资金的需求者联系在一起，以最低的成本为资金需求者融通资金。金融市场由中央银行、商业银行及非银行金融机构组成，参与者包括政府、企业和个人。作为企业融资的主要市场，应该建立专门的高新企业金融支持机构，推进民间融资机构、村镇银行、社区银行、科技银行、融资性担保等普惠金融组织健康发展，专门为高新企业提供融资服务。继续发展直接融资，鼓励企业发行股票、债券，做好地方政府债务转化，加强政府债务管理，大力发展多元股本投资，建立健全创业板市场，为暂时无法上市的高新企业提供融资渠道，也为风险资本的退出提供平台，积极探索多样化的融资办法。高新企业发展前景广阔，是我国未来经济新的增长点，为此需要投入大量的资金。金融机构的专业化分工是大势所趋，一方面有利于金融机构之间细分市场，另一方面满足企业融资需要。

2. 不断完善我国创业板市场

创业板市场（二板市场）是主板市场之外专门为暂时无法上市的成长性高新企业提供融资途径的股票市场，致力于促进我国高新企业的发展。其与主板市场的不同之处在于主板市场只接受成熟的、初具规模的上市公司，创业板市场主要服务于成长型高新企业，上市门槛较低，市场风险较高。创业板市场为高新企业研发融资提供了另外一个渠道。出于创业板市场的紧迫需求，我国深圳创业板市场成立，是在主板市场之外建立的独立运行的市场，采用一所两板平行式，极易导致创业板市场仅仅作为主板市场的依附存在，降低上市企业价值。在我国，以新兴企业为主的创业板市场一直保持了较高的研发投入水平，从2009年到2014年平均研发强度分别为4.57%、4.63%、5.04%、5.41%、5.72%、5.33%，创业板研发投入水平取得了较大进步，研发强度平均水平高于深圳市平均水平。一位医药公司的高管表示，公司所在领域需要持续高水平研发投入才能保持竞争力，在创业板上市以后，利用募集到的资金加大了公司研发投入，公司竞争力也逐步提升。现阶段，我国创业板市场仍处于发展初期，相关的机制制度尚不完善，存在一定的市场缺陷。因此，应该在现有基础上不断完善创业板市场。创业板市场不仅可以为高新企业研发提供融资服务，为风险资本退出提供平台，也是国家调整经济结构、促进经济改革的重要手段。此外，创业板市场主要针对的是高成长、高风险的高新企业，因此要建立一套比主板市场严格的风险防范机制，提高应对危机与风险的水平。与发达国家创业板市场相比，我国创业板市场上市标准过高，违背创业板初衷，另外还存在市场风险相对较高，信息披露制度不完善、退市制度不完善等问题。

3. 对我国商业银行职能进行细分

我国银行业市场地位很高，五大国有银行处于垄断地位，集中度也比较高，其中五大国有银行贷款余额占比80%，如此高的集中度使得市场竞争机制滞后，不利于激活小型商业银行的发展动力。小型商业银行的业务定位与五大国有银行业务趋同，没有差异性，而且机构大都集中在城市商圈，几乎没有在农村或郊区设立分支机构。另外，与五大行一样，所有商业银行将重心放在对大客户、大型企业、国企的服务上，忽视了中小型企业及初创期的企业，这势必造成银行间激烈竞争，增加风险。一方面，大型实力企业资金供大于求，而中小型企业却融不到资金。因此，必须对我国商业银行职能进行细致严格地划分。细分商业银行职能定位及服务对象，使商业银行间业务及服务对象差异化，解决银行资本与中小型企业融资需求之间不契合的问题。我国高新企业研发融资很大程度上依赖于银行贷款，如果有了专门服务于高新企业的银行，那么融资约束问题能得到很好的改善。此外，规范发展社区银行，社区银行分布广泛、深入社区，专门服务社区中小企业与居民家庭。因为社区银行深入社区，能获得社区中小企业"软信息"，在一定程度上降低银企间信息不对称程度，也方便贷后监管等工作。目前，我国社区银行发展走在前列的是民生银行。

（三）加强高新企业研发融资方式创新

1. 高新企业研发知识融资

高新企业研发面临融资约束，尤其是在成立初期，外部融资几乎没有渠道。企业可以进行知识融资，让有知识技术的人凭借知识入股，持有公司股票，增加员工为企业出谋划策的动力，并能长久地保持员工对企业的忠诚度。企业可凭借坚实的知识技术后盾与实力雄厚的企业联合研发，从而获取研发资金来源，并且可以共担风险，降低成本。例如，美国的IBM与日本的东芝、德国西门子联合研发新一代芯片。

2. 高新企业研发国际融资

随着经济全球化的发展，国际融资成为企业未来潜在的资金来源方式。未来不只有货物、服务、知识在国际市场自由流动，资本借贷更是跨入全球市场，高新企业可以凭借自身的科研实力及研发项目的高回报率吸引国际资本。

3. 创新高新企业动产抵押模式

2012年，我国贷款抵押只有不到12%是动产抵押，而这一比例在国外高达80%，而且我国动产抵押中大多是应收账款抵押，因为可得贷款总额约占应收账款价值的80%，比设备、存货抵押高很多，存货抵押比例为40%，设备仅仅为20%。因此，增加动产抵押特别是应收账款抵押是我国高新企业贷款融资的一大业务方向。动产担保可以扩大高新企业融资抵押范围，提高其融资能力，但是动产担保需要司法系统、银行系统、中介服务系统等体系的不断完善与发展。

4. 大力发展风险投资

风险资本是私募股权的一种，没有偿还本金、支付固定利息的负担，主要投资于未上市的高新企业，并提供专业管理服务的承担高风险、谋求高回报的资产，通常会参与企业经营管理，培育企业成长发展，好处是即使企业破产，也不需要企业赔偿债务。高新企业从研发到最终转换为产品，历经很长的时间，而且风险极高，股权投资者与银行都不愿意冒险，而风险投资恰恰满足了高新企业高风险、高收益的融资需要，是高新企业成立初期研发资金的重要来源，风险投资一般来源于个人投资者、风险投资基金、风险投资公司或者是银行下属的风险投资部，是高新企业融资的重要潜力渠道，尤其是对于刚刚创立的高新企业。这些初创企业没有内部积累，很难从金融市场获得资金，但是他们极具生命力和创新能力，很可能成为国家未来的经济支柱。风险资本事先会对企业资质进行评估，并且有能力承担高风险，是高新企业研发融资的重要资金来源渠道，能够缓解企业的研发融资约束。风险资本投资者比普通投资者承担更高的风险，因此他们更加积极地监督企业的管理者。风险资本不仅能为高新企业提供大量的资金支持，而且可以提供专业化的管理服务，如咨询、战略制订调整等，能够帮助高新企业研发出更多有价值的发明。风险资本支持高新企业研发不是为了控制企业，也不是为了企业的所有权，而是通过股权投资与提供相关增值服务，扶持高新企业发展壮大，然后通过兼并收购、公开上市、股权转让的方式退出，获得极高的回报率。近几年，风险资本在我国扩张速度较快，也初具效果，但是仍存在投资方向、投资地区不均衡、退出渠道不通畅的问题。另外，我国资本市场民间资本参与程度较低，但是民间资本的重要性不应该被忽视，要不断加强民间资本风险投资的积极性。放宽养老金、保险金投资领域，完善担保机制，引导社会资本进入风投领域。

（四）加大政府对高新企业研发支持力度

近年来，国家相继出台针对小微企业的结构性减税政策，李克强在2015年10月21日的国务院常务会议上强调，要用政府税收减法换取创业创新加法。会议确定完善研发费用加计扣除政策，推动企业加大研发力度，在全国推广国家自主创新示范区部分所得税试点政策，助力创业创新。实际上，近十几年来我国高新企业如雨后春笋般出现在中国的大地上，在政府政策的扶持下发展势头良好，为我国国民经济发展、国民就业及可持续发展做出了巨大的贡献，是我国企业大军中一支充满活力的队伍。在实施创新驱动发展战略的引导下，政府要不断规范金融市场制度，健全法律法规，完善以企业为主体的产学研协同创新机制，制订鼓励企业创新的政策及税收优惠方法，着力打通科技成果转化通道，大力发展众创空间，增设国家自主创新示范区，扩大中关村国家自主创新示范区试点政策实施范围，办好国家各地高新区，发挥集聚创新要素的领头羊作用，推进科技资源开放共享、科技人员创新活力不断释放，调动高校、研究机构、企业科研人员的积极性，促进科技经济对接、创新项目与实际生产对接，努力实现技术新突破，进一步增强我国高新企业自主研发的综合能力，建设一批高水平的技术创新与服务平台，围绕生产、消费、环保、流通等领域的重点难点问题，努力攻破重大关键技术难题。高新企业的发展离不开政府政策与资金支持，以往我国政府偏向于支持大型企业，随着国家将创新定位为国家战略，高新企业是未来中国经济新的增长点，政府要重点扶持幼稚高新企业发展，从政策支持与资金支持两方面出发，为我国高新企业发展添砖加瓦。一方面，制定了有利于高新企业发展的融资政策，如税收减免提供信用担保，不断完善我国的二板市场等。另一方面，设立政府高新企业扶持基金，各类机构发起设立投资基金，探索多样化的融资办法，鼓励以资金投入、贷款贴息、无偿资助等方式扶持市场前景良好的科技企业用于高新企业新产品、新技术、新服务的研发升级，缓解企业研发融资约束。此外，在风险投资领域，政府可以积极发挥资金引导和吸纳作用，不直接介入，而是注入少量资本引导社会资本进入风险投资领域，让市场机制充分发挥作用。政府还要不断完善金融市场法律体系，加强知识产权保护，激励高新企业研发动力，提高技术成果转化率，特别是互联网技术的发展，知识传播跨越国境，使得知识产权保护受到更大的挑战，因此要不断完善知识产权保护法。在政府的扶持下，鼓励高新企业研发创新，把新动能培育起来，使我国经济发展步入新的轨道。

第二节　加强科技风险监管体系建设

一、信息科技风险监管体系建设

（一）完善信息科技风险监管机制

1. 健全银行业信息科技风险监管的法规制度体系

监管机构可以充分借鉴国外银行业信息科技风险监管的先进理念，结合我国国情进一步完善银行业信息科技风险监管的法规制度体系。第一，推进在行政许可事项中落实信息科技监管要求。为有效应对我国银行机构在科技方面因治理缺失、重视不够、规划不足和管理不到位等原因带来的系统性风险日益集中和扩大的问题，将风险管理关口前移，监管机构在机构、业务和首席信息官的准入管理方面将信息科技准入纳入有关行政许可法规，确保银行业金融机构在机构设立、业务开办与系统投产之初就建立符合业务发展需要、支持业务安全稳定运行的信息科技管理与运行环境。第二，制定《商业银行信息科技治理指导意见》。从组织结构、战略规划、运行机制、激励约束等方面明确监管要求，指导商业银行建立和完善信息科技风险管控组织结构，推进信息科技的决策机制、制衡机制和激励约束机制建设，把信息科技风险纳入全面风险管理体系。第三，研究制定《商业银行信息科技外包管理指引》。通过借鉴国际监管实践，深入研究并制定适合我国国情的信息科技外包监管法规和操作规则，指导商业银行制定信息科技外包管理战略，规范信息科技外包管理流程，加强信息科技外包的内部控制和约束机制，促进我国银行业信息科技外包持续健康发展。第四，研究制定银行业信息安全管理规范。通过借鉴国际和国家有关信息安全标准，组织银行业金融机构总结经验、分析差距、明确目标，研究制定适合我国银行业情况的信息安全管理规范、标准，从安全策略、管理体系、技术要求、风险评价与监督等方面建立信息安全管理体系，指导银行机构有效增强信息安全管理能力。

2. 在信息科技风险监管中纳入监管资本要求

欧洲与北美地区的监管机构已将信息科技风险纳入银行整体风险监管范畴。其中有些将信息科技风险纳入操作风险量化范畴，有些将信息科技风险融入公司治理（工厂治理）、操作风险等银行运营管理各个层面，并对信息科技风险进行单独的评级，最终信息科技风险状况会影响对银行机构的监管资本要求。信息科技与业务的高度融合使得我们不能仅从科技的角度来识别、评估和处理信息科技风险，还应当将信息科技与监管资本要求紧密结合。首先，信息科技风险应当纳入银行机构全面风险管理框架中。对实施新资本协议的银行，特别是实施操作风险高级法的银行，必须在风险计量中量化信息科技风险。另外，无论实施新资本协议与否，信息科技监管的结果应当作为机构资本充足率考量要求必不可少的因素，对涉及重要基础设施和重大信息系统变更的情况，应在全面评估的基础上，对银行提出增加风险储备的要求。其次，建立信息科技风险监管协作机制，将功能监管部门的信息科技风险专业评估结果纳入机构整体风险评估报告，在机构、高管和业务准入及退出等环节增加信息科技有关条件，对信息科技风险防控不达标、信息科技管理能力不足的机构、高级管理人员和有关业务审慎准入。最后，通过将信息科技风险与监管资本要求相结合，有利于提高机构对信息科技管理及风险防控的重视程度，有利于机构采取切实有效的风险防范及缓释措施。目前，很多银行机构在信息科技领域依然风险意识淡薄，对信息科技风险与业务的密切关系缺乏认识，对信息科技风险的影响程度缺乏深刻理解，平时不注意，出事慌忙乱，事后则是"好了伤疤忘了痛"。建立信息科技风险与监管资本要求相结合的机制，有利于机构建立良好的IT治理结构，加强信息科技"三道防线"建设。

3. 完善信息科技风险评估模型和评级方法，有效开展非现场监管

信息科技风险评估模型和评级方法是有效开展非现场监管的基础。通过建立一套科学合理的监管风险指标和评估体系便于监管人员把握信息科技监管重点，准确识别、监测、评估和分析风险，指导开展"外科手术式"的现场检查，并为风险预警、监管评级、分类监管、持续监管提供有价值的参考和依据。在我国信息科技风险监管尚处于起步阶段的情况下，一是要尽快积累历史数据，在汇总分析的基础上，根据我国银行业整体发展状况，以及不同类型、规模机构的特点，设计出一套标准模型分值和权重，并在使用过程中对模型进行完善和修正；二是要充分发挥信息科技监管人员的积极性，鼓励他们在监管过程中不断学习、积累经验，依据自身判断力对模型参数做出调整，更加客观地评价特定机构的风险水平；三是学习借鉴国际监管经验和实践，吸收国内和国际最新的研究和实践成果，及时掌握银行业务变化和信息科技发展动态，对评估体系进行调整和补充；四是在风险评估体系的基础上，还应该学习国外监管机构开展风险评级，实施差别监管，研究制订银行业信息科技风险评级方法和标准，根据评级结果确定监管的频度和范围，制订差别化的监管对策。

（二）提升信息科技风险监管科技水平

信息技术的发展日新月异，新兴技术不断出现，如果不能及时了解相关IT发展

第十章 促进科技保险发展的企业做法

的新趋势和新产品,就很难对银行业进行有效监管。

1. 建立信息技术实验室

技术实验室是监管人员模拟银行业务操作,近距离了解信息科技风险,掌握信息科技领域最新技术风险趋势的重要场所,也是培训监管人员的基地。

美联储为应对信息科技风险,专门建立了 STREAM LAB(Supervision Technology Risks Educate Analyze and Manage Lab)。该实验室承担了如下职能:① 信息科技风险培训。技术实验室由两部分组成,一部分是小型的数据中心,里面装配了网络、服务器等设备,并安装了银行业务的模拟应用,另一部分是现代化的培训教室,每个座位配备计算机等设备,专门用于监管培训。技术实验室通过在其数据中心建立各种信息技术环境,一方面可以模拟银行的业务,使监管人员直观地了解银行业务背后的信息技术硬件、软件,掌握业务过程中的信息流动,更好地理解信息科技风险的种类、性质、易发环节等,促进监管人员技术监管能力的提高;另一方面通过模拟攻击和防御的实验,使监管人员了解信息科技所面临的外部威胁,以及必要的防范措施,判别各种风险控制手段的优劣,增强科技监管人员识别风险和把握控制因素的能力。目前,技术实验室每年开设 8~10 门培训课程,包括银行运行模拟、流动性管理模型、反洗钱实战、信息系统脆弱性(漏洞)管理、网络管理、操作系统、新兴技术监管等。② 信息科技风险分析。信息技术的发展日新月异,新技术的层出不穷也对监管者提出了更高的要求。技术实验室的另一重要职能就是跟踪新技术的发展,从风险管理、风险防控的角度分析新技术在银行业的应用,并提出必要的应对策略,从而保证了监管机构在技术风险管理领域的前沿性和领先性。芝加哥的 STREAM LAB 已对 Voice over IP(VoIP)技术、虚拟化技术、无线网络技术的应用风险进行了分析研究,并形成了培训课程。③ 信息科技风险的管理。技术实验室对新技术的研究和分析结果会进一步转化为有关监管指引和监管手册的具体内容。一方面技术实验室会将新兴技术的相关风险予以提示,另一方面技术实验室会将新兴技术风险有关的风险环节、检查方法纳入监管手册中,保证监管者在具体技术领域风险管理的先进性。

综上所述,建议监管部门借鉴美联储的做法,建立信息科技实验室。一是有助于掌握信息科技领域的新技术、新趋势,了解新技术和新趋势的风险,提前准备应对策略;二是有助于掌握银行业金融机构的业务流程,通过模拟银行业务在信息系统的运行,了解各个环节的风险;三是有助于培训信息科技风险监管人员,促进监管人员技术能力的提高,并提高监管人员对科技风险与业务风险综合分析的能力。此外,建立技术实验室,对设备的投入可考虑"利旧",既可解决实验室设备配备的实际问题,也为处置超期使用的软硬件设备提供了新的思路。

2.加强对新技术的专题研究

监管机构可以考虑与大学、研究机构、IT供应商及客户等进行合作，开展新技术专题研究，如绿色IT、语义网、二维条码的应用、云计算、家庭银行、在线测试仪技术、统计数据语义搜索引擎等，从而跟踪新技术的发展。从风险管理、风险防控的角度分析新技术在银行业的应用，将新兴技术有关的风险环节、检查方法纳入日常监管程序和内容中，对新兴技术的相关风险予以提示，保证监管机构在技术风险管理领域的前沿性和领先性。

以云计算为例，云计算是并行计算（Parallel Computing）、分布式计算（Distributed Computing）和网格计算（Grid Computing）的发展，是虚拟化（Virtualization）、效用计算（Utility Computing）、IaaS（基础设施即服务）、PaaS（平台即服务）、Saas（软件即服务）等概念混合演进并提升的结果。云计算具有高扩展性、虚拟化、高可靠性等优势。云计算在具备很多优点的同时必然有其潜在的危险性，最大的危险性在于云计算中的数据无法对提供云计算的机构保密，而当前云计算服务主要被一些私人机构（企业）垄断，他们的信用状况值得考虑。因此，持有敏感数据的银行选择云计算服务、特别是国外机构提供的云计算服务必须保持足够的警惕，银行业金融机构仍需基于数据保密性、完整性、可用性及监管合规要求审慎考虑应用该技术。

（三）强化信息科技风险监管队伍建设

信息科技风险监管专业性强、进入门槛高，是否具备足够的高素质专业人才是决定监管有效性的重要因素。发达国家监管机构十分重视信息科技监管队伍建设，美国货币监理署具有专职信息科技监管人员近百人，并且这些人员接受过专业的信息科技监管训练，是兼具信息科技专长和监管业务能力的复合型专家。此外，美联储、FDIC、FFIEC都具有专门的信息科技风险监管人员。新加坡金管局科技风险监管部门11人中，10人拥有CISA（认证信息系统审计师）资质、8人拥有CISSP（认证信息系统安全专家）资质。荷兰银行的信息科技监管人员都具有IT相关的教育背景，其中大多数都获得了IT审计方面的相关认证，并且有至少5年的相关工作经验。

我国的银行业信息科技风险监管工作才刚刚起步，监管专业人才匮乏，需要在人才队伍培养方面着力加强，就此笔者提出如下建议：

（1）建设学习型团队，提高监管人员的综合能力势在必行。这需要进一步落实相关措施，加强信息科技监管队伍建设，通过多种方式提升信息科技监管人员的综合能力。一方面，要把科技监管人员从日常大量的、烦琐的技术维护服务工作中解脱出来，使他们能够把精力集中在专业水平的提升上面；另一方面，要继续创造条件，制订系统的培训计划，信息科技风险监管员每年要接受专业知识培训，包括每年150小时的基础培训，同时在IT治理、外包、业务连续性、支付系统、网络犯罪等诸多专业领域中选择几个方向，参加每年至少100小时的培训。另外，应当鼓励监管人员参加CISA等国际认证考试，对通过者在薪酬和晋升方面予以奖励。

（2）进一步加强对外交流与合作。一方面可以派出技术骨干前往国外监管机构考察学习，另一方面可以积极参与ITSG等组织的会议，使监管人员了解国际信息科技风险监管的动态和趋势。信息科技监管组织（International Information Technology Supervision Group，简称ITSG）的成员数量虽然不多，但涵盖了美洲、欧洲与亚太地区的主要国家，其组成国家（机构）的信息科技风险监管工作具有较强的代表性。参加信息科技风险监管组织年度会议的代表是该国（机构）从事信息科技风险监管的高级管理人员和业务专家，这种年会形式的交流有利于增进各国信息科技风险监管同行之间的了解，是各国同行分享经验、分析形势、探讨问题的难得机会。

（3）推动业务监管人员掌握信息科技监管知识，使一定比例的业务监管人员具备开展基础的信息科技风险监管的能力，减轻人力资源紧张的矛盾。

二、信息科技风险重点领域监管

（一）完善业务连续性风险监管

近年来，我国银行业机构业务迅速发展，信息化程度大幅提高，但不少银行的业务连续性管理存在缺陷：一些银行简单地将业务连续性等同于灾难备份，没有全面覆盖各部门的业务连续性计划；一些银行的业务连续性计划没有经过充分演练和验证；一些中小银行考虑建设成本问题，甚至只有数据的简单备份，根本谈不上灾难恢复，更不用说业务连续性。

银行业作为国家经济运行的核心和关键，更应加强业务连续性管理，做好突发事件应对处置工作，维护金融稳定。

1.制定银行业的业务连续性管理标准和指引

目前，虽然很多金融机构都建立了灾备中心，但大都没有将业务连续性计划（BCP）纳入公司日常管理和企业文化中。和国外情况类似，国内银行业也上演着从灾难恢复到业务连续性管理的历程。但是，随着银行灾难备份建设的推进，也产生了问题。银行IT部门投入了大量的资金、人力、物力等资源，建立了高等级的甚至可以实时切换的灾难备份系统之后，对如何具体实施业务连续性管理仍然不知所措。为引导国内银行业金融机构建立完善的业务连续性管理计划，建议在借鉴国外最佳实践的基础上，完善我国银行业的业务连续性管理标准建设。在组织架构、管理流程、审计和嵌入业务连续性管理文化等各个方面进行规范引导，帮助银行逐步建立和完善自身的业务连续性管理体系。同时，应鼓励条件成熟的银行开展相关认证（如BS25999业务连续性管理认证），以提高自身业务连续性管理水平。

2. 推进银行业应急演练工作

应鼓励商业银行进行业务连续性管理的演练活动，组织由金融管理部门、基础设施供应商和多个金融机构参与的联合演练活动，持续提高金融机构的业务连续性管理的实践能力，增强我国金融业的整体业务持续性能力。另外，要加强与行业外其他政府部门的应急协调，建立应急协作机制。要加大与电力、电信、公安等部门的信息交流，建立风险预警和应急协作机制，制订银行业与其他政府部门的跨业应急预案，提高行业整体的应对突发事件能力和水平。

3. 加强对银行数据中心建设、灾难恢复的政策指导

对比国际银行业数据中心建设、管理和灾难恢复能力现状，我国银行业在数据中心管理和灾备建设方面与国际相比还存在较大的差距。对此，我国银行业应充分借鉴国际经验，深入分析、研究国外银行的精细化管理方法、模式和技术，探索建立适合我国国情、成本与产出之间适度平衡方案，既满足业务快速发展又能有效控制风险的数据中心、灾备中心建设模式，深入研究和解决目前在灾难备份系统建设、真实切换方面存在的突出问题和技术难点，明确银行业金融机构关键系统灾难备份能力的分类监管技术标准，强化信息系统灾难备份建设等监管要求，强化科技风险管理政策。同时，加强对较小型的银行机构建设数据中心的引导，如城商行、农信社应根据自身实际，开展业务连续性和应急工作，在建设数据中心、灾备中心时应考虑自己的承受能力，在有效防范风险的前提下，多家小型商业银行可以共用数据中心和灾备中心。当然，此项工作的开展必须达到国家法律、法规和监管部门的要求，既不能贪大求洋，也不能自行降低工作标准。

（二）积极防范电子支付欺诈

目前，我国银行卡、电子银行等金融欺诈案件时有发生，究其原因有二：一是社会公众的金融安全意识不强；二是银行卡、电子银行的技术防范措施与网络犯罪技术快速发展相比仍存在缺陷和不足。因此，应积极采取措施，加强银行卡、电子银行的技术风险防范。

第一，网上支付安全最重要的基础是客户端的安全。MAS认为，由于客户在线

支付的各种技术手段不能自行选择，而是由银行指定和提供，因此客户端安全的责任在银行而非客户本身，银行有义务对客户进行安全教育，并提供更安全和便捷的技术工具去增强客户端的安全性。

第二，进一步完善电子银行的双因素认证（ZFA）机制。银监会已出台有关电子银行的双因素认证（ZFA）要求，但有关内容过于原则，应进一步细化和完善相关技术规范要求，强化安全保护力度。我国银行机构电子支付的双因素认证（ZFA）主要通过静态密码卡、动态口令卡和客户数字证书实现。新加坡金管局认为静态密码卡安全性较低、数字证书使用不便捷，已不赞成银行机构使用上述措施。相反，安全性好的硬件令牌和手机短信系统得到强力推广。由于硬件令牌售价较高（新加坡的银行要10美元），在我国仅有少数银行提供，因此可以考虑推广手机短信系统的双因素认证（ZFA），以强化电子支付的安全性。

第三，加快推广银行卡的 EMV（芯片卡）和动态认证的实施进程。相较磁条卡，EMV 有安全性高和不易伪造的特点。在对芯片卡认证方式上，包括静态数据认证（SDA）、动态数据认证（DDA）、混合数据认证（CDA），MAS 要求银行发放动态和混合数据认证的芯片卡并逐步替代已有的静态数据认证芯片卡，以解决静态卡中可能存在的仿冒风险。此项监管措施的实施致使涉及银行卡的金融诈骗案件呈明显下降趋势。

第四，要求网上银行交易、无卡支付中强制、大量使用 OTP（一次性密码）技术，即在交易的身份认证、交易签名阶段，使用手机短信、基于时间的口令硬件或其他硬件 OTP 设备来产生一次性密码，保证交易的安全性。

第五，在交易过程中使用短信向客户通知交易详细信息；在卡片激活阶段，信用卡第一次使用时要用手机短信来激活等；开发了交易监控系统，建立风险分析模型和风险匹配规则，通过模式匹配等及时发现交易中的可疑行为，及时阻断交易，避免客户损失。

（三）推进外包风险监管

在信息科技领域，银行业对外包商的依赖范围不断扩大，程度不断加深，加强对技术服务供应商的监管是防范银行业信息科技风险的重要工作内容。

1. 以立法方式明确对外包技术服务商的监管权力

目前，我国有关外包监管的规定多数是对银行机构的，没有延伸到外包技术服务商。随着业务流程外包的发展，银行的一部分业务功能已经完全由第三方来提供服务，如呼叫中心、数据（备份）中心等。如果无法对第三方外包服务商进行监管，势必造成监管内容的缺失。为此,建议完善有关外包服务监管立法,明确对外包服务商的常规监管职能,包括监管对象、监管范围、监管方法等。一是立法明确银监会对银行业金融机构外包服务商的延伸监管职能,对承担银行业务职能的外包服务商参照监管银行机构的方法实施日常监管。现行《中华人民共和国银行业监督管理法》规定,有关机构只有涉嫌违法时监管机构才可对其进行审查(参见中华人民共和国银行业监督管理法第四十二条),但对于承担银行业务职能的外包商,其所承担的外包业务等同于银行业务,而且有些业务和设施对银行而言极其关键,如数据中心。这类业务如果游离于监管之外,与银监会风险为本的监管理念有所偏离。因此,从全面风险管理的角度考虑,应当将实质承担银行业务的外包服务商纳入日常监管范畴。二是建立IT外包服务商的准入标准,规范外包服务商的服务水平,指导商业银行对外包服务商的选择,从外包服务商的技术能力、管理水平和持续发展能力等方面进行考察,建立优质外包服务商资质库和黑名单制度,指导银行机构选择信誉优良、经验丰富、引领和紧跟领先的信息科技和金融发展方向的外包服务商。三是建立对IT外包服务商的日常监管制度,开展非现场监管和现场检查,制订外包服务评级制度和激励机制,促进外包服务商持续提高技术能力和管理水平,提高我国金融外包服务领域的整体服务能力。

2. 加强外包过程监管

按照信息科技外包过程的不同阶段,监管机构可以制订相应的监管要求。第一,在项目启动阶段,金融机构应当根据相关政策对外包项目的风险进行评估,并对外包项目对机构可能产生的影响进行分析,合理配置资源,开展必要的沟通和协调工作。其次,在供应商选择阶段,金融机构应周密规划外包服务项目,包括项目的范围、内容及服务水平方面的要求等,同时充分分析、考察服务供应商的专业性、诚信度和声誉。第三,在合同签订阶段,机构必须与服务供应商签订书面合同,确保供应商能够满足服务需求,且服务水平是可度量的,确保合同符合法律和监管要求,确保外包服务可以得到审计和监管,并考虑到解约的情况。第四,在实施阶段,机构要制订可行的实施计划,合理配置资源,设置项目组织,设立明晰的管理条线,做好执行、测试和回退计划。第五,在监控阶段,机构要制定详细的流程,对外包服务及合同执行情况进行衡量,建立恰当的管理架构,通过采取报告分析、定期讨论、定期评估/审计等方式对外包服务进行管理。

3. 加强对离岸外包的监管

离岸外包指发包方与接包方来自不同国家,外包工作跨国完成。由于劳动力成本的差异,目前国际上发包方通常来自劳动力成本较高的国家,如美国、日本等,接包方则来自劳动力成本较低的国家，如印度、菲律宾和中国。离岸外包与本地外包相比具有独特的风险特点，主要体现为国家风险与合规风险两方面。国家风险是因外包服务商所在国家的经济、社会和政治条件而造成服务商无法达到其所承诺的服务水平的风险。金融机构在实施离岸外包时应当对此进行评估，并为此建立业务连续性计划和做好应急准备。合规风险是因使用离岸服务商而造成机构不能有效遵从接包方所在国相关法律法规的风险。监管机构应要求银行在采用离岸外包时特别注意合同中有关安全、保密、数据所有权、监管授权和法律选择等条款，以保证必要的服务连续性、数据访问和客户信息保护。监管机构对离岸外包服务商的检查重点应放在银行与外包服务商签署的合同条款上。

（四）重视核心系统变动风险监管

目前，我国一批大中型银行正处于"以客户为中心"的转型过程中，不少银行正在进行核心系统迁移，由于涉及机构及人员、系统范围广，组织协调难度大，实施复杂，对资金和专业化人才的资源需求巨大，整个过程耗时数年，同时必须保障业务正常运转，而一旦因为种种原因无法成功迁移，后果可能是战略无法实现，大量的财务损失，未经核对的新旧系统数据差异，还有可能必须同时运转两个核心系统，效率降低，复杂性增加，并由此产生新的风险，更有可能造成无法正常处理业务，产生声誉损失。2010年2月，某股份制商业银行核心系统故障，与其新核心系统远远超出计划的建设周期而迟迟不能投产也不无关系。对核心系统变动（升级、迁移、合并、拆分）的监管有待加强。

1. 加强对核心系统变动风险的认知和监控

核心系统迁移的主要风险有项目无法交付（或无法按时交付）、数据不一致、未能完全迁移（旧系统无法下线），这些风险可能导致直接经济损失和银行声誉损失。核心系统的重大变更应当引起监管机构的充分关注，目前我国已要求商业银行在实施重大信息系统变更时开展风险评估并进行事前、事后报告。对于核心系统这类关键系统，还可以采取更进一步的监管措施，并对银行核心系统迁移的全过程进行监控。一是为每家银行指定核心系统变动的风险监管员；二是应急储备，对因核心系统替换而增加的风险增加资本充足率要求；三是采取专门的监管活动，相比日常监管更频繁的、目的性更强的现场检查和非现场分析；四是充分发挥银行自身的风险管理能力，以改善其风险控制环境。

2. 运用情景分析把握关键风险点

在核心系统变动的监管过程中，监管机构可以考虑运用情景分析方法。该方法通过预先设定由各类问题组成的风险情景,然后将实际情况与设定的情景进行比较,从而快速了解风险概况。运用情景分析可以将复杂和模糊问题具体化,并且有利于关注关键风险点,节约监管审查时间,同时增强客观性。此外,假设情景可以被重复测试,这种方法也可以被应用到其他监管活动。核心系统变动监管的假设情景分为高层次和低层次,高层次假定银行的整合/拆分计划没有包括足够的控制措施缓释风险,低层次假设则分别从IT和运营战略、IT治理、可用性和质量、技术风险分析、变更管理、可扩展性、业务连续性管理、安全系统等方面进一步细化。情景分析方法实质上是一种层次化的问题分析方法,通过层次化的假设,提出银行核心系统变动应关注的各类风险问题,针对这些问题,核对银行是否能够有效回答。

第十一章 促进科技保险发展的政府机制

第一节 构建科技保险法制体系与协调机制

从科技保险当前所处的境况和"前车之鉴"来看，科技保险试点仅是迈开了关键的一步，离市场大范围的距离还很远，就像处于种子期的中小企业仍未脱离"死亡谷"阶段。科技保险的常态化是一种必然，但常态化并不意味着科技保险已经具备自我生存、发展的能力，也不等于政府"送完一程"就可以放心撒手，若不认识到这一点，科技保险可能会进入第二个自发式探索阶段，结果不容乐观。因此，政府应继续扮演主要角色，做好组织、协调、引导工作，并完善长效机制，以防这一可以被称之为"创举"的工程夭折。

推动科技保险的工作需要多方协调配合，任何一方稍有懈怠都将成为科技保险发展的不利因素。除了在制度、政策上对相关主体的职责范围作出明确界定之外，建立一套合理的动力机制也是科技保险工作的重要保障。本节分别从法制、人才、协调机制和资源整合来阐述怎样进一步优化科技保险的动力机制。

一、加强科技保险的法制建设

（一）将科技保险纳入法律保障范围

推动科技保险走向常态化，健全科技保险法制建设是重要的制度保障，尤其是在科技保险推行初期，需要制定科技保险法，或将科技保险保护纳入现有法律法规体系，对相关主体的权利义务加以明确。在制定相关政策和切实推动科技保险发展的过程中，政府必须发挥主导作用，这由科技保险的性质所决定，已成为业内共识。但从科技保险试点的实际情况来看，一些试点单位的工作进展并非一帆风顺，其中一条主要原因就是缺乏专门的立法保障。因此，在科技保险常态化发展之前，有必要通过立法来规范政府的行为，使政府的职责法制化。

此外，目前还没有法律条款来对科技保险加以明确界定，保险公司承保科技保险以及科技企业投保科技保险的权益都没有获得法律意义上的严格保障，对一些违法违规行为的惩处缺乏可靠的依据，也不利于科技保险市场的拓展。最为直接有效的办法是，在现有《保险法》《科技进步法》等的基础上，将科技保险纳入其中条款，明确科技保险的法律地位以及政府支持科技保险发展的权责。

财政支持科技保险的法律条文可以从三个角度考虑。第一，为全国性或地方性的国有或国有性质的科技保险公司提供资本金。除了吸引商业保险公司开展科技保险之外，国家还可以设立国有科技保险企业，直接承保科技风险，或者根据实际需要，设立其他类型的科技保险组织，为科技保险经营组织提供相关服务。财政部门应依法为这些组织提供全部或部分资本金。第二，为科技企业提供保费补贴，为开展科技保险业务的保险公司提供经营管理费用补贴。第三，直接承担科技风险责任，为保险公司提供再保险，为科技保险基金提供资金。由财政直接提供再保险，是国家风险保障职能的直接体现，主要适用于政策性保险业务。政府作为再保险人，根据法律规定和合同约定，以财政为后盾承担分散危险的责任，充当损失的最后承担者。政府再保险可以为保险人提供风险保障，减轻保险人的准备金负担，增强其持续经营能力，进一步减轻科技企业的保费负担。

（二）完善监管制度，规范科技保险市场

为切实解决好科技保险发展方向、经营规律和保护科技企业利益等问题，要求科技保险监管部门把制度建设作为科技保险监管的一项根本性、全局性和长期性的工作来抓。具体来说，科技保险的监管工作可以从以下三方面入手。

第一，对保险公司执行法律和协议的情况进行检查和监督。例如，是否擅自扩大规定的科技保险范围，或以补充协议等方式将某一险种纳入科技保险范畴，骗取政府的优惠措施和相关补助，侵害科技企业和国家的利益，是否打着政策性保险的旗号进行商业保险的经营，逃避保险法律法规的约束，增加经营风险，把经营亏损归结到经营政策性保险业务上。

第二，对保险公司科技保险业务的数据真实性进行监管。例如，商业性保险公司与政府部门之间费用补贴款的划转问题，商业性保险公司科技保险的各种资金是否是在封闭的状态下运作，是否将科技保险的保费收入挂到其他险种的收入账下，导致数据不真实，或虚增科技保险经营（行政）管理费用，以此要求更多的财政补贴，补贴款是否专款专用等，并统一编制月报表、半年报表和年度报表实行非现场监管手段。

第三，加大科技保险知识产权保护力度，鼓励科技保险的创新发展。科技保险的险种有限、创新不够已经成为制约科技保险发展的一个主要因素，因此有必要采取

有效措施，鼓励保险公司加大科技保险创新力度，不断推出符合市场要求的个性化产品，避免出现类似传统保险产品同质性问题严重，陷入激烈价格战的情况。

二、完善协调机制

科技保险协调小组要进一步加强协调工作。在前期试点中，由科技部条财司、中国保监会发展改革部以及各参与试点的单位和保险公司组成的协调小组为科技保险的推动做出了富有成效的工作，但随着参与单位的扩容、险种的完善、投保企业的增多，协调任务会更繁重和复杂，这就要求协调小组给予高度重视，并提前做好准备。各保监局要加大科技保险的地方推动力度。总体来说，前期试点之所以能取得这样的成绩，与许多地方科技部门与地方保监局的积极推动以及试点单位和保险公司、保险中介公司的积极参与密切相关。

不过，我们仍要看到现在科技保险的协调机制还并不完善，有些工作部署后未能够得到有力执行，而且现行的协调机制缺乏必要的政策保障。试点同时有力地证明了科技保险的试点、推广离不开地方政府主要领导的大力支持和推动，因此下一步要继续加强协调机制建设，在现有由科技部、中国保监会等部委为主组成的协调领导小组的基础上，将各省市主要领导也纳入其中，强化部委与地方省市的联动效用。一方面，通过完善当前联席会议制度和信息联络员机制，将相关部委、省市政府、地方科技部门、地方保险监管部门、金融机构、研究院所等紧密联系起来，形成定期沟通、通力合作的良好局面；另一方面，将科技保险在各省市的发展纳入部省会商机制，通过定期会商，联合解决科技保险在地方发展的重大需求。

三、培养和激励科技保险人才

市场经济是以资源配置为主的一种经济制度，人力资源是市场经济中最重要的起决定性作用的资源，尤其是对像科技保险这样一个跨学科的领域而言，人才的稀缺性表现得更加突出，更何况科技保险真正走入人们的视野还不到三年。科技保险人才是科技保险的排头兵，需要同时具备相关科技领域的基本素质和保险行业的从业经验，其能力的高低直接决定了保险公司科技保险业务能否顺利开展。因此，在科技保险常态化的趋势下，如何培养更多的科技保险人才以及提升已有相关从业人员的专业素质，以满足更多的市场需求，无疑是一个关系科技保险生存和发展的重要问题。具体来说，可以从以下几个方面入手逐步建立起科技保险的专业人才库。

（一）加强学科建设，提升我国科技保险人才的持续供给能力

科技保险的发展尚处于探索阶段，对科技保险理论、人才需求会逐步增多，因此必须考虑理论与人才的后续供给力，为科技保险的健康、长远发展提供必要的智力支撑。为此，必须加强科技保险学科建设。可以将有关科技保险的课程纳入大学生或者研究生的培养计划中，如在计划课程中增加科技保险、科技风险等相关内容。通过必修和选修两种模式逐步扩大科技保险学科的影响力。这样，既可以源源不断地为市场输送科技保险专业人才，又能促进高校、院所提升自身科技保险的教学水平和研究能力。另外，一旦在高校开设科技保险这门课程，还可以创新科技人才培养模式，如保险公司与高校合作，采取订单式人才培养，以满足不同市场领域、不同保险公司对科技保险人才的需求。

（二）开展科技保险专业人才培训，满足市场对科技保险人才的现实需求

能将科技保险纳入高校教学体系和学生培养计划固然是大事、好事，但从高校着手培养到合格的科技保险专业人才走出校门还需要一个较长的过程，至少得三年以上。当前，科技保险正处于扩展性发展时期，需要大量的专业人才来支撑。因此，很有必要通过培训来解决此类人才的缺口问题。一方面，可以挑选一批有保险或科技从业经历的业务骨干，由保险界和科技界联合举办短期培训班，聘请两个领域的专家进行辅导，使受训人员尽快成为科技与保险的复合型人才；另一方面，保险公司或保险中介公司可以定期招募一批有志从事科技保险业务的人才，然后与相关高校采取短期联合培训的方式，不断地向市场输送科技保险专业人才。在经过一段时期的培训后，合格的人才将呈现规模群体，再通过知识外溢，科技保险专业人才的不足问题就能得到有效缓解。

（三）加大科技保险人才引进力度，加快我国科技保险国际化

要加强科技保险的对外交流与合作，人才交流是其中的关键内容之一。保险业在国外发展得已十分成熟，与我国相比，从业人员的经验和业务能力具有一定的优势。我国保险公司应该大胆地引进保险人才，特别是有科技背景的保险人才。这样，既可以进一步缓解当前我国科技保险人才严重不足的局面，也能将国外的管理经验和业务模式吸收进来，有利于我国科技保险乃至整个保险业的长远发展。

（四）创新人才激励机制，激发科技保险人才的工作热情

人才的培养和引进虽然很重要，但将人才使用好、留住更为重要。因此，要在人才的使用和激励机制上下功夫。首先，要人尽其才。科技保险人才包含的类别有很

多，如精算研究、市场调查人才、市场业务人才、管理人才等，要尽可能地都将其安排在合适的岗位上。其次，要制订有效的奖励措施。科技保险人才是一个较为特殊的群体，比一般的保险人才更为稀缺，因此要尽可能地提升他们的待遇，同时在公平的原则下，实现收入差异化，真正做到多做业绩，多有报酬。如果有条件，可以让科技保险人才持有所在公司的股份，使之成为公司的真正主人。

四、整合公共及市场科技保险资源

通过政府的引导作用，让各类公共资源、市场资源围绕科技保险发展的重点任务集聚起来并发挥作用，是科技保险最终取得成功市场化的关键，这一点是科技保险发展到今天获得的一条最宝贵的经验。因此，在下一阶段的推动工作中，必须高度重视公共及市场科技保险资源的汇集与整合。

（一）优化配置公共科技保险资源

1. 成立一个国家层面的科技保险引导基金

已出台的与科技保险相关的文件要求"研究在科技重大专项、国家科技计划经费中列支科技保险费，以及财政资金对自主创新首台（套）产品实施保费补贴的相关政策"，同时规定"地方科技主管部门要创新科研经费使用方式，制订支持科技保险发展的制度措施，推行科技保险保费补贴制度"。科技保险试点三年来，大部分地方政府都表现了极高的积极性，并在财政预算中安排了一定规模的资金，制定了相应细则来补贴保费，鼓励投保行为，这也是试点之所以取得现有成绩的主要原因之一。但到目前为止，国家层面针对科技保险的资金支持还没做任何安排，对地方的引导和激励缺乏有效手段，不少地方尤其是财政实力比较薄弱的地方还抱有观望的态度。基于科技保险是准公共产品的特点，政府有理由也必须设立一个国家层面的科技保险引导基金，否则科技保险的推动工作将无以为继。

科技保险引导基金的资金来源主要包括来自国家的预算安排和外部捐赠，其使用是无偿的。引导基金不直接参与科技保险保费的补贴，而是通过补贴地方科技保险基金的方式，鼓励地方政府扩大对科技企业的保费补贴。在鼓励的目标上，引导基金应该有所侧重。首先，要对财政支付能力比较薄弱的中西部地区给予适当倾斜，提高补贴比率；其次，要对重点科技领域、产业领域，如有关低碳产业、绿色产业、战略性新兴产业等的创新给予高比率补贴，引导地方政府加快转变经济发展方式。

2. 兑现并完善相关税收优惠政策

税收优惠政策具有普惠性、公平性、可持续性和相对稳定性，在宏观调控和产业、行业发展导向上起着至关重要的作用。《关于加强和改善对高新技术企业保险服务有关问题的通知》中规定"保费支出纳入企业技术开发费用,享受国家规定的税收优惠政策",这一条款的设定对科技企业和研发人员的投保热情起了很大的激化作用,如果长期不能兑现,无疑会给科技保险的发展带来不利影响。另外,通过给予为科技保险提供服务的保险机构、中介机构以税收优惠,将会进一步促进保险资源向科技创新环节流动。为此,科技、保险主管部门要加强与税务部门的沟通与协调,尽快落实和完善科技保险税收优惠政策。

3. 科技计划、项目向投保科技保险的企业倾斜

政府的科技计划是鼓励科技创新活动的重要手段之一,每年都会有大笔资金通过科技计划拨给科技企业,以供其完成一些具有高价值的创新研究项目。除此之外,国家科技计划的一个重要目标就是引领创新的技术方向和产业发展重点。为鼓励科技企业投保科技保险,可以考虑将科技保险的投保情况纳入科技计划、项目的申报标准中。一方面,对创新风险较大但具有重大意义的科技创新项目可以将投保科技保险作为项目申报的必要条件加以规定,如国家科技重大专项以及行业关键共性技术等项目;另一方面,对一般的科技创新项目可以将投保科技保险作为项目申报的参考指标,对已投保科技保险的项目给予优先支持。另外,在科技创新项目评审中,可以将科技企业投保科技保险的历史记录作为参考内容,对在前几年投保了科技保险的企业,尽管投保的险种与本申请的项目没有太多关系,也应给予优先考虑。

(二)充分挖掘市场科技保险资源

现阶段,我国科技保险已经逐渐走出试点期,常态化发展已是一种必然走向,这就意味着科技保险将覆盖国内更多地区,市场容量也将逐步扩大,这种客观形势对科技保险发展的外部环境和基础条件提出了更高的要求。试点阶段,出于稳健、安全考虑,仅允许部分保险公司和中介公司(只有一家)进入科技保险市场,由于试点地区并不多,因而市场资源的供需矛盾没有显著突出。随着市场准入门槛的降低,科技保险经营权的进一步放开,科技保险发展对市场资源的需求将迅速扩大。因此,要通过各种手段,吸引更多的市场资源来共同支撑科技保险的规模化发展。

一是要通过各种财税手段以及完善市场环境吸引更多的保险公司、再保险公司、保险中介公司来为科技保险产品提供服务。目前,我国保险公司有100多家、保险中介公司达2 300多家,但真正参与科技保险业务的保险公司和中介公司之和不到10家,激活空间还非常大。另外,要尝试允许国外保险公司在我国开展科技保险业务,加大市场竞争,促使各保险公司积极创新,为科技企业提供更加合适的保险服务。

二是要加强与银行、风险投资公司等金融部门、资本市场等方面的合作。科技保险业务的开展与科技项目的选择、评估、监管、市场融资有较高的关联性，而这些部门与行业在过去约三十年中逐步走向成熟，其在对科技风险的把握、科技创新活动盈利能力的认识等方面都有较为丰富的经验。因此，保险公司可以聘请这些部门和行业的技术专家来帮助自己了解科技企业创新项目的风险特征，并提出一些承保可行性的指导意见。可以与银行、风险投资公司、担保公司等联合分摊科技创新风险。可以借助风险评估公司、审计公司、科技咨询公司等非保险类中介公司的优势，提升科技保险承保与售后服务的效率与质量，从根本上增强承保科技保险的能力。另外，保险公司还可以尝试发行科技保险债券，广泛吸收社会资本，进一步分散科技风险。

总体来说，我国科技保险的长远发展已经具备良好的宏观环境——国家科技创新战略发展和保险业逐渐腾飞发展，如何最大限度地利用周围环境中的资源来发展自己已经成为未来科技保险工作重点要解决的问题。科技保险单独靠保险公司很难实现，需要以政府政策支持为代表的公共资源。面向常态化发展的今天，仅靠政府已经不够，需要发掘其他市场资源来加以补充。从另外一个角度来说，如果我们能够利用好这两大类资源，那么未来科技保险的蓬勃发展将不仅是一种可能，更是一种必然。

第二节　优化科技保险补贴机制

一、政策性科技保险实施财政补贴的理论依据

政府的财政补贴作为政策性科技保险的核心内容，在促进政策性科技保险的发展中起着不可替代的支撑作用。

（一）科技保险的市场失灵

科技保险发展的最大难题之一便是其存在着明显的商业经营模式下的市场失灵（Market Failure）现象。我国科技保险市场如果完全按照商业保险的模式运作，将会陷入"需求不足，供给乏力"的尴尬局面。具体来说，科技保险的市场失灵有以下三种表现。

1. 正外部性

有关外部性的定义，经济学家从不同角度对其做出了阐述。Samuelson 指出，外部性是指那些生产或者消费对其他团体强征了不可补偿的成本或给予了无须补偿

的收益的情形。高鸿业则从私人成本与利益和社会成本与利益的角度解释了外部性的含义，即单个消费者或生产者的经济活动对社会上其他人的福利产生了影响，造成私人成本与社会成本、私人利益与社会利益的差异。外部性可以分为正外部性和负外部性。

对投保人而言，科技企业或研发部门向保险公司投保的费用由其独立承担，但其科技活动成功所带来的巨大收益由全社会共同享有，这意味着科技保险的边际私人成本将大于边际社会成本，但边际私人收益却小于边际社会收益，呈现双重外部性。如图11-1所示，科技企业购买科技保险的边际私人收益为MR_p，社会的边际收益为MR_s，则$MR_p < MR_s$，而科技企业购买科技保险的边际私人成本为MC_p，边际社会成本为MC_s，则有$MC_p > MC_s$。科技企业按照边际成本等于边际收益的原则确定购买科技保险的均衡量为Q_1，而使社会利益最大化的均衡产量为Q_2，$Q_1 < Q_2$，于是产生科技保险的有效需求不足现象。

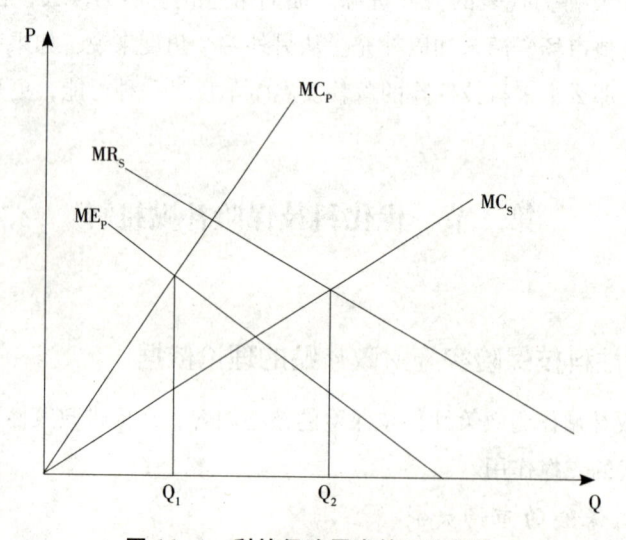

图 11-1 科技保险需求的正外部性

另外，保险公司提供科技保险也存在正外部性，由于契约的不完全、易被模仿、流程需再造等原因，与社会相比，保险公司往往承担更多的成本，而整个社会却不用付出任何代价就可获得科技保险带来的好处，使得保险公司经营科技保险的边际私人成本大于边际社会成本，边际私人收益小于边际社会收益，相应地出现科技保险有效供给不足的情况。

2.价格效应

科技保险的价格即毛费率由两部分组成：纯费率（与科技活动失败的概率相等）和附加费率。在我国，保险费率水平由国家相关部门厘定，具有一定的强制性。一般保险公司只能在厘定的费率基础上，依据各地区实际保险水平进行微调。如图11-2所示，毛费率与纯费率分别为GP、NP，需求曲线为D，供给曲线为S。由于保险公司不能随意变动保险产品的费率水平，只能在政府规定的费率水平基础上进行微调，保险公司通常将实际费率设定在GP或GP以下些许，因为费率过多下调可能会使保险公司的保费收入不足以支付损失发生时的赔款，而科技企业出于收益预期，只愿支付NP或NP以上些许水平的保费，这将导致保险公司的供给曲线与投保者的需求曲线可能不存在交点，供需双方不能进行自由交易，科技保险市场失灵，不能起到应有的资源配置的作用。

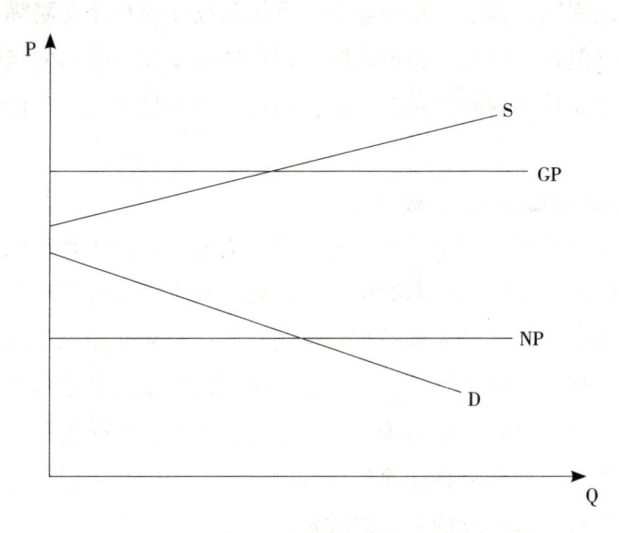

图11-2　科技保险的价格效应

3.严重的信息不对称

信息不对称造成了市场交易双方的利益失衡，影响到了社会的公平、公正原则以及市场配置资源的效率。从信息不对称发生的时间看，信息不对称可能发生在当事人签约之前，也可能发生在签约之后，事前的信息不对称将导致逆向选择（Adverse Selection），事后的信息不对称将导致道德风险（Moral Hazard）。

信息不对称是所有保险产品面临的共性问题，在科技保险中显得尤为严重。由于科技保险的保险利益涉及技术创新活动的各个环节，且保险标的大多是与企业技术创新活动相关的有形或无形资产以及创新活动的预期成果。因此，科技保险市场很容易出现严重的逆向选择和道德风险。逆向选择的发生是因为投保企业比保险公司拥有更多的有关保险标的的信息，具有相对的信息优势，而保险公司则处于信息劣势的位置，不能准确评估投保企业及其投保标的的真实风险状况。在科技保险实际经营中，保险公司向所有投保企业提出大致相同的科技保险合同及保费要求，结果是高风险者因保费低于其风险类别价格而愿意投保，低风险者因保费高于其风险类别价格而放弃投保。科技保险运行中的逆向选择抑制了一部分企业对科技保险的需求，导致了科技保险效益的低下和市场的低效。科技保险的道德风险是指在保险公司和科技企业建立保险人与被保险人关系后，科技企业试图利用自己掌握的信息优势，在追求自身效益最大化的同时做出损害保险公司利益的行为所引起的风险。保险公司不能全面监督投保科技企业的具体行为和通过调查了解获取全部相关信息，特别是企业购买保险后对风险规避和控制的程度，为了获得保险金，不排除投保科技企业隐瞒重要信息，甚至制造保险事故的可能性。可见，道德风险和逆向选择使保险公司的经营成本提高，如果没有政府的政策支持和财政补贴，保险公司出于利润最大化的目标将最终退出科技保险市场。

（二）科技保险的财政补贴效应

对于科技保险供给和需求的双重正外部性，需要政府的干预来优化资源的配置以实现社会的帕累托改进。依据福利经济学的思想，政府应通过对产生正外部性的生产者或消费者进行补贴，使其私人利益与社会利益相等，从而使该产量达到社会最优产量水平。为纠正科技保险的正外部性，政府可进行以数量为基础的干预，如由政府直接经营科技保险，也可进行以价格为基础的干预，如对企业购买科技保险的行为进行保费补贴，对保险公司经营科技保险提供经营管理费用补贴或税费支持等，降低其私人成本，增加企业对科技保险的有效需求量及保险公司对科技保险的有效供给量，实现资源的优化配置。在自由交易条件下，科技企业会受到预算约束和预期收益的影响。此外，由于科技活动自身的外部性，科技企业可以"搭便车"或者直接购买他人的研发成果（如果直接购买的成本低于研发的成本），因而科技企业对科技保险的需求较低，需求曲线如 D。科技活动与一般性商业保险的投保标的相比，损失的风险更高，导致科技保险的供给也较少，供给曲线如 S。如图 11-3 所示，两条曲线不存在交点，科技保险处于市场失灵状态。相对价格不变时，当政府对提供科技保险的保险公司补贴 T_1 单位时，保险公司的供给曲线下移至 S+T_1，与需求曲线 D 相交，实现均衡产量 Q_1；当政府对购买科技保险的企业提供保费补贴 T_2 时，企业对科技保险的需

求曲线上移至 $D+T_2$，与供给曲线 S 相交，实现均衡产量 Q_2；当政府对保险公司和企业同时提供补贴时，保险公司对科技保险的供给量及企业对科技保险的需求量都得到增加，实现均衡产量 Q_3。可以看出，政府通过采取财政补贴的干预手段实现了科技保险有效供求量的增加，市场失灵状态改变，重新起到了资源配置的作用。

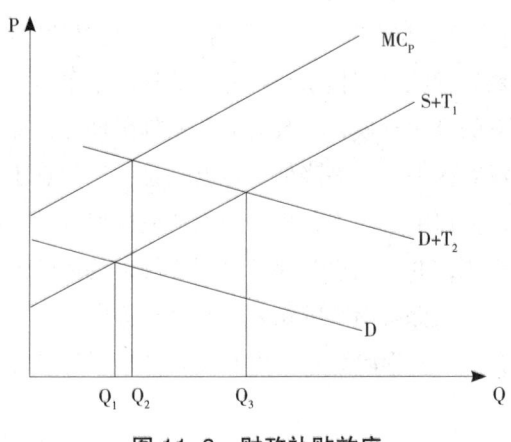

图 11-3 财政补贴效应

二、政策性科技保险财政补贴中的"道德风险"

政府对科技保险实施财政补贴势在必行，下面将从科技保险供给角度，建立信息激励模型，论证在不完全信息条件下，政府仅依赖保险公司提供科技保险的数量而决定补贴的适度性规模时，政府与保险公司之间存在"道德风险"，使政府即使扩大补贴规模也不能提高保险公司经营科技保险业务的努力水平，同时在引入了可被政府观测的其他变量后，将其与科技保险业绩共同作为决定政府补贴适度性的依据，可使政府在一定财政补贴水平下最大限度地激发保险公司开展科技保险业务的努力程度，增加科技保险的供给，提高科技企业的参保率。

由于技术创新过程的复杂性，其隐含的潜在风险较大，科技保险能够分散高新技术企业技术创新活动的风险，提高企业从事科研开发的积极性，促进企业自主创新能力的提升，为科技发展营造良好的环境。但科技项目易受到技术和市场等不确定性因素的影响，科技保险相较其他保险业务具有较高的赔付率，这使得保险公司在开展科技保险业务时非常谨慎，因而政府对保险公司的财政补贴显得尤为重要。一方面，政府对保险公司的财政补贴能弥补其不可预期的高额赔付成本，抵偿了保险公司开展科技保险的部分管理成本，能使保险公司在将科技保险的保费维持在一般水平的情况下积极扩大科技保险业务；另一方面，财政补贴使科技保险的保费厘定在科技企业可以接受的合理水平，提高了企业参保率，分散了科技风险，增强了企业抵抗科技风险的能力，促进了技术创新。政府对保险公司进行科技保险财政补贴是为激励保险公司向社会提供科技保险，从而扩大科技保险的覆盖率。然而，由于政府与保险公司之间的信息不对称，政府依据保险数量确定对保险公司的财政补贴政策可能使保险公司存在"机会主义"行为，造成政府与保险公司之间道德风险情况的发生。

政府在不能完全获知保险公司提供科技保险的努力水平时，对保险公司的补贴规模大于完全信息条件下的补贴规模，但政府的补贴额度增加，保险公司向社会提供科技保险的努力程度却没有提高，反而降低。也就是说，当信息不完全时，保险公司存在"机会主义"行为，由保险公司不付出努力而造成的偏低的科技保险业绩却被其归因于外在随机因素的作用，并且政府与保险公司之间道德风险的存在，使得政府想要通过增加对保险公司的科技保险财政补贴来激励其努力向社会提供科技保险的政策目标没有达到，整个社会的科技保险数量也没有达到"帕累托最优"。

三、政策建议

首先，在完全信息条件下，政府对保险公司提供的补贴额由保险公司科技保险的经营业绩内生决定，此时政府的补贴效用及保险公司的努力水平均达到"帕累托最优"。然而，在信息不对称情况下，如果政府仅把保险公司的科技保险经营业绩作为补贴依据，将会导致保险公司产生"机会主义"行为。之所以产生这样的结果，是由于信息不对称使政府与保险公司间存在道德风险，保险公司可将其科技保险的业绩偏低归根于其他随机因素，而非自身的不努力程度，这样政府对保险公司的补贴规模和保险公司对科技保险的供给存在"帕累托改进"。因此，在引入可被观测的其他变量并将其与保险公司的科技保险经营业绩共同作为政府补贴保险公司的依据之后，保险公司提高了经营科技保险的努力程度，并获得了更加稳定的政府补贴，而政府既实现了对保险公司的有效激励，又增加了科技保险的平均供给量。

其次，由于政策性科技保险经营风险较大、赔付率较高且利润少，政府可通过适度地补贴保险公司，激励其提高经营科技保险的努力程度，并增加科技保险的市场供给，供给量增加有利于科技保险保费水平的降低，从而提高科技企业参与科技保险的比例。另外，为降低政府与保险公司之间的道德风险，政府在确定对科技保险的财政补贴额时不能仅依据保险公司经营科技保险的业绩，而应适当参考与技术创新活动密切相关的环境因素、同行业保险公司经营科技保险的平均业绩、保险公司的其他保险业务的经营业绩等可观测因素来共同评定保险公司经营科技保险的努力程度，并由此决定对保险公司的财政补贴规模。这样，政府就可以在一定的财政支出预算约束下，以最优的财政补贴规模激励保险公司从事政策性科技保险业务。同时，保险公司也可在政府的财政补贴下最大限度地提高科技保险经营水平。

科技保险是我国政府落实科教兴国战略、推动自主创新的重要举措，对高新技术企业的技术创新发挥分散风险、支持保障的重要作用。有关部门应该花大力气积极支持和引导科技保险的发展。从试点情况来看，仅靠保险公司推广科技保险还存在许多困难，政府介入科技保险经营势在必行，因而建立健全科技保险制度，构建合理的科技保险体系对科技保险的发展至关重要。基于此，笔者提出以下政策建议。

（一）建立多层次、有弹性的科技保险补贴体系

首先，建立多样化的补贴方式。财政支持下的科技保险是政府综合利用财政、税收、金融、再保险等手段对科技保险发展提供支持。政府补贴科技保险的方式有四种：保险费补贴、经营主体管理费补贴、再保险补贴及税收优惠。目前，我国科技保险仍处于试验阶段，采取的补贴方式主要为保费补贴，随着科技保险工作的日益推进可逐步建立其他财政补贴方式，全方位支持科技保险。

其次，明确财政补贴的实施方式。科技创新活动在我国各个地区、各个行业存在很大的差异，必须根据我国财政实力，遵循循序渐进、稳步推进的原则，先试点，后推广，对不同地区、不同行业采取不同的补贴制度。由于地方政府对本区域的技术创新环境及科技企业的基本情况比较了解，但地方财力又十分有限，所以科技保险补贴资金应由中央和地方政府共同负担，这样有利于各级政府加强对科技保险的支持和监管。考虑到我国现阶段的实际情况，在适当进行保费补贴的同时，可以采取强制性、区域性投保措施，以增加有效需求，保证必要的参与率。

再次，实行差别的补贴标准。各级财政对科技保险进行补贴时，应确定合理补贴标准，特别是保险费补贴标准，对不同地区应实行不同的补贴水平。既要考虑不同地区技术创新水平、科技风险和保险费率的差异，又要考虑不同地区科技企业的科技保险支付能力的差异，以确定不同的保险费补贴比例和补贴递增率。同时，根据企业创新等级划分层级对应补贴，对那些易受外界因素影响的科技保险重点险种提供比较高的补贴水平，通过调整保险费补贴标准来调整和优化高新技术产业结构。

（二）建立健全政策性科技保险的补贴激励制度

科技保险市场的需求不足、供给乏力是制约其顺利发展的主要因素。因此，有必要设计一套有效的激励科技保险供给与需求双方的财政补贴制度，以促使保险公司增

加对科技保险的供给，并提高科技企业对科技保险的购买能力。保险机构经营科技保险对整个社会具有正的外部性，但科技保险的经营成本较高，纯商业化运作常常使保险公司处于亏损状态。理论研究和实践发展都表明，为激励保险公司增加对科技保险的供给，政府的财政补贴是政策性科技保险发展的必要条件。从我国政策性科技保险的财政补贴制度看，政府对保险公司经营科技保险的补贴主要体现在两个方面：经营管理费补贴和税收优惠。

首先，适当补贴保险公司开展科技保险业务的经营管理费。补贴以保险公司的实际发生费用为基础，但在信息不对称情况下，如何获取保险公司经营科技保险的实际经营管理费用信息是政府确定对保险公司费用补贴规模的关键问题。建议通过招标投标的方式，先由各个有意经营科技保险的保险公司设计投标书，在投标书中明确本公司经营管理费的补贴率。由于投标的保险公司事前无法了解其他保险公司的"报价"，其一般会根据本公司的实际情况"要价"。政府再根据多家保险公司的经营管理费信息，确定合理的补贴率。值得注意的是，经营管理费补贴政策可以在部分地区先试点，并在开展初期使用，当科技保险业务发展到一定阶段后，再逐步取消该项补贴，避免保险经营机构形成对财政补贴的依赖。

其次，加大对保险公司提供科技保险的税收优惠。一方面，对保险公司减免所得税。科技保险利润较低，所得税的减免可以提高保险公司开展科技保险的积极性。另一方面，扩大免税范围。对部分风险偏大而开展积极性明显不高的科技保险险种实行免税优惠。

第十二章　促进科技保险发展的保险公司对策

第一节　提高保险公司承保能力

一、拓宽科技保险的保险标的范围，加强产品创新

科技保险的创新是非常复杂的，科技本身是一项多阶段的活动，要研发新的技术，在技术研发出来后需要向专利当局提交申请，这样一项专利技术才能出现。在此之后，新的科学技术需要与市场对接，进入工厂的生产线进行生产，成熟的产品出现后要向市场推广，在销售活动完成后仍然需要对产品的售后维护，所以科技研发是一个相当复杂并且多阶段的活动，其背后的风险也是复杂和多元的。在科技研发阶段，如果一直不能研发出相应的产品或者产品的研发需要大量的资金和漫长的研发期，那么就存在很大的风险，科技项目可能遭到叫停，对该项目的资金支持可能中断。在产品研发出来后，报专利审批部门审查的时候，也存在不能被批准的可能性。即使在一项成功申请专利的科技产品出现后，其与生产和销售的对接仍然存在极大的不确定性。该产品是否因为成本太高等原因不能实现工业化生产，是否能够被销售者普遍接受等风险因素的存在使科技研发活动充满层层阻碍。所以，鉴于科技研发活动的诸多特点，在科技保险的保险标的制订时，要充分考虑科技研发活动的多阶段性，在保险标的原有的范围和基础上增加科技保险保险标的的范围，以满足科技研发活动复杂和多阶段的需求。

在设计科技保险的具体产品时，要充分考虑科技研发活动的特征，有针对性地进行产品的研发和设计。科技研发活动是多阶段的，但每一个阶段之间都是不可分割的，每一个阶段的失败都会造成科技研发的失败。所以，科技保险的设计也要覆盖科技活动本身的多阶段，不能将不同的环节分离开来。每一环节的风险都要覆盖到，如研发能否成功的风险、专利能否成功申请的风险、产品能否实行工业化生产的风险、产品能否被消费者接受的风险等。同时，科技保险产品还要涵盖诸多科技研发主体的

风险，如科技产品研发人员、产品生产人员和产品销售人员等参与到科技研发活动每一个阶段中的人员。所以，科技产品的研发要全面细致深入到科技研发活动的每一个阶段中。

二、注重核保理赔环节，构建新型的保险承保理赔模式

对科技保险的研究说明，由于科技研发活动特有的复杂性和多阶段性，科技保险产品的设计要涵盖科技研发的各个阶段和每个阶段中的参与人员，所以科技保险的这些特征又导致了科技保险的保险产品投保的金额特别大，很多科技企业难以接受和承担这么高的保险费用的支出，这一方面加重了科技企业的负担，另一方面加重了保险公司的负担。保险公司在承保科技研发活动时面临的风险是极为复杂和多样的，每一个阶段都有不同的风险，保险产品需要覆盖这些不同阶段的风险，所以导致保险公司的负担加重，承保科技保险的积极性降低。在这种情况下，传统的投保、理赔模式不能适应科技保险的承保需求，需要进行模式的创新。苏州市创立的"政府信用+商业信用+专业保险经纪服务"模式核心是为科技企业量身打造保险方案，具备整合众多资源的优势，可以进行完善和推广。

三、控制道德风险，增强保险公司经营稳定性

1. 免赔条款的设立

免赔条款虽然不是保险合同生效的必要条件，但保险公司为了保护自身利益，防止高新技术企业为追求高额利润而忽视风险的大小，有必要对一些特殊情况进行免赔说明，即免赔条款。

2. 风险分摊机制

风险分摊机制是指保险公司与科技企业按照一定的比例对风险损失进行分摊。该机制有利于明确责任，同时对强化企业的科技风险意识具有积极作用。

3. 诚信

诚信是一个企业发展的基石，没有诚信企业将寸步难行。企业不仅要自身诚信，还要将这种诚信的行为加以推广，形成一种风气、一种习俗，营造一个诚信的世界。

4. 加强监督

保险公司应当加强对被保单位的监督，定期对企业的实际运营状况进行核查，必要时可以要求被评估单位出具证据，以防止潜在风险的发生。

5. 科学确定保费

保费是保险合同的核心内容，保险公司应当针对不同的企业，根据风险发生的概率及风险损失赔偿的大小，确定不同的费率。即使是同一企业，保险公司也可对企业的历史参保情况进行调查，采用阶梯费率的方法确定保费。

四、培育科技保险优秀人才，提高人才素质

我国科技保险发展所遇到的最大难题就是缺乏专业人才。目前，整体的从业人员专业技术水平并不高，整体的综合素质得不到明显的提升。因此，必须将科技保险专业人员的培养摆在首要位置，培养复合型、全面性人才，为科技保险的发展注入鲜活的动力。

1."一对一"培养模式

与国内外知名高校联合，签订"一对一"培养合同，进行专业性的、定向性的辅导，同时吸收国外有关科技保险的先进知识理论，完善我国的课程体系，并通过建立对应的实践基地，培养满足科技保险发展需要的人才。

2. 加大培训力度

保险公司要加大对员工培训的投入力度，定期组织优秀员工去发达国家学习，建立并完善相应的考核体系，实行优胜劣汰制度。通过人才交流与定向培养相结合的方式，使员工得到充分的学习，迅速提高员工的整体素质，从而建立一支专业基础扎实、服务意识强的科技保险队伍。

第二节 丰富科技保险产品种类

一、创设产品创新基金

公司研发新险种是个漫长的过程，要做大量的调研，需要耗费大量的成本，要激发保险公司研发新险种的动力，就要先解决保险公司研发资金问题。可以尝试建立一个研发基金，基金的资金由财政部、保险公司两方共同提供。保险公司从利润中提取部分资金来充当研发基金，对这部分利润可以实施免税政策，以引导保险公司更多的资金流向研发领域。根据保险公司研发新产品所花去的费用，财政部可以拨付一定比例的研发经费，这相当于对保险公司研发费用的补贴。

二、加强对新险种知识产权的保护

保险公司之所以研发新险种的动力不足，一个重要的原因是研发的新产品容易被模仿，新产品的专利很容易被人侵害。要解决这个问题，就必须做到以下两方面。第一，设定保护期。通过法律，对原创性科技保险产品设定一个保护期，在保护期内，其他保险公司不能侵害该险种的专利权，一旦发生侵权行为，必须严惩不贷。第二，有偿转让新产品经营权。保险公司之间可以互相磋商，由专利权所有者自主决定是为新产品设定保护期，还是有偿转让这个新产品的经营权。

三、创新科技保险产品的构想

目前，我国科技保险的试点险种主要包括出口信用保险、关键研发设备险、营业中断险、高管人员和关键研发人员团体健康保险与意外保险六类。除了产品研发责任险与科技创新直接有关外，其余险种一般都是从传统险种中借鉴过来的，真正针对科技风险特点设计出来的险种很少。无论从数量还是质量上，目前的科技保险险种都难以满足企业的需求。保险公司应该加大险种创新力度，为不同的科技风险量身订制相关险种。比如，针对科研开发阶段遇到的风险，可以设计核心研发人员责任保险；针对技术交易阶段遇到的风险，可以设计技术交易险。

在我国目前签订的技术合同中，技术交易额占合同完成额的大部分，但我国却没有相应的技术交易险。针对生产阶段遇到的风险，可以设置经营中断险、关键生产设备损害险、关键人员离职险、健康险等。在资本市场发达的今天，通过资本市场直接融资成为企业获得资金的一个重要渠道，保险公司可以相应推出债券保险。随着网络的发达，网络风险也日益剧增，保险公司可以相应推出互联网保险。总之，随着科学技术的进步，不断有新的科技风险涌现，保险公司在设计险种时应该与时俱进。

四、设定免赔额以化解道德风险

在设计险种时，如果没有设定免赔额，则容易发生道德风险。很多企业一旦投保了科技保险，就认为科技风险已经成功转移给保险公司，自己可以大胆创新。企业的这种心态很容易忽视创新过程中的风险管理，这对风险整体的防范是不利的。为了让企业在创新过程中谨慎地做好风险防范工作，保险公司在设计科技保险产品时就应该设定一个合理的免赔额，让企业自留一部分风险。

参考文献

[1] 李志斌.我国科技保险的发展及国际经验借鉴[J].北京城市学院学报,2012(2):43~47,68.

[2] 赵俊英.我国科技保险供需不足的经济分析与对策[J].科技管理研究,2012,32(12):101~104.

[3] 肖天明.推广期"非试点"区域科技保险市场发展平台构建[J].科技进步与对策,2012,29(14):38~41.

[4] 赵湜,谢科范.基于进化博弈模型的科技保险险种创新行为研究[J].软科学,2012,26(11):53~57.

[5] 黄英君,赵雄,蔡永清.我国政策性科技保险的最优补贴规模研究[J].保险研究,2012(9):64~75.

[6] 刘骅.企业项目风险与科技保险需求模型及实证分析[J].科研管理,2011,32(4):37~42.

[7] 万欢.基于DEA方法的科技保险实施绩效评价[J].重庆工商大学学报(自然科学版),2011,28(4):351~354.

[8] 徐子尧,边维刚.我国科技保险创新问题研究[J].科技与经济,2011,24(04):63~67.

[9] 王香兰.科技保险支持企业自主创新问题与对策研究——以河北省为例[J].技术经济与管理研究,2011(8):58~61.

[10] 赵杨,吕文栋.科技保险试点三年来的现状、问题和对策——基于北京、上海、天津、重庆四个直辖市的调查分析[J].科学决策,2011(12):1~24.

[11] 王媛媛.高新技术产业科技保险投保需求的实证研究[J].科技管理研究,2016,36(21):167~172.

[12] 刘妍,吴强,卢亚娟.科技保险发展中的政府行为——基于江苏实践[J].学海,2016(6):119~123.

[13] 张祥祯,易靖韬,赵杨,吕文栋.结构性科技保险财政激励机制研究[J].科学决策,2016(12):1~23.

[14] 丁继锋.科技保险的溢出效应与补贴行为分析[J].产业与科技论坛,2017,16(1):89~91.

[15] 邓亚妮.科技保险是值得开发的处女地——武汉城市圈科技保险发展的调查思考[J].保险职业学院学报,2017,31(1):85~88.

[16] 李红坤.基于监管导向的我国科技保险运营绩效核算[J].保险研究,2014(10):71~86.

[17] 李红坤,郭琦,李子晗.高新技术产业科技保险需求的影响因素研究——基于山东省257家高新技术企业的调查[J].经济与管理评论,2015,31(1):89~97.

[18] 牛佳,王建忠.农业科技保险体系构建研究[J].北方园艺,2015(17):206~210.

[19] 何绍慰.科技保险的社会福利效应及其成本控制[J].科技进步与对策,2015,32(20):23~26.

[20] 王蕾,顾孟迪.科技创新的保险支持模式——基于上海市的调研分析[J].科技进步与对策,2014,31(1):23~26.

[21] 朱华琳,余艳莉.我国企业科技风险自我管理探析——基于科技保险障碍的研究[J].科技管理研究,2014,34(14):134~137,148.

[22] 吕文栋.管理层风险偏好、风险认知对科技保险购买意愿影响的实证研究[J].中国软科学,2014(7):128~138.

[23] 丁一珊,顾孟迪,王蕾.科技保险基金风险管理与投资策略研究展望[J].科技进步与对策,2016,33(9):156~160.

[24] 吕文栋,赵杨.财政干预、产品创新与高新技术企业科技保险参保意愿[J].中国科技论坛,2016(5):123~129.

[25] 段文军.武汉市科技保险发展问题及其对策分析[J].科技创业月刊,2016,29(12):9~10,24.

[26] 邱兆祥,罗满景.科技保险支持体系与科技企业发展[J].理论探索,2016(4):94~98.

[27] 吕文栋,赵杨.管理层风险特质、董事会治理与科技保险参保意愿[J].科研管理,2016,37(8):113~122.

[28] 刘骅,谢科范.科技环境与科技保险对区域自主创新能力的影响——基于结构方程模型的实证分析[J].中国科技论坛,2009(3):43~46.

[29] 邵学清.对科技保险试点的经验总结与展望[J].中国科技论坛,2009(4):41~45.

[30] 刘颖琦,赵杨.政府促进科技保险发展的作用探讨[J].中国行政管理,2009(3):57~59.

参考文献

[31] 王香兰，李树利. 我国科技保险存在的问题与对策 [J]. 金融教学与研究，2009(3)：79~81.

[32] 胡晓宁，李清，陈秉正. 科技保险问题研究 [J]. 保险研究，2009(8)：57~64.

[33] 刘骅，谢科范，赵湜. 科技保险运行模式及机制创新研究 [J]. 科学学与科学技术管理，2009, 30(11)：15~19.

[34] 王香兰，李树利. 对我国科技保险发展中几个重要问题的探讨 [J]. 华北金融，2009(8)：28~30.

[35] 冯海昱，任立. 我国科技保险市场存在的问题及对策研究 [J]. 世界经济与政治论坛，2010(1)：68~75.

[36] 胡慧源，王京安. 政策性科技保险存在的经济学分析 [J]. 科技进步与对策，2010, 27(7)：101~104.

[37] 胡慧源，王京安. 科技保险：目标模式及政策含义 [J]. 中国科技论坛，2010(4)：98~102.

[38] 赵湜，谢科范. 基于进化博弈模型的科技保险险种创新行为研究 [J]. 软科学，2012, 26(11)：53~57.

[39] 曹国华，蔡永清，罗成. 基于高新技术企业的中国科技保险与风险投资的协同发展 [J]. 科学学与科学技术管理，2010, 31(9)：25~28.

[40] 吴应宁. 科技保险：现状、问题及对策 [J]. 金融发展研究，2010(11)：62~65.

[41] 刘骅，王朝平. 基于灰色关联的首批试点城市（区）科技保险实施绩效测算 [J]. 保险研究，2010(8)：23~29.

[42] 彭志文，宋旺. 我国科技保险市场的问题、根源及对策——基于中关村高新技术企业抽样调查的分析 [J]. 保险研究，2010(9)：63~69.

[43] 马雪彬，李元. 参与主体博弈视角下的科技保险社会总效用分析 [J]. 中国科技论坛，2013(11)：111~116, 143.

[44] 薛伟贤，刘倩，刘骏. 科技保险对科技企业创新盈利能力影响研究 [J]. 科技进步与对策，2013, 30(24)：95~99.

[45] 赵湜，谢科范. 基于多代理和系统动力学的科技保险政策模拟 [J]. 科学学与科学技术管理，2013, 34(11)：10~18.

[46] 谢冰，蔡洋萍. 科技型中小企业立体式融资模式创新研究 [J]. 财贸研究，2012, 23(2)：115~119.

[47] 马雪彬，南星星. 科技保险研究述评 [J]. 甘肃金融，2013(4)：20~23.

[48] 赵杨, 吕文栋, 黄丽. 基于 AHP 方法的科技保险实施效果实证研究 [J]. 财经理论与实践, 2013, 34(3): 43~47.

[49] 邵学清, 刘志春. 政策性科技保险的框架设计 [J]. 中国科技投资, 2007(11): 49~52.

[50] 吕文栋, 赵杨, 彭彬. 科技保险相关问题探析 [J]. 保险研究, 2008(2): 36~40.

[51] 邵学清. 科技保险的理论与实务 [M]. 北京: 科学技术文献出版社, 2011.

[52] 刘骅. 科技保险理论与实践创新 [M]. 北京: 中国金融出版社, 2014.03.

[53] 赵杨. 高新技术企业科技保险参保意愿的影响因素研究[M].北京:经济科学出版社, 2016.